# HARRAP'S

## Spanish Verbs

*Compiled by*
LEXUS
*with*
Carmen Alonso-Bartol de Billinghurst

**HARRAP**
London

Distributed in the United States by
**PRENTICE HALL**
New York

*First published in Great Britain* 1988
*by* HARRAP BOOKS Ltd
Chelsea House, 26 Market Square, Bromley, Kent BR1 1NA

© *Harrap Limited* 1988

ISBN 0 245-54688-X

In the United States, ISBN 0-13-383282-1

Library of Congress Cataloging-in-Publication Data

Harrap's Spanish verbs / compiled by Lexus with Carmen Alonso-
Bartol de Billinghurst.
p.        cm.
ISBN 0-13-383282-1 (soft) : $4.95
1. Spanish language — Verb — Tables.
I. Alonso-Bartol de Billinghurst, Carmen.   II. Lexus (Firm).   III.
Title: Spanish verbs.
PC4271.H37  1990                                              89-70942
468.2'421 — dc20                                                    CIP


Printed and bound in Great Britain by
Richard Clay Ltd, Bungay, Suffolk

# CONTENTS

A GLOSSARY OF GRAMMATICAL TERMS . v

INTRODUCTION ix
   A. TYPES OF VERB ix
   B. USE OF TENSES ix
   C. 'SER' AND 'ESTAR' xviii

VERB TABLES xxi

INDEX *following verb 212*

# A GLOSSARY OF GRAMMATICAL TERMS

**ACTIVE**

The active form of a verb is the basic form as in *I remember him*. It is normally opposed to the passive form of the verb as in *he will be remembered*.

**AUXILIARY**

Auxiliary verbs are used to form compound tenses of other verbs, eg *have* in *I have seen* or *will* in *she will go*. The main auxiliary verbs in Spanish are *haber*, *ser* and *estar*.

**COMPOUND**

Compound tenses are verb tenses consisting of more than one element. In Spanish, the compound tenses of a verb are formed by the **auxiliary** verb and the **past participle**: *he comprado, fue destruido, estoy escribiendo*.

**CONDITIONAL**

This mood is used to describe what someone would do, or something that would happen if a condition were fulfilled (eg *I would come if I was well; the chair would have broken if he had sat on it*).

**CONJUGATION**

The conjugation of a verb is the set of different forms taken in the particular tenses or moods of that verb.

**ENDING**

The ending of a verb is determined by the **person** (1st, 2nd, 3rd) and **number** (singular/plural) of its subject.

**IMPERATIVE**

A mood used for giving orders (eg *stop!*, *don't go!*) or for making suggestions (eg *let's go*).

**INDICATIVE**

The normal form of a verb as in *I like*, *he came*, *we are trying*. It is opposed to the subjunctive, conditional and imperative.

| | |
|---|---|
| **INFINITIVE** | The infinitive is the form of the verb as found in dictionaries. Thus *to eat*, *to finish*, *to take* are infinitives. In Spanish, all infinitives end in *-ar*, *-er* or *-ir*: *hablar*, *comer*, *vivir*. |
| **MOOD** | The name given to the four main areas within which a verb is conjugated. See INDICATIVE, SUBJUNCTIVE, CONDITIONAL, IMPERATIVE. |
| **PASSIVE** | A verb is used in the passive when the subject of the verb does not perform the action but is subjected to it. In English, the passive is formed with a part of the verb *to be* and the past participle of the verb, eg *he was rewarded*. |
| **PAST PARTICIPLE** | The past participle of a verb is the form which is used after *to have* in English, eg *I have eaten*, *I have said*, *you have tried*. |
| **PERSON** | In any tense, there are three persons in the singular (1st: *I* ..., 2nd: *you* ..., 3rd: *he/she* ...), and three in the plural (1st: *we* ..., 2nd: *you* ..., 3rd: *they* ...). Note that in Spanish the 3rd person is also used with the pronouns *usted* and *ustedes* (which mean 'you'). |
| **PRESENT PARTICIPLE** | The present participle is the verb form which ends in *-ing* in English (*-ando* or *-iendo* in Spanish). |
| **REFLEXIVE** | Reflexive verbs 'reflect' the action back onto the subject (eg *I dressed myself*). They are always found with a reflexive pronoun and are more common in Spanish than in English. |
| **SUBJUNCTIVE** | The subjunctive is a verb form which is rarely used in English (eg *if I were you*, *God save the Queen*). It is more common in Spanish. |

| | |
|---|---|
| **SUBORDINATE CLAUSE** | A group of words with a subject and a verb which is dependent on another clause. For example, in *he said he would leave*, *he would leave* is the subordinate clause dependent on *he said*. |
| **STEM** | See VERB STEM. |
| **TENSE** | Verbs are used in tenses, which indicate when an action takes place, eg in the present, the past, the future. |
| **VERB STEM** | The stem of a verb is its 'basic unit' to which the various endings are added. To find the stem of a Spanish verb, remove the *-ar*, *-er* or *ir* from the infinitive. The stem of *hablar* is *habl*, the stem of *comer* is *com* and the stem of *vivir* is *viv*. |
| **VOICE** | The two voices of a verb are its active and passive forms. |

# INTRODUCTION

## A. TYPES OF VERB

There are three conjugations for Spanish verbs. The ending of the infinitive indicates which conjugation the verb belongs to.

all verbs ending in **-ar** belong to the first conjugation, eg **hablar**
all verbs ending in **-er** belong to the second conjugation, eg **comer**
all verbs ending in **-ir** belong to the third conjugation, eg **vivir**

All regular verbs follow the pattern of one of these conjugations.

Models for these and for a considerable number of irregular verbs are given in the verb tables of this book.

## B. USE OF TENSES

Tenses are formed by adding various endings to the stem of the verb (ie the verb minus **-ar**, **-er**, **-ir**).

The following section gives explanations and examples of usage of the various verb tenses and moods that are listed in the verb tables in this book.

*1.* The *PRESENT TENSE* is used (as in English):

   i) to express present states:

      **estoy enfermo**
      I am ill

   ii) to express general or universal truths:

      **la vida es dura**
      life is difficult

      **el tiempo es oro**
      time is money

   iii) to express the future:

      **vuelvo ahora mismo**
      I'll be right back

      **mañana mismo lo termino**
      I will finish it tomorrow

iv) to translate the English present progressive:

**vivo en Glasgow**
I am living in Glasgow

**estudio español**
I am studying Spanish

The **PRESENT PROGRESSIVE** is formed with the present tense of **ESTAR** plus the present participle of the verb (for example: **¿qué estas haciendo?** what are you doing?; **están escuchando la radio** they're listening to the radio). It is used:

i) when an activity is actually taking place:

**estoy escribiendo una carta**
I am writing a letter

ii) for an activity begun in the past and continuing into the present even if it is not happening at the moment:

**estoy escribiendo un libro**
I am writing a book

2. The **IMPERFECT TENSE** is used:

i) to express something that was going on in the past:

**hacía mucho ruido**
it was making a lot of noise

ii) to refer specially to something that continued over a period of time as opposed to something that happened at a specific point in time:

**mientras veíamos la televisión, un ladrón entró por la ventana**
while we were watching television, a thief came in through the window

iii) to describe a habitual action that used to take place in the past:

**cuando era pequeño iba de vacaciones a Mallorca**
when I was young I used to go on holiday to Majorca

iv) to describe or set the background of a story:

**el sol brillaba**
the sun was shining

The ***IMPERFECT PROGRESSIVE***. Like the present tense, the imperfect has a progressive form, formed with the imperfect of **ESTAR** plus the present participle of the verb:

**estábamos tomando el sol**
we were sunbathing

3. The ***PERFECT TENSE*** is generally used (as in English) to express an action in the past without referring to a particular time. It usually describes an action that continues into the present or relates to the present:

**he conocido a tu hermano**
I have met your brother

**hemos estado en una discoteca**
we have been to a disco

4. The ***PAST HISTORIC TENSE*** is used to express an action that has been completed in the past:

**ayer fui a la discoteca**
yesterday I went to the disco

**Pedro me llamó por teléfono**
Peter phoned me

5. The ***PLUPERFECT TENSE*** is used:

i) (as in English) to express what someone had done or had been doing or something that had happened or had been happening in the past:

**mi amiga había llamado por teléfono**
my friend had phoned

ii) to express a past action completed before another past action:

**cuando llegué Elena ya se había marchado**
when I arrived Elena had already gone

6. The ***FUTURE TENSE*** is used as in English to express future matters:

**este verano iré a España**
this summer I'll go to Spain

The future can also be expressed by using the verb **ir** in the present plus the preposition **a** followed by an infinitive:

**voy a estudiar**
I am going to study

**van a comer con unos amigos**
they are going to eat with some friends

Note that the future is often expressed by the present tense in Spanish (see 1iii above).

7. The *FUTURE PERFECT TENSE*:

   i) is used to indicate that an action in the future will be completed by the time a second action applies:

   **lo habré terminado antes de que lleguen**
   I will have finished it before they arrive

   ii) can be used in Spanish to express a supposition about the present:

   **lo habrá olvidado**
   he'll have forgotten it

8. The *PRESENT CONDITIONAL* is used:

   i) in certain phrases to express a wish:

   **me gustaría conocer a tu hermano**
   I would like to meet your brother

   ii) to refer to what would happen or what someone would do under certain circumstances:

   **si pasara eso, me pondría muy contento**
   if that happened, I would be very pleased

9. The *PAST CONDITIONAL* is used to express what would have happened if something else had not interfered:

   **si hubieras llegado antes, lo habrías visto**
   if you had arrived earlier, you would have seen it

10. The *PAST ANTERIOR* is used in literary Spanish, and is preceded by an adverb expressing time:

   **cuando hubo terminado, se levantó**
   when he had finished, he got up

11. The **SUBJUNCTIVE** is mainly used:

   i) in conditional statements where the condition is unlikely to be fulfilled:

   **si tuviera más tiempo, iría de paseo**
   if I had more time, I would go for a walk

   **si me lo hubiera pedido, le habría prestado el dinero**
   if he had asked me, I would have lent him the money

   **si fuera mi cumpleaños**
   if it were my birthday

   ii) in subordinate clauses following verbs that express a subjective idea or opinion:

   **siento que no puedas venir**
   I am sorry you can't come

   **mi madre quiere que vaya a la Universidad**
   my mother wants me to go to university

   iii) with impersonal expressions:

   **es fácil que suspenda el examen**
   it's likely that she'll fail the exam

   iv) with expressions of doubt:

   **no creo que quiera ir al cine**
   I don't think he will want to go to the cinema

   **dudo que lo sepa**
   I doubt whether he knows it

   v) after relative clauses with indefinite, negative or interrogative antecedents:

   **¿conoces a alguien que no quiera ganar mucho dinero?**
   do you know anybody who doesn't want to earn a lot of money?

   **aquí no hay nadie que hable alemán**
   there is nobody here who can speak German

   vi) in indefinite expressions when they imply an action in the future:

   **quienquiera que venga, le diré que no puede entrar**
   whoever comes, I'll tell him he can't come in

   **dondequiera que esté, le encontraré**
   wherever he is, I'll find him

vii) with verbs that imply a command or advice:

**mi amiga me dijo que fuera a verla**
my friend told me to go and see her

**Carmen me aconsejó que dejara de fumar**
Carmen advised me to stop smoking

viii) after certain conjunctions when they imply a future or
uncertain action:

**aunque llueva iré a los toros**
even if it rains I'll go to the bullfight

The subjunctive is used with adverbs of time when the verb in the
main clause is in the future, as we don't know if the action will
take place:

**en cuanto venga, se lo diré**
as soon as he comes, I'll tell him

**antes de que se vaya, hablaré con ella**
before she goes, I'll talk to her

The choice of tense for the subjunctive depends on the tense of the
main clause.

The present subjunctive is used when the verb in the main clause is
in the present, future, perfect or imperative.

The imperfect subjunctive is used when the main verb is in the
imperfect, past historic or the conditional.

The perfect subjunctive is used when the main verb is in the
present or future and is followed by a clause which refers to a past
action.

**quiero que me escribas**
I want you to write to me

**nos pedirá que lo terminemos**
he will ask us to finish it

**me dijo que viniera**
he told me to come

**me gustaría que me escribieras**
I would like you to write to me

**dudo que haya llegado**
I doubt whether he's arrived

12. The *PRESENT PARTICIPLE* is not very commonly used by itself.

   i) It is used mainly with the present tense of **estar** to form the progressive tenses:

   **estoy estudiando español**
   I am studying Spanish

   **estábamos comiendo una paella**
   we were eating a paella

   ii) On its own it is used to express the idea of 'by doing', 'by going' and the like:

   **entró silbando**
   he came in whistling

13. The *PAST PARTICIPLE*, apart from its use to form the compound tenses, is also used on its own as an adjective:

   **ese condenado coche**
   that damned car

14. The *IMPERATIVE* is used to give orders or to make suggestions:

   **ven aquí**
   come here!

   **deja de hacer el tonto**
   stop being silly

   **ten cuidado**
   be careful

   **vámonos**
   let's go

   The second persons of the imperative, when used in the *NEGATIVE*, are formed by using the second persons of the present subjunctive:

   **no corras tanto**
   don't run so much

15. The *INFINITIVE* is used:

   i) after a preposition:

   **se fue sin hablar conmigo**
   he left without speaking to me

   **al abrir la puerta**
   on opening the door

ii)   as the direct object of another verb:

**pueden Vds pasar**
you can go in

**me gusta bailar**
I like dancing

iii)   as a noun (sometimes with an article):

**el comer tanto no es bueno**
eating so much is not good

16.   The *PASSIVE VOICE* is formed by using the verb **ser** plus the past participle. The agent or person that executes the action is introduced by **por**. In the passive voice the past participle agrees with the subject:

**el perro fue atropellado por un coche**
the dog was run over by a car

**las cartas han sido destruidas por el fuego**
the letters have been destroyed by the fire

The passive voice is less commonly used in Spanish than in English and passive ideas can be expressed by:

i)   using the reflexive pronoun **se** with the third person of the verb:

**no se puede fumar en el avión**
smoking isn't allowed on the plane

**las tiendas se abren a las nueve**
the shops open at nine

ii)   using the third person plural of the verb:

**nos invitaron a una fiesta**
we were invited to a party

iii)   changing the roles of subject and agent:

**la policía arrestó a los ladrones**
the thieves were caught by the police

**mi profesora escribió ese libro**
that book was written by my teacher

An example of the full conjugation of a passive verb is given on the following page.

# SER AMADO
to be loved

| PRESENT | IMPERFECT | FUTURE |
|---|---|---|
| 1. soy amado | era amado | seré amado |
| 2. eres amado | eras amado | serás amado |
| 3. es amado | era amado | será amado |
| 1. somos amados | éramos amados | seremos amados |
| 2. sois amados | erais amados | seréis amados |
| 3. son amados | eran amados | serán amados |

| PAST HISTORIC | PERFECT | PLUPERFECT |
|---|---|---|
| 1. fui amado | he sido amado | había sido amado |
| 2. fuiste amado | has sido amado | habías sido amado |
| 3. fue amado | ha sido amado | había sido amado |
| 1. fuimos amados | hemos sido amados | habíamos sido amados |
| 2. fuisteis amados | habéis sido amados | habíais sido amados |
| 3. fueron amados | han sido amados | habían sido amados |

| PAST ANTERIOR | FUTURE PERFECT |
|---|---|
| hube sido amado etc | habré sido amado etc |

| CONDITIONAL | | IMPERATIVE |
|---|---|---|
| PRESENT | PAST | |
| 1. sería amado | habría sido amado | |
| 2. serías amado | habrías sido amado | |
| 3. sería amado | habría sido amado | |
| 1. seríamos amados | habríamos sido amados | |
| 2. seríais amados | habríais sido amados | |
| 3. serían amados | habrían sido amados | |

## SUBJUNCTIVE

| PRESENT | IMPERFECT | PLUPERFECT |
|---|---|---|
| 1. sea amado | fu-era/ese amado | hub-iera/ese sido amado |
| 2. seas amado | fu-eras/eses amado | hubi-eras/eses sido amado |
| 3. sea amado | fu-era/ese amado | hubi-era/ese sido amado |
| 1. seamos amados | fu-éramos/ésemos amados | hubi-éramos/semos sido amados |
| 2. seáis amados | fu-erais/eseis amados | hubi-erais/eseis sido amados |
| 3. sean amados | fu-eran/esen amados | hubi-eran/esen sido amados |

| PERFECT | haya sido amado etc |
|---|---|

| INFINITIVE | PARTICIPLE |
|---|---|
| PRESENT | PRESENT |
| ser amado | siendo amado |
| PAST | PAST |
| haber sido amado | sido amado |

# C. 'SER' AND 'ESTAR'

Both verbs translate the verb 'to be'.

**SER** is used to express:

i) identity:

**soy Elena**
I am Elena

**es mi prima**
she is my cousin

ii) origin or nationality:

**él es de Madrid**
he is from Madrid

**mis amigos son escoceses**
my friends are Scottish

iii) inherent quality or characteristics:

**la playa es grande**
the beach is big

**mi profesor es muy amable**
my teacher is very kind

iv) occupation:

**mi novio es arquitecto**
my boyfriend is an architect

v) possession:

**ese libro es de Teresa**
that book is Teresa's

vi) the material from which something is made:

**la mesa es de madera**
the table is made of wood

vii) expressions of time:

**es la una y media**
it's half past one

**mañana es domingo**
tomorrow is Sunday

viii) most impersonal expressions:

**es mejor levantarse temprano**
it's better to get up early

ix) to form the passive voice (see page xyz)

**ESTAR** is used:

i) to indicate where someone or something is:

**el hotel está en la calle principal**
the hotel is in the main street

**España está en Europa**
Spain is in Europe

ii) to express a temporary state or condition:

**ese hombre está borracho**
that man is drunk

**el agua está fría**
the water is cold

iii) to form the progressive tenses:

**estamos viendo la televisión**
we are watching television

Some words change their meaning when used with **ser** or **estar**:

**estoy listo**
I am ready

**es listo**
he is clever

*Note:* In this book we have used the numbers 1, 2, 3 to indicate the first, second and third person of the verb. In each block the second 1, 2, 3 are the plural forms. It is important to note that, in Spanish, the second person usages 'usted' and 'ustedes' — 'you' in the singular and plural — are formed with the third person of the verb.

For an important note on the use of the imperative see page xv.

# ABANDONAR
to abandon

**1**

| PRESENT | IMPERFECT | FUTURE |
|---|---|---|
| 1. abandono | abandonaba | abandonaré |
| 2. abandonas | abandonabas | abandonarás |
| 3. abandona | abandonaba | abandonará |
| 1. abandonamos | abandonábamos | abandonaremos |
| 2. abandonáis | abandonabais | abandonaréis |
| 3. abandonan | abandonaban | abandonarán |

| PAST HISTORIC | PERFECT | PLUPERFECT |
|---|---|---|
| 1. abandoné | he abandonado | había abandonado |
| 2. abandonaste | has abandonado | habías abandonado |
| 3. abandonó | ha abandonado | había abandonado |
| 1. abandonamos | hemos abandonado | habíamos abandonado |
| 2. abandonasteis | habéis abandonado | habíais abandonado |
| 3. abandonaron | han abandonado | habían abandonado |

| PAST ANTERIOR | FUTURE PERFECT |
|---|---|
| hube abandonado etc | habré abandonado etc |

---

| *CONDITIONAL* | | *IMPERATIVE* |
|---|---|---|
| **PRESENT** | **PAST** | |
| 1. abandonaría | habría abandonado | |
| 2. abandonarías | habrías abandonado | (tú) abandona |
| 3. abandonaría | habría abandonado | (Vd) abandone |
| 1. abandonaríamos | habríamos abandonado | (nosotros) abandonemos |
| 2. abandonaríais | habríais abandonado | (vosotros) abandonad |
| 3. abandonarían | habrían abandonado | (Vds) abandonen |

---

## *SUBJUNCTIVE*

| PRESENT | IMPERFECT | PLUPERFECT |
|---|---|---|
| 1. abandone | abandon-ara/ase | hubiera abandonado |
| 2. abandones | abandon-aras/ases | hubieras abandonado |
| 3. abandone | abandon-ara/ase | hubiera abandonado |
| 1. abandonemos | abandon-áramos/ásemos | hubiéramos abandonado |
| 2. abandonéis | abandon-arais/aseis | hubierais abandonado |
| 3. abandonen | abandon-aran/asen | hubieran abandonado |

**PERFECT**   haya abandonado etc

---

| *INFINITIVE* | *PARTICIPLE* |
|---|---|
| **PRESENT** | **PRESENT** |
| abandonar | abandonando |
| **PAST** | **PAST** |
| haber abandonado | abandonado |

# 2 ABOLIR
to abolish

| PRESENT | IMPERFECT | FUTURE |
|---|---|---|
| 1. | abolía | aboliré |
| 2. | abolías | abolirás |
| 3. | abolía | abolirá |
| 1. abolimos | abolíamos | aboliremos |
| 2. abolís | abolíais | aboliréis |
| 3. | abolían | abolirán |

| PAST HISTORIC | PERFECT | PLUPERFECT |
|---|---|---|
| 1. abolí | he abolido | había abolido |
| 2. aboliste | has abolido | habías abolido |
| 3. abolió | ha abolido | había abolido |
| 1. abolimos | hemos abolido | habíamos abolido |
| 2. abolisteis | habéis abolido | habíais abolido |
| 3. abolieron | han abolido | habían abolido |

| PAST ANTERIOR | | FUTURE PERFECT |
|---|---|---|
| hube abolido etc | | habré abolido etc |

| CONDITIONAL | | IMPERATIVE |
|---|---|---|
| **PRESENT** | **PAST** | |
| 1. aboliría | habría abolido | |
| 2. abolirías | habrías abolido | |
| 3. aboliría | habría abolido | |
| 1. aboliríamos | habríamos abolido | (nosotros) abolamos |
| 2. aboliríais | habríais abolido | (vosotros) abolid |
| 3. abolirían | habrían abolido | |

| SUBJUNCTIVE | | |
|---|---|---|
| **PRESENT** | **IMPERFECT** | **PLUPERFECT** |
| 1. | abol-iera/iese | hubiera abolido |
| 2. | abol-ieras/ieses | hubieras abolido |
| 3. | abol-iera/iese | hubiera abolido |
| 1. | abol-iéramos/iésemos | hubiéramos abolido |
| 2. | abol-ierais/ieseis | hubierais abolido |
| 3. | abol-ieran/iesen | hubieran abolido |

**PERFECT** haya abolido etc

| INFINITIVE | PARTICIPLE |
|---|---|
| **PRESENT** | **PRESENT** |
| abolir | aboliendo |
| **PAST** | **PAST** |
| haber abolido | abolido |

# ABORRECER
to loathe

**3**

| PRESENT | IMPERFECT | FUTURE |
|---|---|---|
| 1. aborrezco | aborrecía | aborreceré |
| 2. aborreces | aborrecías | aborrecerás |
| 3. aborrece | aborrecía | aborrecerá |
| 1. aborrecemos | aborrecíamos | aborreceremos |
| 2. aborrecéis | aborrecíais | aborreceréis |
| 3. aborrecen | aborrecían | aborrecerán |

| PAST HISTORIC | PERFECT | PLUPERFECT |
|---|---|---|
| 1. aborrecí | he aborrecido | había aborrecido |
| 2. aborreciste | has aborrecido | habías aborrecido |
| 3. aborreció | ha aborrecido | había aborrecido |
| 1. aborrecimos | hemos aborrecido | habíamos aborrecido |
| 2. aborrecisteis | habéis aborrecido | habíais aborrecido |
| 3. aborrecieron | han aborrecido | habían aborrecido |

| PAST ANTERIOR | FUTURE PERFECT |
|---|---|
| hube aborrecido etc | habré aborrecido etc |

---

## *CONDITIONAL*

| PRESENT | PAST | *IMPERATIVE* |
|---|---|---|
| 1. aborrecería | habría aborrecido | |
| 2. aborrecerías | habrías aborrecido | (tú) aborrece |
| 3. aborrecería | habría aborrecido | (Vd) aborrezca |
| 1. aborreceríamos | habríamos aborrecido | (nosotros) aborrezcamos |
| 2. aborreceríais | habríais aborrecido | (vosotros) aborreced |
| 3. aborrecerían | habrían aborrecido | (Vds) aborrezcan |

---

## *SUBJUNCTIVE*

| PRESENT | IMPERFECT | PLUPERFECT |
|---|---|---|
| 1. aborrezca | aborrec-iera/iese | hubiera aborrecido |
| 2. aborrezcas | aborrec-ieras/ieses | hubieras aborrecido |
| 3. aborrezca | aborrec-iera/iese | hubiera aborrecido |
| 1. aborrezcamos | aborrec-iéramos/iésemos | hubiéramos aborrecido |
| 2. aborrezcáis | aborrec-ierais/ieseis | hubierais aborrecido |
| 3. aborrezcan | aborrec-ieran/iesen | hubieran aborrecido |

**PERFECT**   haya aborrecido etc

---

| *INFINITIVE* | *PARTICIPLE* |
|---|---|
| PRESENT | PRESENT |
| aborrecer | aborreciendo |
| PAST | PAST |
| haber aborrecido | aborrecido |

# 4

## ABRIR
to open

| PRESENT | IMPERFECT | FUTURE |
|---|---|---|
| 1. abro | abría | abriré |
| 2. abres | abrías | abrirás |
| 3. abre | abría | abrirá |
| 1. abrimos | abríamos | abriremos |
| 2. abrís | abríais | abriréis |
| 3. abren | abrían | abrirán |

| PAST HISTORIC | PERFECT | PLUPERFECT |
|---|---|---|
| 1. abrí | he abierto | había abierto |
| 2. abriste | has abierto | habías abierto |
| 3. abrió | ha abierto | había abierto |
| 1. abrimos | hemos abierto | habíamos abierto |
| 2. abristeis | habéis abierto | habíais abierto |
| 3. abrieron | han abierto | habían abierto |

| PAST ANTERIOR | FUTURE PERFECT |
|---|---|
| hube abierto etc | habré abierto etc |

### CONDITIONAL

| | | IMPERATIVE |
|---|---|---|
| **PRESENT** | **PAST** | |
| 1. abriría | habría abierto | |
| 2. abrirías | habrías abierto | (tú) abre |
| 3. abriría | habría abierto | (Vd) abra |
| 1. abriríamos | habríamos abierto | (nosotros) abramos |
| 2. abriríais | habríais abierto | (vosotros) abrid |
| 3. abrirían | habrían abierto | (Vds) abran |

### SUBJUNCTIVE

| PRESENT | IMPERFECT | PLUPERFECT |
|---|---|---|
| 1. abra | abr-iera/iese | hubiera abierto |
| 2. abras | abr-ieras/ieses | hubieras abierto |
| 3. abra | abr-iera/iese | hubiera abierto |
| 1. abramos | abr-iéramos/iésemos | hubiéramos abierto |
| 2. abráis | abr-ierais/ieseis | hubierais abierto |
| 3. abran | abr-ieran/iesen | hubieran abierto |

| PERFECT | haya abierto etc |
|---|---|

| INFINITIVE | PARTICIPLE |
|---|---|
| **PRESENT** | **PRESENT** |
| abrir | abriendo |
| **PAST** | **PAST** |
| haber abierto | abierto |

# ACABAR
to finish

| PRESENT | IMPERFECT | FUTURE |
|---|---|---|
| 1. acabo | acababa | acabaré |
| 2. acabas | acababas | acabarás |
| 3. acaba | acababa | acabará |
| 1. acabamos | acabábamos | acabaremos |
| 2. acabáis | acababais | acabaréis |
| 3. acaban | acababan | acabarán |

| PAST HISTORIC | PERFECT | PLUPERFECT |
|---|---|---|
| 1. acabé | he acabado | había acabado |
| 2. acabaste | has acabado | habías acabado |
| 3. acabó | ha acabado | había acabado |
| 1. acabamos | hemos acabado | habíamos acabado |
| 2. acabasteis | habéis acabado | habíais acabado |
| 3. acabaron | han acabado | habían acabado |

| PAST ANTERIOR | FUTURE PERFECT |
|---|---|
| hube acabado etc | habré acabado etc |

## CONDITIONAL

| PRESENT | PAST | IMPERATIVE |
|---|---|---|
| 1. acabaría | habría acabado | |
| 2. acabarías | habrías acabado | (tú) acaba |
| 3. acabaría | habría acabado | (Vd) acabe |
| 1. acabaríamos | habríamos acabado | (nosotros) acabemos |
| 2. acabaríais | habríais acabado | (vosotros) acabad |
| 3. acabarían | habrían acabado | (Vds) acaben |

## SUBJUNCTIVE

| PRESENT | IMPERFECT | PLUPERFECT |
|---|---|---|
| 1. acabe | acab-ara/ase | hubiera acabado |
| 2. acabes | acab-aras/ases | hubieras acabado |
| 3. acabe | acab-ara/ase | hubiera acabado |
| 1. acabemos | acab-áramos/ásemos | hubiéramos acabado |
| 2. acabéis | acab-arais/aseis | hubierais acabado |
| 3. acaben | acab-aran/asen | hubieran acabado |

PERFECT   haya acabado etc

| INFINITIVE | PARTICIPLE |
|---|---|
| PRESENT | PRESENT |
| acabar | acabando |
| PAST | PAST |
| haber acabado | acabado |

# ACENTUAR
to accent

| PRESENT | IMPERFECT | FUTURE |
|---|---|---|
| 1. acentúo | acentuaba | acentuaré |
| 2. acentúas | acentuabas | acentuarás |
| 3. acentúa | acentuaba | acentuará |
| 1. acentuamos | acentuábamos | acentuaremos |
| 2. acentuáis | acentuabais | acentuaréis |
| 3. acentúan | acentuaban | acentuarán |

| PAST HISTORIC | PERFECT | PLUPERFECT |
|---|---|---|
| 1. acentué | he acentuado | había acentuado |
| 2. acentuaste | has acentuado | habías acentuado |
| 3. acentuó | ha acentuado | había acentuado |
| 1. acentuamos | hemos acentuado | habíamos acentuado |
| 2. acentuasteis | habéis acentuado | habíais acentuado |
| 3. acentuaron | han acentuado | habían acentuado |

| PAST ANTERIOR | FUTURE PERFECT |
|---|---|
| hube acentuado etc | habré acentuado etc |

## CONDITIONAL

## IMPERATIVE

| PRESENT | PAST | |
|---|---|---|
| 1. acentuaría | habría acentuado | |
| 2. acentuarías | habrías acentuado | (tú) acentúa |
| 3. acentuaría | habría acentuado | (Vd) acentúe |
| 1. acentuaríamos | habríamos acentuado | (nosotros) acentuemos |
| 2. acentuaríais | habríais acentuado | (vosotros) acentuad |
| 3. acentuarían | habrían acentuado | (Vds) acentúen |

## SUBJUNCTIVE

| PRESENT | IMPERFECT | PLUPERFECT |
|---|---|---|
| 1. acentúe | acentu-ara/ase | hubiera acentuado |
| 2. acentúes | acentu-aras/ases | hubieras acentuado |
| 3. acentúe | acentu-ara/ase | hubiera acentuado |
| 1. acentuemos | acentu-áramos/ásemos | hubiéramos acentuado |
| 2. acentuéis | acentu-arais/aseis | hubierais acentuado |
| 3. acentúen | acentu-aran/asen | hubieran acentuado |

**PERFECT** haya acentuado etc

| INFINITIVE | PARTICIPLE |
|---|---|
| **PRESENT** | **PRESENT** |
| acentuar | acentuando |
| **PAST** | **PAST** |
| haber acentuado | acentuado |

# ACERCARSE
to approach

| PRESENT | IMPERFECT | FUTURE |
|---|---|---|
| 1. me acerco | me acercaba | me acercaré |
| 2. te acercas | te acercabas | te acercarás |
| 3. se acerca | se acercaba | se acercará |
| 1. nos acercamos | nos acercábamos | nos acercaremos |
| 2. os acercáis | os acercabais | os acercaréis |
| 3. se acercan | se acercaban | se acercarán |

| PAST HISTORIC | PERFECT | PLUPERFECT |
|---|---|---|
| 1. me acerqué | me he acercado | me había acercado |
| 2. te acercaste | te has acercado | te habías acercado |
| 3. se acercó | se ha acercado | se había acercado |
| 1. nos acercamos | nos hemos acercado | nos habíamos acercado |
| 2. os acercasteis | os habéis acercado | os habíais acercado |
| 3. se acercaron | se han acercado | se habían acercado |

| PAST ANTERIOR | FUTURE PERFECT |
|---|---|
| me hube acercado etc | me habré acercado etc |

## CONDITIONAL

| PRESENT | PAST |
|---|---|
| 1. me acercaría | me habría acercado |
| 2. te acercarías | te habrías acercado |
| 3. se acercaría | se habría acercado |
| 1. nos acercaríamos | nos habríamos acercado |
| 2. os acercaríais | os habríais acercado |
| 3. se acercarían | se habrían acercado |

## IMPERATIVE

(tú) acércate
(Vd) acérquese
(nosotros) acerquémonos
(vosotros) acercaos
(Vds) acérquense

## SUBJUNCTIVE

| PRESENT | IMPERFECT | PLUPERFECT |
|---|---|---|
| 1. me acerque | me acerc-ara/ase | me hubiera acercado |
| 2. te acerques | te acerc-aras/ases | te hubieras acercado |
| 3. se acerque | se acerc-ara/ase | se hubiera acercado |
| 1. nos acerquemos | nos acerc-áramos/ásemos | nos hubiéramos acercado |
| 2. os acerquéis | os acerc-arais/aseis | os hubierais acercado |
| 3. se acerquen | se acerc-aran/asen | se hubieran acercado |

**PERFECT**   me haya acercado etc

| INFINITIVE | PARTICIPLE |
|---|---|
| **PRESENT** | **PRESENT** |
| acercarse | acercándose |
| **PAST** | **PAST** |
| haberse acercado | acercado |

# 8 ACORDARSE
to remember

| **PRESENT** | **IMPERFECT** | **FUTURE** |
|---|---|---|
| 1. me acuerdo | me acordaba | me acordaré |
| 2. te acuerdas | te acordabas | te acordarás |
| 3. se acuerda | se acordaba | se acordará |
| 1. nos acordamos | nos acordábamos | nos acordaremos |
| 2. os acordáis | os acordabais | os acordaréis |
| 3. se acuerdan | se acordaban | se acordarán |

| **PAST HISTORIC** | **PERFECT** | **PLUPERFECT** |
|---|---|---|
| 1. me acordé | me he acordado | me había acordado |
| 2. te acordaste | te has acordado | te habías acordado |
| 3. se acordó | se ha acordado | se había acordado |
| 1. nos acordamos | nos hemos acordado | nos habíamos acordado |
| 2. os acordasteis | os habéis acordado | os habíais acordado |
| 3. se acordaron | se han acordado | se habían acordado |

| **PAST ANTERIOR** | **FUTURE PERFECT** |
|---|---|
| me hube acordado etc | me habré acordado etc |

---

## *CONDITIONAL*

| **PRESENT** | **PAST** | *IMPERATIVE* |
|---|---|---|
| 1. me acordaría | me habría acordado | |
| 2. te acordarías | te habrías acordado | (tú) acuérdate |
| 3. se acordaría | se habría acordado | (Vd) acuérdese |
| 1. nos acordaríamos | nos habríamos acordado | (nosotros) acordémonos |
| 2. os acordaríais | os habríais acordado | (vosotros) acordaos |
| 3. se acordarían | se habrían acordado | (Vds) acuérdense |

---

## *SUBJUNCTIVE*

| **PRESENT** | **IMPERFECT** | **PLUPERFECT** |
|---|---|---|
| 1. me acuerde | me acord-ara/ase | me hubiera acordado |
| 2. te acuerdes | te acord-aras/ases | te hubieras acordado |
| 3. se acuerde | se acord-ara/ase | se hubiera acordado |
| 1. nos acordemos | nos acord-áramos/ásemos | nos hubiéramos acordado |
| 2. os acordéis | os acord-arais/aseis | os hubierais acordado |
| 3. se acuerden | se acord-aran/asen | se hubieran acordado |

| **PERFECT** | me haya acordado etc |
|---|---|

---

| *INFINITIVE* | *PARTICIPLE* |
|---|---|
| **PRESENT** | **PRESENT** |
| acordarse | acordándose |
| **PAST** | **PAST** |
| haberse acordado | acordado |

# ADQUIRIR
to acquire

| PRESENT | IMPERFECT | FUTURE |
|---|---|---|
| 1. adquiero | adquiría | adquiriré |
| 2. adquieres | adquirías | adquirirás |
| 3. adquiere | adquiría | adquirirá |
| 1. adquirimos | adquiríamos | adquiriremos |
| 2. adquirís | adquiríais | adquiriréis |
| 3. adquieren | adquirían | adquirirán |

| PAST HISTORIC | PERFECT | PLUPERFECT |
|---|---|---|
| 1. adquirí | he adquirido | había adquirido |
| 2. adquiriste | has adquirido | habías adquirido |
| 3. adquirió | ha adquirido | había adquirido |
| 1. adquirimos | hemos adquirido | habíamos adquirido |
| 2. adquiristeis | habéis adquirido | habíais adquirido |
| 3. adquirieron | han adquirido | habían adquirido |

| PAST ANTERIOR | FUTURE PERFECT |
|---|---|
| hube adquirido etc | habré adquirido etc |

| *CONDITIONAL* | | *IMPERATIVE* |
|---|---|---|
| PRESENT | PAST | |
| 1. adquiriría | habría adquirido | |
| 2. adquirirías | habrías adquirido | (tú) adquiere |
| 3. adquiriría | habría adquirido | (Vd) adquiera |
| 1. adquiriríamos | habríamos adquirido | (nosotros) adquiramos |
| 2. adquiriríais | habríais adquirido | (vosotros) adquirid |
| 3. adquirirían | habrían adquirido | (Vds) adquieran |

## *SUBJUNCTIVE*

| PRESENT | IMPERFECT | PLUPERFECT |
|---|---|---|
| 1. adquiera | adquir-iera/iese | hubiera adquirido |
| 2. adquieras | adquir-ieras/ieses | hubieras adquirido |
| 3. adquiera | adquir-iera/iese | hubiera adquirido |
| 1. adquiramos | adquir-iéramos/iésemos | hubiéramos adquirido |
| 2. adquiráis | adquir-ierais/ieseis | hubierais adquirido |
| 3. adquieran | adquir-ieran/iesen | hubieran adquirido |

PERFECT   haya adquirido etc

| *INFINITIVE* | *PARTICIPLE* |
|---|---|
| PRESENT | PRESENT |
| adquirir | adquiriendo |
| PAST | PAST |
| haber adquirido | adquirido |

# 10 AGORAR
to augur

| PRESENT | IMPERFECT | FUTURE |
|---|---|---|
| 1. agüero | agoraba | agoraré |
| 2. agüeras | agorabas | agorarás |
| 3. agüera | agoraba | agorará |
| 1. agoramos | agorábamos | agoraremos |
| 2. agoráis | agorabais | agoraréis |
| 3. agüeran | agoraban | agorarán |

| PAST HISTORIC | PERFECT | PLUPERFECT |
|---|---|---|
| 1. agoré | he agorado | había agorado |
| 2. agoraste | has agorado | habías agorado |
| 3. agoró | ha agorado | había agorado |
| 1. agoramos | hemos agorado | habíamos agorado |
| 2. agorasteis | habéis agorado | habíais agorado |
| 3. agoraron | han agorado | habían agorado |

| PAST ANTERIOR | FUTURE PERFECT |
|---|---|
| hube agorado etc | habré agorado etc |

## CONDITIONAL

| PRESENT | PAST | IMPERATIVE |
|---|---|---|
| 1. agoraría | habría agorado | |
| 2. agorarías | habrías agorado | (tú) agüera |
| 3. agoraría | habría agorado | (Vd) agüere |
| 1. agoraríamos | habríamos agorado | (nosotros) agoremos |
| 2. agoraríais | habríais agorado | (vosotros) agorad |
| 3. agorarían | habrían agorado | (Vds) agüeren |

## SUBJUNCTIVE

| PRESENT | IMPERFECT | PLUPERFECT |
|---|---|---|
| 1. agüere | agor-ara/ase | hubiera agorado |
| 2. agüeres | agor-aras/ases | hubieras agorado |
| 3. agüere | agor-ara/ase | hubiera agorado |
| 1. agoremos | agor-áramos/ásemos | hubiéramos agorado |
| 2. agoréis | agor-arais/aseis | hubierais agorado |
| 3. agüeren | agor-aran/asen | hubieran agorado |

PERFECT  haya agorado etc

| INFINITIVE | PARTICIPLE |
|---|---|
| PRESENT | PRESENT |
| agorar | agorando |
| PAST | PAST |
| haber agorado | agorado |

# AGRADECER
to be grateful for, to thank

| PRESENT | IMPERFECT | FUTURE |
|---|---|---|
| 1. agradezco | agradecía | agradeceré |
| 2. agradeces | agradecías | agradecerás |
| 3. agradece | agradecía | agradecerá |
| 1. agradecemos | agradecíamos | agradeceremos |
| 2. agradecéis | agradecíais | agradeceréis |
| 3. agradecen | agradecían | agradecerán |

| PAST HISTORIC | PERFECT | PLUPERFECT |
|---|---|---|
| 1. agradecí | he agradecido | había agradecido |
| 2. agradeciste | has agradecido | habías agradecido |
| 3. agradeció | ha agradecido | había agradecido |
| 1. agradecimos | hemos agradecido | habíamos agradecido |
| 2. agradecisteis | habéis agradecido | habíais agradecido |
| 3. agradecieron | han agradecido | habían agradecido |

| PAST ANTERIOR | FUTURE PERFECT |
|---|---|
| hube agradecido etc | habré agradecido etc |

| *CONDITIONAL* | | *IMPERATIVE* |
|---|---|---|
| PRESENT | PAST | |
| 1. agradecería | habría agradecido | |
| 2. agradecerías | habrías agradecido | (tú) agradece |
| 3. agradecería | habría agradecido | (Vd) agradezca |
| 1. agradeceríamos | habríamos agradecido | (nosotros) agradezcamos |
| 2. agradeceríais | habríais agradecido | (vosotros) agradeced |
| 3. agradecerían | habrían agradecido | (Vds) agradezcan |

## *SUBJUNCTIVE*

| PRESENT | IMPERFECT | PLUPERFECT |
|---|---|---|
| 1. agradezca | agradec-iera/iese | hubiera agradecido |
| 2. agradezcas | agradec-ieras/ieses | hubieras agradecido |
| 3. agradezca | agradec-iera/iese | hubiera agradecido |
| 1. agradezcamos | agradec-iéramos/iésemos | hubiéramos agradecido |
| 2. agradezcáis | agradec-ierais/ieseis | hubierais agradecido |
| 3. agradezcan | agradec-ieran/iesen | hubieran agradecido |

PERFECT    haya agradecido etc

| *INFINITIVE* | *PARTICIPLE* |
|---|---|
| PRESENT | PRESENT |
| agradecer | agradeciendo |
| PAST | PAST |
| haber agradecido | agradecido |

# 12 ALCANZAR
to catch, to reach

| **PRESENT** | **IMPERFECT** | **FUTURE** |
|---|---|---|
| 1. alcanzo | alcanzaba | alcanzaré |
| 2. alcanzas | alcanzabas | alcanzarás |
| 3. alcanza | alcanzaba | alcanzará |
| 1. alcanzamos | alcanzábamos | alcanzaremos |
| 2. alcanzáis | alcanzabais | alcanzaréis |
| 3. alcanzan | alcanzaban | alcanzarán |

| **PAST HISTORIC** | **PERFECT** | **PLUPERFECT** |
|---|---|---|
| 1. alcancé | he alcanzado | había alcanzado |
| 2. alcanzaste | has alcanzado | habías alcanzado |
| 3. alcanzó | ha alcanzado | había alcanzado |
| 1. alcanzamos | hemos alcanzado | habíamos alcanzado |
| 2. alcanzasteis | habéis alcanzado | habíais alcanzado |
| 3. alcanzaron | han alcanzado | habían alcanzado |

| **PAST ANTERIOR** | **FUTURE PERFECT** |
|---|---|
| hube alcanzado etc | habré alcanzado etc |

| *CONDITIONAL* | | *IMPERATIVE* |
|---|---|---|
| **PRESENT** | **PAST** | |
| 1. alcanzaría | habría alcanzado | |
| 2. alcanzarías | habrías alcanzado | (tú) alcanza |
| 3. alcanzaría | habría alcanzado | (Vd) alcance |
| 1. alcanzaríamos | habríamos alcanzado | (nosotros) alcancemos |
| 2. alcanzaríais | habríais alcanzado | (vosotros) alcanzad |
| 3. alcanzarían | habrían alcanzado | (Vds) alcancen |

## *SUBJUNCTIVE*

| **PRESENT** | **IMPERFECT** | **PLUPERFECT** |
|---|---|---|
| 1. alcance | alcanz-ara/ase | hubiera alcanzado |
| 2. alcances | alcanz-aras/ases | hubieras alcanzado |
| 3. alcance | alcanz-ara/ase | hubiera alcanzado |
| 1. alcancemos | alcanz-áramos/ásemos | hubiéramos alcanzado |
| 2. alcancéis | alcanz-arais/aseis | hubierais alcanzado |
| 3. alcancen | alcanz-aran/asen | hubieran alcanzado |

**PERFECT**  haya alcanzado etc

| *INFINITIVE* | *PARTICIPLE* |
|---|---|
| **PRESENT** | **PRESENT** |
| alcanzar | alcanzando |
| **PAST** | **PAST** |
| haber alcanzado | alcanzado |

# ALMORZAR
to have lunch

| PRESENT | IMPERFECT | FUTURE |
|---|---|---|
| 1. almuerzo | almorzaba | almorzaré |
| 2. almuerzas | almorzabas | almorzarás |
| 3. almuerza | almorzaba | almorzará |
| 1. almorzamos | almorzábamos | almorzaremos |
| 2. almorzáis | almorzabais | almorzaréis |
| 3. almuerzan | almorzaban | almorzarán |

| PAST HISTORIC | PERFECT | PLUPERFECT |
|---|---|---|
| 1. almorcé | he almorzado | había almorzado |
| 2. almorzaste | has almorzado | habías almorzado |
| 3. almorzó | ha almorzado | había almorzado |
| 1. almorzamos | hemos almorzado | habíamos almorzado |
| 2. almorzasteis | habéis almorzado | habíais almorzado |
| 3. almorzaron | han almorzado | habían almorzado |

| PAST ANTERIOR | FUTURE PERFECT |
|---|---|
| hube almorzado etc | habré almorzado etc |

| *CONDITIONAL* | | *IMPERATIVE* |
|---|---|---|
| **PRESENT** | **PAST** | |
| 1. almorzaría | habría almorzado | |
| 2. almorzarías | habrías almorzado | (tú) almuerza |
| 3. almorzaría | habría almorzado | (Vd) almuerce |
| 1. almorzaríamos | habríamos almorzado | (nosotros) almorcemos |
| 2. almorzaríais | habríais almorzado | (vosotros) almorzad |
| 3. almorzarían | habrían almorzado | (Vds) almuercen |

## *SUBJUNCTIVE*

| PRESENT | IMPERFECT | PLUPERFECT |
|---|---|---|
| 1. almuerce | almorz-ara/ase | hubiera almorzado |
| 2. almuerces | almorz-aras/ases | hubieras almorzado |
| 3. almuerce | almorz-ara/ase | hubiera almorzado |
| 1. almorcemos | almorz-áramos/ásemos | hubiéramos almorzado |
| 2. almorcéis | almorz-arais/aseis | hubierais almorzado |
| 3. almuercen | almorz-aran/asen | hubieran almorzado |

**PERFECT**   haya almorzado etc

| *INFINITIVE* | *PARTICIPLE* |
|---|---|
| **PRESENT** | **PRESENT** |
| almorzar | almorzando |
| **PAST** | **PAST** |
| haber almorzado | almorzado |

# 14 AMANECER
to dawn

| PRESENT | IMPERFECT | FUTURE |
|---|---|---|
| 1. amanezco | amanecía | amaneceré |
| 2. amaneces | amanecías | amanecerás |
| 3. amanece | amanecía | amanecerá |
| 1. amanecemos | amanecíamos | amaneceremos |
| 2. amanecéis | amanecíais | amaneceréis |
| 3. amanecen | amanecían | amanecerán |

| PAST HISTORIC | PERFECT | PLUPERFECT |
|---|---|---|
| 1. amanecí | he amanecido | había amanecido |
| 2. amaneciste | has amanecido | habías amanecido |
| 3. amaneció | ha amanecido | había amanecido |
| 1. amanecimos | hemos amanecido | habíamos amanecido |
| 2. amanecisteis | habéis amanecido | habíais amanecido |
| 3. amanecieron | han amanecido | habían amanecido |

| PAST ANTERIOR | FUTURE PERFECT |
|---|---|
| hube amanecido etc | habré amanecido etc |

| *CONDITIONAL* | | *IMPERATIVE* |
|---|---|---|
| **PRESENT** | **PAST** | |
| 1. amanecería | habría amanecido | |
| 2. amanecerías | habrías amanecido | (tú) amanece |
| 3. amanecería | habría amanecido | (Vd) amanezca |
| 1. amaneceríamos | habríamos amanecido | (nosotros) amanezcamos |
| 2. amaneceríais | habríais amanecido | (vosotros) amaneced |
| 3. amanecerían | habrían amanecido | (Vds) amanezcan |

| *SUBJUNCTIVE* | | |
|---|---|---|
| **PRESENT** | **IMPERFECT** | **PLUPERFECT** |
| 1. amanezca | amanec-iera/iese | hubiera amanecido |
| 2. amanezcas | amanec-ieras/ieses | hubieras amanecido |
| 3. amanezca | amanec-iera/iese | hubiera amanecido |
| 1. amanezcamos | amanec-iéramos/iésemos | hubiéramos amanecido |
| 2. amanezcáis | amanec-ierais/ieseis | hubierais amanecido |
| 3. amanezcan | amanec-ieran/iesen | hubieran amanecido |

**PERFECT** haya amanecido etc

| *INFINITIVE* | *PARTICIPLE* | *NOTE* |
|---|---|---|
| **PRESENT** | **PRESENT** | Normally used in third person singular. |
| amanecer | amaneciendo | |
| **PAST** | **PAST** | |
| haber amanecido | amanecido | |

# ANDAR
to walk, to go

| PRESENT | IMPERFECT | FUTURE |
|---|---|---|
| 1. ando | andaba | andaré |
| 2. andas | andabas | andarás |
| 3. anda | andaba | andará |
| 1. andamos | andábamos | andaremos |
| 2. andáis | andabais | andaréis |
| 3. andan | andaban | andarán |

| PAST HISTORIC | PERFECT | PLUPERFECT |
|---|---|---|
| 1. anduve | he andado | había andado |
| 2. anduviste | has andado | habías andado |
| 3. anduvo | ha andado | había andado |
| 1. anduvimos | hemos andado | habíamos andado |
| 2. anduvisteis | habéis andado | habíais andado |
| 3. anduvieron | han andado | habían andado |

| PAST ANTERIOR | FUTURE PERFECT |
|---|---|
| hube andado etc | habré andado etc |

## CONDITIONAL

| PRESENT | PAST |
|---|---|
| 1. andaría | habría andado |
| 2. andarías | habrías andado |
| 3. andaría | habría andado |
| 1. andaríamos | habríamos andado |
| 2. andaríais | habríais andado |
| 3. andarían | habrían andado |

## IMPERATIVE

(tú) anda
(Vd) ande
(nosotros) andemos
(vosotros) andad
(Vds) anden

## SUBJUNCTIVE

| PRESENT | IMPERFECT | PLUPERFECT |
|---|---|---|
| 1. ande | anduv-iera/iese | hubiera andado |
| 2. andes | anduv-ieras/ieses | hubieras andado |
| 3. ande | anduv-iera/iese | hubiera andado |
| 1. andemos | anduv-iéramos/iésemos | hubiéramos andado |
| 2. andéis | anduv-ierais/ieseis | hubierais andado |
| 3. anden | anduv-ieran/iesen | hubieran andado |

PERFECT   haya andado etc

| INFINITIVE | PARTICIPLE |
|---|---|
| PRESENT | PRESENT |
| andar | andando |
| PAST | PAST |
| haber andado | andado |

# 16 ANOCHECER
to get dark

| PRESENT | IMPERFECT | FUTURE |
|---|---|---|
| 3. anochece | anochecía | anochecerá |

| PAST HISTORIC | PERFECT | PLUPERFECT |
|---|---|---|
| 3. anocheció | ha anochecido | había anochecido |

| PAST ANTERIOR | | FUTURE PERFECT |
|---|---|---|
| hubo anochecido | | habrá anochecido |

| *CONDITIONAL* | | *IMPERATIVE* |
|---|---|---|
| PRESENT | PAST | |
| 3. anochecería | habría anochecido | |

| *SUBJUNCTIVE* | | |
|---|---|---|
| PRESENT | IMPERFECT | PLUPERFECT |
| 3. anochezca | anochec-iera/iese | hubiera anochecido |

PERFECT   haya anochecido

| *INFINITIVE* | *PARTICIPLE* |
|---|---|
| PRESENT | PRESENT |
| anochecer | anocheciendo |
| PAST | PAST |
| haber anochecido | anochecido |

to announce

| PRESENT | IMPERFECT | FUTURE |
|---|---|---|
| 1. anuncio | anunciaba | anunciaré |
| 2. anuncias | anunciabas | anunciarás |
| 3. anuncia | anunciaba | anunciará |
| 1. anunciamos | anunciábamos | anunciaremos |
| 2. anunciáis | anunciabais | anunciaréis |
| 3. anuncian | anunciaban | anunciarán |

| PAST HISTORIC | PERFECT | PLUPERFECT |
|---|---|---|
| 1. anuncié | he anunciado | había anunciado |
| 2. anunciaste | has anunciado | habías anunciado |
| 3. anunció | ha anunciado | había anunciado |
| 1. anunciamos | hemos anunciado | habíamos anunciado |
| 2. anunciasteis | habéis anunciado | habíais anunciado |
| 3. anunciaron | han anunciado | habían anunciado |

| PAST ANTERIOR | FUTURE PERFECT |
|---|---|
| hube anunciado etc | habré anunciado etc |

## *CONDITIONAL*

| PRESENT | PAST |
|---|---|
| 1. anunciaría | habría anunciado |
| 2. anunciarías | habrías anunciado |
| 3. anunciaría | habría anunciado |
| 1. anunciaríamos | habríamos anunciado |
| 2. anunciaríais | habríais anunciado |
| 3. anunciarían | habrían anunciado |

## *IMPERATIVE*

(tú) anuncia
(Vd) anuncie
(nosotros) anunciemos
(vosotros) anunciad
(Vds) anuncien

## *SUBJUNCTIVE*

| PRESENT | IMPERFECT | PLUPERFECT |
|---|---|---|
| 1. anuncie | anunci-ara/ase | hubiera anunciado |
| 2. anuncies | anunci-aras/ases | hubieras anunciado |
| 3. anuncie | anunci-ara/ase | hubiera anunciado |
| 1. anunciemos | anunci-áramos/ásemos | hubiéramos anunciado |
| 2. anunciéis | anunci-arais/aseis | hubierais anunciado |
| 3. anuncien | anunci-aran/asen | hubieran anunciado |

**PERFECT** haya anunciado etc

## *INFINITIVE*

| PRESENT | *PARTICIPLE* PRESENT |
|---|---|
| anunciar | anunciando |

| PAST | PAST |
|---|---|
| haber anunciado | anunciado |

# APARECER
to appear

| PRESENT | IMPERFECT | FUTURE |
|---|---|---|
| 1. aparezco | aparecía | apareceré |
| 2. apareces | aparecías | aparecerás |
| 3. aparece | aparecía | aparecerá |
| 1. aparecemos | aparecíamos | apareceremos |
| 2. aparecéis | aparecíais | apareceréis |
| 3. aparecen | aparecían | aparecerán |

| PAST HISTORIC | PERFECT | PLUPERFECT |
|---|---|---|
| 1. aparecí | he aparecido | había aparecido |
| 2. apareciste | has aparecido | habías aparecido |
| 3. apareció | ha aparecido | había aparecido |
| 1. aparecimos | hemos aparecido | habíamos aparecido |
| 2. aparecisteis | habéis aparecido | habíais aparecido |
| 3. aparecieron | han aparecido | habían aparecido |

| PAST ANTERIOR | FUTURE PERFECT |
|---|---|
| hube aparecido etc | habré aparecido etc |

| *CONDITIONAL* | | *IMPERATIVE* |
|---|---|---|
| **PRESENT** | **PAST** | |
| 1. aparecería | habría aparecido | |
| 2. aparecerías | habrías aparecido | (tú) aparece |
| 3. aparecería | habría aparecido | (Vd) aparezca |
| 1. apareceríamos | habríamos aparecido | (nosotros) aparezcamos |
| 2. apareceríais | habríais aparecido | (vosotros) apareced |
| 3. aparecerían | habrían aparecido | (Vds) aparezcan |

## *SUBJUNCTIVE*

| PRESENT | IMPERFECT | PLUPERFECT |
|---|---|---|
| 1. aparezca | aparec-iera/iese | hubiera aparecido |
| 2. aparezcas | aparec-ieras/ieses | hubieras aparecido |
| 3. aparezca | aparec-iera/iese | hubiera aparecido |
| 1. aparezcamos | aparec-iéramos/iésemos | hubiéramos aparecido |
| 2. aparezcáis | aparec-ierais/ieseis | hubierais aparecido |
| 3. aparezcan | aparec-ieran/iesen | hubieran aparecido |

**PERFECT** haya aparecido etc

| *INFINITIVE* | *PARTICIPLE* |
|---|---|
| **PRESENT** | **PRESENT** |
| aparecer | apareciendo |
| **PAST** | **PAST** |
| haber aparecido | aparecido |

# APETECER
to feel like

| PRESENT | IMPERFECT | FUTURE |
|---|---|---|
| 1. apetezco | apetecía | apeteceré |
| 2. apeteces | apetecías | apetecerás |
| 3. apetece | apetecía | apetecerá |
| 1. apetecemos | apetecíamos | apeteceremos |
| 2. apetecéis | apetecíais | apeteceréis |
| 3. apetecen | apetecían | apetecerán |

| PAST HISTORIC | PERFECT | PLUPERFECT |
|---|---|---|
| 1. apetecí | he apetecido | había apetecido |
| 2. apeteciste | has apetecido | habías apetecido |
| 3. apeteció | ha apetecido | había apetecido |
| 1. apetecimos | hemos apetecido | habíamos apetecido |
| 2. apetecisteis | habéis apetecido | habíais apetecido |
| 3. apetecieron | han apetecido | habían apetecido |

| PAST ANTERIOR | FUTURE PERFECT |
|---|---|
| hube apetecido etc | habré apetecido etc |

| *CONDITIONAL* | | *IMPERATIVE* |
|---|---|---|
| **PRESENT** | **PAST** | |
| 1. apetecería | habría apetecido | |
| 2. apetecerías | habrías apetecido | (tú) apetece |
| 3. apetecería | habría apetecido | (Vd) apetezca |
| 1. apeteceríamos | habríamos apetecido | (nosotros) apetezcamos |
| 2. apeteceríais | habríais apetecido | (vosotros) apeteced |
| 3. apetecerían | habrían apetecido | (Vds) apetezcan |

## *SUBJUNCTIVE*

| PRESENT | IMPERFECT | PLUPERFECT |
|---|---|---|
| 1. apetezca | apetec-iera/iese | hubiera apetecido |
| 2. apetezcas | apetec-ieras/ieses | hubieras apetecido |
| 3. apetzca | apetec-iera/iese | hubiera apetecido |
| 1. apetezcamos | apetec-iéramos/iésemos | hubiéramos apetecido |
| 2. apetezcáis | apetec-ierais/ieseis | hubierais apetecido |
| 3. apetezcan | apetec-ieran/iesen | hubieran apetecido |

**PERFECT**   haya apetecido etc

| *INFINITIVE* | *PARTICIPLE* | *NOTE* |
|---|---|---|
| **PRESENT** | **PRESENT** | Normally used in third |
| apetecer | apeteciendo | person only; |
| | | I feel like = me apetece |
| **PAST** | **PAST** | |
| haber apetecido | apetecido | |

# 20

## APRETAR
to tighten (up), to squeeze

| PRESENT | IMPERFECT | FUTURE |
|---|---|---|
| 1. aprieto | apretaba | apretaré |
| 2. aprietas | apretabas | apretarás |
| 3. aprieta | apretaba | apretará |
| 1. apretamos | apretábamos | apretaremos |
| 2. apretáis | apretabais | apretaréis |
| 3. aprietan | apretaban | apretarán |

| PAST HISTORIC | PERFECT | PLUPERFECT |
|---|---|---|
| 1. apreté | he apretado | había apretado |
| 2. apretaste | has apretado | habías apretado |
| 3. apretó | ha apretado | había apretado |
| 1. apretamos | hemos apretado | habíamos apretado |
| 2. apretasteis | habéis apretado | habíais apretado |
| 3. apretaron | han apretado | habían apretado |

| PAST ANTERIOR | FUTURE PERFECT |
|---|---|
| hube apretado etc | habré apretado etc |

| *CONDITIONAL* | | *IMPERATIVE* |
|---|---|---|
| PRESENT | PAST | |
| 1. apretaría | habría apretado | |
| 2. apretarías | habrías apretado | (tú) aprieta |
| 3. apretaría | habría apretado | (Vd) apriete |
| 1. apretaríamos | habríamos apretado | (nosotros) apretemos |
| 2. apretaríais | habríais apretado | (vosotros) apretad |
| 3. apretarían | habrían apretado | (Vds) aprieten |

| *SUBJUNCTIVE* | | |
|---|---|---|
| PRESENT | IMPERFECT | PLUPERFECT |
| 1. apriete | apret-ara/ase | hubiera apretado |
| 2. aprietes | apret-aras/ases | hubieras apretado |
| 3. apriete | apret-ara/ase | hubiera apretado |
| 1. apretemos | apret-áramos/ásemos | hubiéramos apretado |
| 2. apretéis | apret-arais/aseis | hubierais apretado |
| 3. aprieten | apret-aran/asen | hubieran apretado |

| PERFECT | haya apretado etc |
|---|---|

| *INFINITIVE* | *PARTICIPLE* |
|---|---|
| PRESENT | PRESENT |
| apretar | apretando |
| PAST | PAST |
| haber apretado | apretado |

# APROBAR

**21**

to approve, to pass

| PRESENT | IMPERFECT | FUTURE |
|---|---|---|
| 1. apruebo | aprobaba | aprobaré |
| 2. apruebas | aprobabas | aprobarás |
| 3. aprueba | aprobaba | aprobará |
| 1. aprobamos | aprobábamos | aprobaremos |
| 2. aprobáis | aprobabais | aprobaréis |
| 3. aprueban | aprobaban | aprobarán |

| PAST HISTORIC | PERFECT | PLUPERFECT |
|---|---|---|
| 1. aprobé | he aprobado | había aprobado |
| 2. aprobaste | has aprobado | habías aprobado |
| 3. aprobó | ha aprobado | había aprobado |
| 1. aprobamos | hemos aprobado | habíamos aprobado |
| 2. aprobasteis | habéis aprobado | habíais aprobado |
| 3. aprobaron | han aprobado | habían aprobado |

| PAST ANTERIOR | FUTURE PERFECT |
|---|---|
| hube aprobado etc | habré aprobado etc |

| CONDITIONAL | | IMPERATIVE |
|---|---|---|
| PRESENT | PAST | |
| 1. aprobaría | habría aprobado | |
| 2. aprobarías | habrías aprobado | (tú) aprueba |
| 3. aprobaría | habría aprobado | (Vd) apruebe |
| 1. aprobaríamos | habríamos aprobado | (nosotros) aprobemos |
| 2. aprobaríais | habríais aprobado | (vosotros) aprobad |
| 3. aprobarían | habrían aprobado | (Vds) aprueben |

| SUBJUNCTIVE | | |
|---|---|---|
| PRESENT | IMPERFECT | PLUPERFECT |
| 1. apruebe | aprob-ara/ase | hubiera aprobado |
| 2. apruebes | aprob-aras/ases | hubieras aprobado |
| 3. apruebe | aprob-ara/ase | hubiera aprobado |
| 1. aprobemos | aprob-áramos/ásemos | hubiéramos aprobado |
| 2. aprobéis | aprob-arais/aseis | hubierais aprobado |
| 3. aprueben | aprob-aran/asen | hubieran aprobado |

PERFECT    haya aprobado etc

| INFINITIVE | PARTICIPLE |
|---|---|
| PRESENT | PRESENT |
| aprobar | aprobando |
| PAST | PAST |
| haber aprobado | aprobado |

# ARGÜIR
to argue

| PRESENT | IMPERFECT | FUTURE |
|---|---|---|
| 1. arguyo | argüía | argüiré |
| 2. arguyes | argüías | argüirás |
| 3. arguye | argüía | argüirá |
| 1. argüimos | argüíamos | argüiremos |
| 2. argüís | argüíais | argüiréis |
| 3. arguyen | argüían | argüirán |

| PAST HISTORIC | PERFECT | PLUPERFECT |
|---|---|---|
| 1. argüí | he argüido | había argüido |
| 2. argüiste | has argüido | habías argüido |
| 3. arguyó | ha argüido | había argüido |
| 1. argüimos | hemos argüido | habíamos argüido |
| 2. argüisteis | habéis argüido | habíais argüido |
| 3. arguyeron | han argüido | habían argüido |

| PAST ANTERIOR | FUTURE PERFECT |
|---|---|
| hube argüido etc | habré argüido etc |

## CONDITIONAL

| PRESENT | PAST | IMPERATIVE |
|---|---|---|
| 1. argüiría | habría argüido | |
| 2. argüirías | habrías argüido | (tú) arguye |
| 3. argüiría | habría argüido | (Vd) arguya |
| 1. argüiríamos | habríamos argüido | (nosotros) arguyamos |
| 2. argüiríais | habríais argüido | (vosotros) argüid |
| 3. argüirían | habrían argüido | (Vds) arguyan |

## SUBJUNCTIVE

| PRESENT | IMPERFECT | PLUPERFECT |
|---|---|---|
| 1. arguya | argu-yera/yese | hubiera argüido |
| 2. arguyas | argu-yeras/yeses | hubieras argüido |
| 3. arguya | argu-yera/yese | hubiera argüido |
| 1. arguyamos | argu-yéramos/yésemos | hubiéramos argüido |
| 2. arguyáis | argu-yerais/yeseis | hubierais argüido |
| 3. arguyan | argu-yeran/yesen | hubieran argüido |

**PERFECT** haya argüido etc

| INFINITIVE | PARTICIPLE |
|---|---|
| **PRESENT** | **PRESENT** |
| argüir | arguyendo |
| **PAST** | **PAST** |
| haber argüido | argüido |

# ARRANCAR
to pull up

| PRESENT | IMPERFECT | FUTURE |
|---|---|---|
| 1. arranco | arrancaba | arrancaré |
| 2. arrancas | arrancabas | arrancarás |
| 3. arranca | arrancaba | arrancará |
| 1. arrancamos | arrancábamos | arrancaremos |
| 2. arrancáis | arrancabais | arrancaréis |
| 3. arrancan | arrancaban | arrancarán |

| PAST HISTORIC | PERFECT | PLUPERFECT |
|---|---|---|
| 1. arranqué | he arrancado | había arrancado |
| 2. arrancaste | has arrancado | habías arrancado |
| 3. arrancó | ha arrancado | había arrancado |
| 1. arrancamos | hemos arrancado | habíamos arrancado |
| 2. arrancasteis | habéis arrancado | habíais arrancado |
| 3. arrancaron | han arrancado | habían arrancado |

| PAST ANTERIOR | FUTURE PERFECT |
|---|---|
| hube arrancado etc | habré arrancado etc |

| *CONDITIONAL* | | *IMPERATIVE* |
|---|---|---|
| **PRESENT** | **PAST** | |
| 1. arrancaría | habría arrancado | |
| 2. arrancarías | habrías arrancado | (tú) arranca |
| 3. arrancaría | habría arrancado | (Vd) arranque |
| 1. arrancaríamos | habríamos arrancado | (nosotros) arranquemos |
| 2. arrancaríais | habríais arrancado | (vosotros) arrancad |
| 3. arrancarían | habrían arrancado | (Vds) arranquen |

## *SUBJUNCTIVE*

| PRESENT | IMPERFECT | PLUPERFECT |
|---|---|---|
| 1. arranque | arranc-ara/ase | hubiera arrancado |
| 2. arranques | arranc-aras/ases | hubieras arrancado |
| 3. arranque | arranc-ara/ase | hubiera arrancado |
| 1. arranquemos | arranc-áramos/ásemos | hubiéramos arrancado |
| 2. arranquéis | arranc-arais/aseis | hubierais arrancado |
| 3. arranquen | arranc-aran/asen | hubieran arrancado |

**PERFECT**   haya arrancado etc

| *INFINITIVE* | *PARTICIPLE* |
|---|---|
| **PRESENT** | **PRESENT** |
| arrancar | arrancando |
| **PAST** | **PAST** |
| haber arrancado | arrancado |

# 24 ARREGLAR
to mend, to arrange

| PRESENT | IMPERFECT | FUTURE |
|---|---|---|
| 1. arreglo | arreglaba | arreglaré |
| 2. arreglas | arreglabas | arreglarás |
| 3. arregla | arreglaba | arreglará |
| 1. arreglamos | arreglábamos | arreglaremos |
| 2. arregláis | arreglabais | arreglaréis |
| 3. arreglan | arreglaban | arreglarán |

| PAST HISTORIC | PERFECT | PLUPERFECT |
|---|---|---|
| 1. arreglé | he arreglado | había arreglado |
| 2. arreglaste | has arreglado | habías arreglado |
| 3. arregló | ha arreglado | había arreglado |
| 1. arreglamos | hemos arreglado | habíamos arreglado |
| 2. arreglasteis | habéis arreglado | habíais arreglado |
| 3. arreglaron | han arreglado | habían arreglado |

| PAST ANTERIOR | | FUTURE PERFECT |
|---|---|---|
| hube arreglado etc | | habré arreglado etc |

| *CONDITIONAL* | | *IMPERATIVE* |
|---|---|---|
| **PRESENT** | **PAST** | |
| 1. arreglaría | habría arreglado | |
| 2. arreglarías | habrías arreglado | (tú) arregla |
| 3. arreglaría | habría arreglado | (Vd) arregle |
| 1. arreglaríamos | habríamos arreglado | (nosotros) arreglemos |
| 2. arreglaríais | habríais arreglado | (vosotros) arreglad |
| 3. arreglarían | habrían arreglado | (Vds) arreglen |

| *SUBJUNCTIVE* | | |
|---|---|---|
| **PRESENT** | **IMPERFECT** | **PLUPERFECT** |
| 1. arregle | arregl-ara/ase | hubiera arreglado |
| 2. arregles | arregl-aras/ases | hubieras arreglado |
| 3. arregle | arregl-ara/ase | hubiera arreglado |
| 1. arreglemos | arregl-áramos/ásemos | hubiéramos arreglado |
| 2. arregléis | arregl-arais/aseis | hubierais arreglado |
| 3. arreglen | arregl-aran/asen | hubieran arreglado |

**PERFECT**   haya arreglado etc

| *INFINITIVE* | *PARTICIPLE* |
|---|---|
| **PRESENT** | **PRESENT** |
| arreglar | arreglando |
| **PAST** | **PAST** |
| haber arreglado | arreglado |

# ASCENDER
to ascend

| PRESENT | IMPERFECT | FUTURE |
|---|---|---|
| 1. asciendo | ascendía | ascenderé |
| 2. asciendes | ascendías | ascenderás |
| 3. asciende | ascendía | ascenderá |
| 1. ascendemos | ascendíamos | ascenderemos |
| 2. ascendéis | ascendíais | ascenderéis |
| 3. ascienden | ascendían | ascenderán |

| PAST HISTORIC | PERFECT | PLUPERFECT |
|---|---|---|
| 1. ascendí | he ascendido | había ascendido |
| 2. ascendiste | has ascendido | habías ascendido |
| 3. ascendió | ha ascendido | había ascendido |
| 1. ascendimos | hemos ascendido | habíamos ascendido |
| 2. ascendisteis | habéis ascendido | habíais ascendido |
| 3. ascendieron | han ascendido | habían ascendido |

| PAST ANTERIOR | FUTURE PERFECT |
|---|---|
| hube ascendido etc | habré ascendido etc |

| *CONDITIONAL* | | *IMPERATIVE* |
|---|---|---|
| **PRESENT** | **PAST** | |
| 1. ascendería | habría ascendido | |
| 2. ascenderías | habrías ascendido | (tú) asciende |
| 3. ascendería | habría ascendido | (Vd) ascienda |
| 1. ascenderíamos | habríamos ascendido | (nosotros) ascendamos |
| 2. ascenderíais | habríais ascendido | (vosotros) ascended |
| 3. ascenderían | habrían ascendido | (Vds) asciendan |

## *SUBJUNCTIVE*

| PRESENT | IMPERFECT | PLUPERFECT |
|---|---|---|
| 1. ascienda | ascend-iera/iese | hubiera ascendido |
| 2. asciendas | ascend-ieras/ieses | hubieras ascendido |
| 3. ascienda | ascend-iera/iese | hubiera ascendido |
| 1. ascendamos | ascend-iéramos/iésemos | hubiéramos ascendido |
| 2. ascendáis | ascend-ierais/ieseis | hubierais ascendido |
| 3. asciendan | ascend-ieran/iesen | hubieran ascendido |

**PERFECT**  haya ascendido etc

| *INFINITIVE* | *PARTICIPLE* |
|---|---|
| **PRESENT** | **PRESENT** |
| ascender | ascendiendo |
| **PAST** | **PAST** |
| haber ascendido | ascendido |

## ASIR
to seize, to grasp

| PRESENT | IMPERFECT | FUTURE |
|---|---|---|
| 1. asgo | asía | asiré |
| 2. ases | asías | asirás |
| 3. ase | asía | asirá |
| 1. asimos | asíamos | asiremos |
| 2. asís | asíais | asiréis |
| 3. asen | asían | asirán |

| PAST HISTORIC | PERFECT | PLUPERFECT |
|---|---|---|
| 1. así | he asido | había asido |
| 2. asiste | has asido | habías asido |
| 3. asió | ha asido | había asido |
| 1. asimos | hemos asido | habíamos asido |
| 2. asisteis | habéis asido | habíais asido |
| 3. asieron | han asido | habían asido |

| PAST ANTERIOR | FUTURE PERFECT |
|---|---|
| hube asido etc | habré asido etc |

| CONDITIONAL | | IMPERATIVE |
|---|---|---|
| **PRESENT** | **PAST** | |
| 1. asiría | habría asido | |
| 2. asirías | habrías asido | (tú) ase |
| 3. asiría | habría asido | (Vd) asga |
| 1. asiríamos | habríamos asido | (nosotros) asgamos |
| 2. asiríais | habríais asido | (vosotros) asid |
| 3. asirían | habrían asido | (Vds) asgan |

| SUBJUNCTIVE | | |
|---|---|---|
| **PRESENT** | **IMPERFECT** | **PLUPERFECT** |
| 1. asga | as-iera/iese | hubiera asido |
| 2. asgas | as-ieras/ieses | hubieras asido |
| 3. asga | as-iera/iese | hubiera asido |
| 1. asgamos | as-iéramos/iésemos | hubiéramos asido |
| 2. asgáis | as-ierais/ieseis | hubierais asido |
| 3. asgan | as-ieran/iesen | hubieran asido |

**PERFECT**   haya asido etc

| INFINITIVE | PARTICIPLE |
|---|---|
| **PRESENT** | **PRESENT** |
| asir | asiendo |
| **PAST** | **PAST** |
| haber asido | asido |

# ATERRIZAR
to land

| PRESENT | IMPERFECT | FUTURE |
|---|---|---|
| 1. aterrizo | aterrizaba | aterrizaré |
| 2. aterrizas | aterrizabas | aterrizarás |
| 3. aterriza | aterrizaba | aterrizará |
| 1. aterrizamos | aterrizábamos | aterrizaremos |
| 2. aterrizáis | aterrizabais | aterrizaréis |
| 3. aterrizan | aterrizaban | aterrizarán |

| PAST HISTORIC | PERFECT | PLUPERFECT |
|---|---|---|
| 1. aterricé | he aterrizado | había aterrizado |
| 2. aterrizaste | has aterrizado | habías aterrizado |
| 3. aterrizó | ha aterrizado | había aterrizado |
| 1. aterrizamos | hemos aterrizado | habíamos aterrizado |
| 2. aterrizasteis | habéis aterrizado | habíais aterrizado |
| 3. aterrizaron | han aterrizado | habían aterrizado |

| PAST ANTERIOR | FUTURE PERFECT |
|---|---|
| hube aterrizado etc | habré aterrizado etc |

## CONDITIONAL

| PRESENT | PAST | *IMPERATIVE* |
|---|---|---|
| 1. aterrizaría | habría aterrizado | |
| 2. aterrizarías | habrías aterrizado | (tú) aterriza |
| 3. aterrizaría | habría aterrizado | (Vd) aterrice |
| 1. aterrizaríamos | habríamos aterrizado | (nosotros) aterricemos |
| 2. aterrizaríais | habríais aterrizado | (vosotros) aterrizad |
| 3. aterrizarían | habrían aterrizado | (Vds) aterricen |

## SUBJUNCTIVE

| PRESENT | IMPERFECT | PLUPERFECT |
|---|---|---|
| 1. aterrice | aterriz-ara/ase | hubiera aterrizado |
| 2. aterrices | aterriz-aras/ases | hubieras aterrizado |
| 3. aterrice | aterriz-ara/ase | hubiera aterrizado |
| 1. aterricemos | aterriz-áramos/ásemos | hubiéramos aterrizado |
| 2. aterricéis | aterriz-arais/aseis | hubierais aterrizado |
| 3. aterricen | aterriz-aran/asen | hubieran aterrizado |

**PERFECT**   haya aterrizado etc

| INFINITIVE | PARTICIPLE |
|---|---|
| **PRESENT** | **PRESENT** |
| aterrizar | aterrizando |
| **PAST** | **PAST** |
| haber aterrizado | aterrizado |

# ATRAVESAR
to cross

| PRESENT | IMPERFECT | FUTURE |
|---|---|---|
| 1. atravieso | atravesaba | atravesaré |
| 2. atraviesas | atravesabas | atravesarás |
| 3. atraviesa | atravesaba | atravesará |
| 1. atravesamos | atravesábamos | atravesaremos |
| 2. atravesáis | atravesabais | atravesaréis |
| 3. atraviesan | atravesaban | atravesarán |

| PAST HISTORIC | PERFECT | PLUPERFECT |
|---|---|---|
| 1. atravesé | he atravesado | había atravesado |
| 2. atravesaste | has atravesado | habías atravesado |
| 3. atravesó | ha atravesado | había atravesado |
| 1. atravesamos | hemos atravesado | habíamos atravesado |
| 2. atravesasteis | habéis atravesado | habíais atravesado |
| 3. atravesaron | han atravesado | habían atravesado |

| PAST ANTERIOR | FUTURE PERFECT |
|---|---|
| hube atravesado etc | habré atravesado etc |

## CONDITIONAL

| PRESENT | PAST | IMPERATIVE |
|---|---|---|
| 1. atravesaría | habría atravesado | |
| 2. atravesarías | habrías atravesado | (tú) atraviesa |
| 3. atravesaría | habría atravesado | (Vd) atraviese |
| 1. atravesaríamos | habríamos atravesado | (nosotros) atravesemos |
| 2. atravesaríais | habríais atravesado | (vosotros) atravesad |
| 3. atravesarían | habrían atravesado | (Vds) atraviesen |

## SUBJUNCTIVE

| PRESENT | IMPERFECT | PLUPERFECT |
|---|---|---|
| 1. atraviese | atraves-ara/ase | hubiera atravesado |
| 2. atravieses | atraves-aras/ases | hubieras atravesado |
| 3. atraviese | atraves-ara/ase | hubiera atravesado |
| 1. atravesemos | atraves-áramos/ásemos | hubiéramos atravesado |
| 2. atraveséis | atraves-arais/aseis | hubierais atravesado |
| 3. atraviesen | atraves-aran/asen | hubieran atravesado |

PERFECT    haya atravesado etc

| INFINITIVE | PARTICIPLE |
|---|---|
| **PRESENT** | **PRESENT** |
| atravesar | atravesando |
| **PAST** | **PAST** |
| haber atravesado | atravesado |

# AVERGONZARSE

to be ashamed

| PRESENT | IMPERFECT | FUTURE |
|---|---|---|
| 1. me avergüenzo | me avergonzaba | me avergonzaré |
| 2. te avergüenzas | te avergonzabas | te avergonzarás |
| 3. se avergüenza | se avergonzaba | se avergonzará |
| 1. nos avergonzamos | nos avergonzábamos | nos avergonzaremos |
| 2. os avergonzáis | os avergonzabais | os avergonzaréis |
| 3. se avergüenzan | se avergonzaban | se avergonzarán |

| PAST HISTORIC | PERFECT | PLUPERFECT |
|---|---|---|
| 1. me avergoncé | me he avergonzado | me había avergonzado |
| 2. te avergonzaste | te has avergonzado | te habías avergonzado |
| 3. se avergonzó | se ha avergonzado | se había avergonzado |
| 1. nos avergonzamos | nos hemos avergonzado | nos habíamos avergonzado |
| 2. os avergonzasteis | os habéis avergonzado | os habíais avergonzado |
| 3. se avergonzaron | se han avergonzado | se habían avergonzado |

| PAST ANTERIOR | FUTURE PERFECT |
|---|---|
| me hube avergonzado etc | me habré avergonzado etc |

## CONDITIONAL

| PRESENT | PAST | IMPERATIVE |
|---|---|---|
| 1. me avergonzaría | me habría avergonzado | |
| 2. te avergonzarías | te habrías avergonzado | (tú) avergüénzate |
| 3. se avergonzaría | se habría avergonzado | (Vd) avergüéncese |
| 1. nos avergonzaríamos | nos habríamos avergonzado | (nosotros) avergoncémonos |
| 2. os avergonzaríais | os habríais avergonzado | (vosotros) avergonzaos |
| 3. se avergonzarían | se habrían avergonzado | (Vds) avergüéncense |

## SUBJUNCTIVE

| PRESENT | IMPERFECT | PLUPERFECT |
|---|---|---|
| 1. me avergüence | me avergonz-ara/ase | me hubiera avergonzado |
| 2. te avergüences | te avergonz-aras/ases | te hubieras avergonzado |
| 3. se avergüence | se avergonz-ara/ase | se hubiera avergonzado |
| 1. nos avergoncemos | nos avergonz-áramos/ásemos | nos hubiéramos avergonzado |
| 2. os avergoncéis | os avergonz-arais/aseis | os hubierais avergonzado |
| 3. se avergüencen | se avergonz-aran/asen | se hubieran avergonzado |

| PERFECT | me haya avergonzado etc |
|---|---|

| INFINITIVE | PARTICIPLE |
|---|---|
| PRESENT | PRESENT |
| avergonzarse | avergonzándose |
| PAST | PAST |
| haberse avergonzado | avergonzado |

# AVERIGUAR
to find out

| PRESENT | IMPERFECT | FUTURE |
|---|---|---|
| 1. averiguo | averiguaba | averiguaré |
| 2. averiguas | averiguabas | averiguarás |
| 3. averigua | averiguaba | averiguará |
| 1. averiguamos | averiguábamos | averiguaremos |
| 2. averiguáis | averiguabais | averiguaréis |
| 3. averiguan | averiguaban | averiguarán |

| PAST HISTORIC | PERFECT | PLUPERFECT |
|---|---|---|
| 1. averigüé | he averiguado | había averiguado |
| 2. averiguaste | has averiguado | habías averiguado |
| 3. averiguó | ha averiguado | había averiguado |
| 1. averiguamos | hemos averiguado | habíamos averiguado |
| 2. averiguasteis | habéis averiguado | habíais averiguado |
| 3. averiguaron | han averiguado | habían averiguado |

| PAST ANTERIOR | FUTURE PERFECT |
|---|---|
| hube averiguado etc | habré averiguado etc |

| CONDITIONAL | | IMPERATIVE |
|---|---|---|
| **PRESENT** | **PAST** | |
| 1. averiguaría | habría averiguado | |
| 2. averiguarías | habrías averiguado | (tú) averigua |
| 3. averiguaría | habría averiguado | (Vd) averigüe |
| 1. averiguaríamos | habríamos averiguado | (nosotros) averigüemos |
| 2. averiguaríais | habríais averiguado | (vosotros) averiguad |
| 3. averiguarían | habrían averiguado | (Vds) averigüen |

## SUBJUNCTIVE

| PRESENT | IMPERFECT | PLUPERFECT |
|---|---|---|
| 1. averigüe | averigu-ara/ase | hubiera averiguado |
| 2. averigües | averigu-aras/ases | hubieras averiguado |
| 3. averigüe | averigu-ara/ase | hubiera averiguado |
| 1. averigüemos | averigu-áramos/ásemos | hubiéramos averiguado |
| 2. averigüéis | averigu-arais/aseis | hubierais averiguado |
| 3. averigüen | averigu-aran/asen | hubieran averiguado |

**PERFECT**   haya averiguado etc

| INFINITIVE | PARTICIPLE |
|---|---|
| **PRESENT** | **PRESENT** |
| averiguar | averiguando |
| **PAST** | **PAST** |
| haber averiguado | averiguado |

# BAJAR
to get down, to get off

| PRESENT | IMPERFECT | FUTURE |
|---|---|---|
| 1. bajo | bajaba | bajaré |
| 2. bajas | bajabas | bajarás |
| 3. baja | bajaba | bajará |
| 1. bajamos | bajábamos | bajaremos |
| 2. bajáis | bajabais | bajaréis |
| 3. bajan | bajaban | bajarán |

| PAST HISTORIC | PERFECT | PLUPERFECT |
|---|---|---|
| 1. bajé | he bajado | había bajado |
| 2. bajaste | has bajado | habías bajado |
| 3. bajó | ha bajado | había bajado |
| 1. bajamos | hemos bajado | habíamos bajado |
| 2. bajasteis | habéis bajado | habíais bajado |
| 3. bajaron | han bajado | habían bajado |

| PAST ANTERIOR | FUTURE PERFECT |
|---|---|
| hube bajado etc | habré bajado etc |

| *CONDITIONAL* | | *IMPERATIVE* |
|---|---|---|
| **PRESENT** | **PAST** | |
| 1. bajaría | habría bajado | |
| 2. bajarías | habrías bajado | (tú) baja |
| 3. bajaría | habría bajado | (Vd) baje |
| 1. bajaríamos | habríamos bajado | (nosotros) bajemos |
| 2. bajaríais | habríais bajado | (vosotros) bajad |
| 3. bajarían | habrían bajado | (Vds) bajen |

| *SUBJUNCTIVE* | | |
|---|---|---|
| **PRESENT** | **IMPERFECT** | **PLUPERFECT** |
| 1. baje | baj-ara/ase | hubiera bajado |
| 2. bajes | baj-aras/ases | hubieras bajado |
| 3. baje | baj-ara/ase | hubiera bajado |
| 1. bajemos | baj-áramos/ásemos | hubiéramos bajado |
| 2. bajéis | baj-arais/aseis | hubierais bajado |
| 3. bajen | baj-aran/asen | hubieran bajado |

**PERFECT**   haya bajado etc

| *INFINITIVE* | *PARTICIPLE* |
|---|---|
| **PRESENT** | **PRESENT** |
| bajar | bajando |
| **PAST** | **PAST** |
| haber bajado | bajado |

# BAÑARSE
to have a bath

| PRESENT | IMPERFECT | FUTURE |
|---|---|---|
| 1. me baño | me bañaba | me bañaré |
| 2. te bañas | te bañabas | te bañarás |
| 3. se baña | se bañaba | se bañará |
| 1. nos bañamos | nos bañábamos | nos bañaremos |
| 2. os bañáis | os bañabais | os bañaréis |
| 3. se bañan | se bañaban | se bañarán |

| PAST HISTORIC | PERFECT | PLUPERFECT |
|---|---|---|
| 1. me bañé | me he bañado | me había bañado |
| 2. te bañaste | te has bañado | te habías bañado |
| 3. se bañó | se ha bañado | se había bañado |
| 1. nos bañamos | nos hemos bañado | nos habíamos bañado |
| 2. os bañasteis | os habéis bañado | os habíais bañado |
| 3. se bañaron | se han bañado | se habían bañado |

| PAST ANTERIOR | FUTURE PERFECT |
|---|---|
| me hube bañado etc | me habré bañado etc |

| *CONDITIONAL* | | *IMPERATIVE* |
|---|---|---|
| **PRESENT** | **PAST** | |
| 1. me bañaría | me habría bañado | |
| 2. te bañarías | te habrías bañado | (tú) báñate |
| 3. se bañaría | se habría bañado | (Vd) báñese |
| 1. nos bañaríamos | nos habríamos bañado | (nosotros) bañémonos |
| 2. os bañaríais | os habríais bañado | (vosotros) bañaos |
| 3. se bañarían | se habrían bañado | (Vds) báñense |

*SUBJUNCTIVE*

| PRESENT | IMPERFECT | PLUPERFECT |
|---|---|---|
| 1. me bañe | me bañ-ara/ase | me hubiera bañado |
| 2. te bañes | te bañ-aras/ases | te hubieras bañado |
| 3. se bañe | se bañ-ara/ase | se hubiera bañado |
| 1. nos bañemos | nos bañ-áramos/ásemos | nos hubiéramos bañado |
| 2. os bañéis | os bañ-arais/aseis | os hubierais bañado |
| 3. se bañen | se bañ-aran/asen | se hubieran bañado |

**PERFECT** me haya bañado etc

| *INFINITIVE* | *PARTICIPLE* |
|---|---|
| **PRESENT** | **PRESENT** |
| bañarse | bañándose |
| **PAST** | **PAST** |
| haberse bañado | bañado |

# BEBER
to drink

| PRESENT | IMPERFECT | FUTURE |
|---|---|---|
| 1. bebo | bebía | beberé |
| 2. bebes | bebías | beberás |
| 3. bebe | bebía | beberá |
| 1. bebemos | bebíamos | beberemos |
| 2. bebéis | bebíais | beberéis |
| 3. beben | bebían | beberán |

| PAST HISTORIC | PERFECT | PLUPERFECT |
|---|---|---|
| 1. bebí | he bebido | había bebido |
| 2. bebiste | has bebido | habías bebido |
| 3. bebió | ha bebido | había bebido |
| 1. bebimos | hemos bebido | habíamos bebido |
| 2. bebisteis | habéis bebido | habíais bebido |
| 3. bebieron | han bebido | habían bebido |

| PAST ANTERIOR | FUTURE PERFECT |
|---|---|
| hube bebido etc | habré bebido etc |

## CONDITIONAL

| PRESENT | PAST | IMPERATIVE |
|---|---|---|
| 1. bebería | habría bebido | |
| 2. beberías | habrías bebido | (tú) bebe |
| 3. bebería | habría bebido | (Vd) beba |
| 1. beberíamos | habríamos bebido | (nosotros) bebamos |
| 2. beberíais | habríais bebido | (vosotros) bebed |
| 3. beberían | habrían bebido | (Vds) beban |

## SUBJUNCTIVE

| PRESENT | IMPERFECT | PLUPERFECT |
|---|---|---|
| 1. beba | beb-iera/iese | hubiera bebido |
| 2. bebas | beb-ieras/ieses | hubieras bebido |
| 3. beba | beb-iera/iese | hubiera bebido |
| 1. bebamos | beb-iéramos/iésemos | hubiéramos bebido |
| 2. bebáis | beb-ierais/ieseis | hubierais bebido |
| 3. beban | beb-ieran/iesen | hubieran bebido |

| PERFECT | haya bebido etc |
|---|---|

| INFINITIVE | PARTICIPLE |
|---|---|
| **PRESENT** | **PRESENT** |
| beber | bebiendo |
| **PAST** | **PAST** |
| haber bebido | bebido |

# BENDECIR
to bless

| PRESENT | IMPERFECT | FUTURE |
|---|---|---|
| 1. bendigo | bendecía | bendeciré |
| 2. bendices | bendecías | bendecirás |
| 3. bendice | bendecía | bendecirá |
| 1. bendecimos | bendecíamos | bendeciremos |
| 2. bendecís | bendecíais | bendeciréis |
| 3. bendicen | bendecían | bendecirán |

| PAST HISTORIC | PERFECT | PLUPERFECT |
|---|---|---|
| 1. bendije | he bendecido | había bendecido |
| 2. bendijiste | has bendecido | habías bendecido |
| 3. bendijo | ha bendecido | había bendecido |
| 1. bendijimos | hemos bendecido | habíamos bendecido |
| 2. bendijisteis | habéis bendecido | habíais bendecido |
| 3. bendijeron | han bendecido | habían bendecido |

| PAST ANTERIOR | FUTURE PERFECT |
|---|---|
| hube bendecido etc | habré bendecido etc |

## CONDITIONAL

| PRESENT | PAST | IMPERATIVE |
|---|---|---|
| 1. bendeciría | habría bendecido | |
| 2. bendecirías | habrías bendecido | (tú) bendice |
| 3. bendeciría | habría bendecido | (Vd) bendiga |
| 1. bendeciríamos | habríamos bendecido | (nosotros) bendigamos |
| 2. bendeciríais | habríais bendecido | (vosotros) bendecid |
| 3. bendecirían | habrían bendecido | (Vds) bendigan |

## SUBJUNCTIVE

| PRESENT | IMPERFECT | PLUPERFECT |
|---|---|---|
| 1. bendiga | bendij-era/ese | hubiera bendecido |
| 2. bendigas | bendij-eras/eses | hubieras bendecido |
| 3. bendiga | bendij-era/ese | hubiera bendecido |
| 1. bendigamos | bendij-éramos/ésemos | hubiéramos bendecido |
| 2. bendigáis | bendij-erais/eseis | hubierais bendecido |
| 3. bendigan | bendij-eran/esen | hubieran bendecido |

**PERFECT** haya bendecido etc

| INFINITIVE | PARTICIPLE |
|---|---|
| PRESENT | PRESENT |
| bendecir | bendiciendo |
| PAST | PAST |
| haber bendecido | bendecido |

# BUSCAR
to look for

**35**

| PRESENT | IMPERFECT | FUTURE |
|---|---|---|
| 1. busco | buscaba | buscaré |
| 2. buscas | buscabas | buscarás |
| 3. busca | buscaba | buscará |
| 1. buscamos | buscábamos | buscaremos |
| 2. buscáis | buscabais | buscaréis |
| 3. buscan | buscaban | buscarán |

| PAST HISTORIC | PERFECT | PLUPERFECT |
|---|---|---|
| 1. busqué | he buscado | había buscado |
| 2. buscaste | has buscado | habías buscado |
| 3. buscó | ha buscado | había buscado |
| 1. buscamos | hemos buscado | habíamos buscado |
| 2. buscasteis | habéis buscado | habíais buscado |
| 3. buscaron | han buscado | habían buscado |

| PAST ANTERIOR | FUTURE PERFECT |
|---|---|
| hube buscado etc | habré buscado etc |

## CONDITIONAL

| PRESENT | PAST | IMPERATIVE |
|---|---|---|
| 1. buscaría | habría buscado | |
| 2. buscarías | habrías buscado | (tú) busca |
| 3. buscaría | habría buscado | (Vd) busque |
| 1. buscaríamos | habríamos buscado | (nosotros) busquemos |
| 2. buscaríais | habríais buscado | (vosotros) buscad |
| 3. buscarían | habrían buscado | (Vds) busquen |

## SUBJUNCTIVE

| PRESENT | IMPERFECT | PLUPERFECT |
|---|---|---|
| 1. busque | busc-ara/ase | hubiera buscado |
| 2. busques | busc-aras/ases | hubieras buscado |
| 3. busque | busc-ara/ase | hubiera buscado |
| 1. busquemos | busc-áramos/ásemos | hubiéramos buscado |
| 2. busquéis | busc-arais/aseis | hubierais buscado |
| 3. busquen | busc-aran/asen | hubieran buscado |

PERFECT    haya buscado etc

| INFINITIVE | PARTICIPLE |
|---|---|
| **PRESENT** | **PRESENT** |
| buscar | buscando |
| **PAST** | **PAST** |
| haber buscado | buscado |

# 36     CABER
to fit (in)

| PRESENT | IMPERFECT | FUTURE |
|---|---|---|
| 1. quepo | cabía | cabré |
| 2. cabes | cabías | cabrás |
| 3. cabe | cabía | cabrá |
| 1. cabemos | cabíamos | cabremos |
| 2. cabéis | cabíais | cabréis |
| 3. caben | cabían | cabrán |

| PAST HISTORIC | PERFECT | PLUPERFECT |
|---|---|---|
| 1. cupe | he cabido | había cabido |
| 2. cupiste | has cabido | habías cabido |
| 3. cupo | ha cabido | había cabido |
| 1. cupimos | hemos cabido | habíamos cabido |
| 2. cupisteis | habéis cabido | habíais cabido |
| 3. cupieron | han cabido | habían cabido |

| PAST ANTERIOR | FUTURE PERFECT |
|---|---|
| hube cabido etc | habré cabido etc |

## CONDITIONAL

| PRESENT | PAST | IMPERATIVE |
|---|---|---|
| 1. cabría | habría cabido | |
| 2. cabrías | habrías cabido | (tú) cabe |
| 3. cabría | habría cabido | (Vd) quepa |
| 1. cabríamos | habríamos cabido | (nosotros) quepamos |
| 2. cabríais | habríais cabido | (vosotros) cabed |
| 3. cabrían | habrían cabido | (Vds) quepan |

## SUBJUNCTIVE

| PRESENT | IMPERFECT | PLUPERFECT |
|---|---|---|
| 1. quepa | cup-iera/iese | hubiera cabido |
| 2. quepas | cup-ieras/ieses | hubieras cabido |
| 3. quepa | cup-iera/iese | hubiera cabido |
| 1. quepamos | cup-iéramos/iésemos | hubiéramos cabido |
| 2. quepáis | cup-ierais/ieseis | hubierais cabido |
| 3. quepan | cup-ieran/iesen | hubieran cabido |

PERFECT    haya cabido etc

| INFINITIVE | PARTICIPLE |
|---|---|
| **PRESENT** | **PRESENT** |
| caber | cabiendo |
| **PAST** | **PAST** |
| haber cabido | cabido |

# CAER
to fall

| PRESENT | IMPERFECT | FUTURE |
|---|---|---|
| 1. caigo | caía | caeré |
| 2. caes | caías | caerás |
| 3. cae | caía | caerá |
| 1. caemos | caíamos | caeremos |
| 2. caéis | caíais | caeréis |
| 3. caen | caían | caerán |

| PAST HISTORIC | PERFECT | PLUPERFECT |
|---|---|---|
| 1. caí | he caído | había caído |
| 2. caíste | has caído | habías caído |
| 3. cayó | ha caído | había caído |
| 1. caímos | hemos caído | habíamos caído |
| 2. caísteis | habéis caído | habíais caído |
| 3. cayeron | han caído | habían caído |

| PAST ANTERIOR | FUTURE PERFECT |
|---|---|
| hube caído etc | habré caído etc |

| *CONDITIONAL* | | *IMPERATIVE* |
|---|---|---|
| **PRESENT** | **PAST** | |
| 1. caería | habría caído | |
| 2. caerías | habrías caído | (tú) cae |
| 3. caería | habría caído | (Vd) caiga |
| 1. caeríamos | habríamos caído | (nosotros) caigamos |
| 2. caeríais | habríais caído | (vosotros) caed |
| 3. caerían | habrían caído | (Vds) caigan |

## *SUBJUNCTIVE*

| PRESENT | IMPERFECT | PLUPERFECT |
|---|---|---|
| 1. caiga | ca-yera/yese | hubiera caído |
| 2. caigas | ca-yeras/yeses | hubieras caído |
| 3. caiga | ca-yera/yese | hubiera caído |
| 1. caigamos | ca-yéramos/yésemos | hubiéramos caído |
| 2. caigáis | ca-yerais/yeseis | hubierais caído |
| 3. caigan | ca-yeran/yesen | hubieran caído |

**PERFECT**   haya caído etc

| *INFINITIVE* | *PARTICIPLE* |
|---|---|
| **PRESENT** | **PRESENT** |
| caer | cayendo |
| **PAST** | **PAST** |
| haber caído | caído |

# CARGAR
to load

| PRESENT | IMPERFECT | FUTURE |
|---|---|---|
| 1. cargo | cargaba | cargaré |
| 2. cargas | cargabas | cargarás |
| 3. carga | cargaba | cargará |
| 1. cargamos | cargábamos | cargaremos |
| 2. cargáis | cargabais | cargaréis |
| 3. cargan | cargaban | cargarán |

| PAST HISTORIC | PERFECT | PLUPERFECT |
|---|---|---|
| 1. cargué | he cargado | había cargado |
| 2. cargaste | has cargado | habías cargado |
| 3. cargó | ha cargado | había cargado |
| 1. cargamos | hemos cargado | habíamos cargado |
| 2. cargasteis | habéis cargado | habíais cargado |
| 3. cargaron | han cargado | habían cargado |

| PAST ANTERIOR | FUTURE PERFECT |
|---|---|
| hube cargado etc | habré cargado etc |

| *CONDITIONAL* | | *IMPERATIVE* |
|---|---|---|
| **PRESENT** | **PAST** | |
| 1. cargaría | habría cargado | |
| 2. cargarías | habrías cargado | (tú) carga |
| 3. cargaría | habría cargado | (Vd) cargue |
| 1. cargaríamos | habríamos cargado | (nosotros) carguemos |
| 2. cargaríais | habríais cargado | (vosotros) cargad |
| 3. cargarían | habrían cargado | (Vds) carguen |

| *SUBJUNCTIVE* | | |
|---|---|---|
| **PRESENT** | **IMPERFECT** | **PLUPERFECT** |
| 1. cargue | carg-ara/ase | hubiera cargado |
| 2. cargues | carg-aras/ases | hubieras cargado |
| 3. cargue | carg-ara/ase | hubiera cargado |
| 1. carguemos | carg-áramos/ásemos | hubiéramos cargado |
| 2. carguéis | carg-arais/aseis | hubierais cargado |
| 3. carguen | carg-aran/asen | hubieran cargado |

| PERFECT | haya cargado etc |
|---|---|

| *INFINITIVE* | *PARTICIPLE* |
|---|---|
| **PRESENT** | **PRESENT** |
| cargar | cargando |
| **PAST** | **PAST** |
| haber cargado | cargado |

# CAZAR
to hunt

| PRESENT | IMPERFECT | FUTURE |
|---|---|---|
| 1. cazo | cazaba | cazaré |
| 2. cazas | cazabas | cazarás |
| 3. caza | cazaba | cazará |
| 1. cazamos | cazábamos | cazaremos |
| 2. cazáis | cazabais | cazaréis |
| 3. cazan | cazaban | cazarán |

| PAST HISTORIC | PERFECT | PLUPERFECT |
|---|---|---|
| 1. cacé | he cazado | había cazado |
| 2. cazaste | has cazado | habías cazado |
| 3. cazó | ha cazado | había cazado |
| 1. cazamos | hemos cazado | habíamos cazado |
| 2. cazasteis | habéis cazado | habíais cazado |
| 3. cazaron | han cazado | habían cazado |

| PAST ANTERIOR | FUTURE PERFECT |
|---|---|
| hube cazado etc | habré cazado etc |

## CONDITIONAL

| PRESENT | PAST | IMPERATIVE |
|---|---|---|
| 1. cazaría | habría cazado | |
| 2. cazarías | habrías cazado | |
| 3. cazaría | habría cazado | (tú) caza |
| 1. cazaríamos | habríamos cazado | (Vd) cace |
| 2. cazaríais | habríais cazado | (nosotros) cacemos |
| 3. cazarían | habrían cazado | (vosotros) cazad |
| | | (Vds) cacen |

## SUBJUNCTIVE

| PRESENT | IMPERFECT | PLUPERFECT |
|---|---|---|
| 1. cace | caz-ara/ase | hubiera cazado |
| 2. caces | caz-aras/ases | hubieras cazado |
| 3. cace | caz-ara/ase | hubiera cazado |
| 1. cacemos | caz-áramos/ásemos | hubiéramos cazado |
| 2. cacéis | caz-arais/aseis | hubierais cazado |
| 3. cacen | caz-aran/asen | hubieran cazado |

**PERFECT** haya cazado etc

| INFINITIVE | PARTICIPLE |
|---|---|
| PRESENT | PRESENT |
| cazar | cazando |
| PAST | PAST |
| haber cazado | cazado |

# 40

## CERRAR
to close

| PRESENT | IMPERFECT | FUTURE |
|---------|-----------|--------|
| 1. cierro | cerraba | cerraré |
| 2. cierras | cerrabas | cerrarás |
| 3. cierra | cerraba | cerrará |
| 1. cerramos | cerrábamos | cerraremos |
| 2. cerráis | cerrabais | cerraréis |
| 3. cierran | cerraban | cerrarán |

| PAST HISTORIC | PERFECT | PLUPERFECT |
|---------------|---------|------------|
| 1. cerré | he cerrado | había cerrado |
| 2. cerraste | has cerrado | habías cerrado |
| 3. cerró | ha cerrado | había cerrado |
| 1. cerramos | hemos cerrado | habíamos cerrado |
| 2. cerrasteis | habéis cerrado | habíais cerrado |
| 3. cerraron | han cerrado | habían cerrado |

| PAST ANTERIOR | FUTURE PERFECT |
|---------------|----------------|
| hube cerrado etc | habré cerrado etc |

| *CONDITIONAL* | | *IMPERATIVE* |
|---------------|--|--------------|
| **PRESENT** | **PAST** | |
| 1. cerraría | habría cerrado | |
| 2. cerrarías | habrías cerrado | (tú) cierra |
| 3. cerraría | habría cerrado | (Vd) cierre |
| 1. cerraríamos | habríamos cerrado | (nosotros) cerremos |
| 2. cerraríais | habríais cerrado | (vosotros) cerrad |
| 3. cerrarían | habrían cerrado | (Vds) cierren |

## *SUBJUNCTIVE*

| PRESENT | IMPERFECT | PLUPERFECT |
|---------|-----------|------------|
| 1. cierre | cerr-ara/ase | hubiera cerrado |
| 2. cierres | cerr-aras/ases | hubieras cerrado |
| 3. cierre | cerr-ara/ase | hubiera cerrado |
| 1. cerremos | cerr-áramos/ásemos | hubiéramos cerrado |
| 2. cerréis | cerr-arais/aseis | hubierais cerrado |
| 3. cierren | cerr-aran/asen | hubieran cerrado |

**PERFECT**   haya cerrado etc

| *INFINITIVE* | *PARTICIPLE* |
|--------------|--------------|
| **PRESENT** | **PRESENT** |
| cerrar | cerrando |
| **PAST** | **PAST** |
| haber cerrado | cerrado |

# COCER
to boil

| PRESENT | IMPERFECT | FUTURE |
|---|---|---|
| 1. cuezo | cocía | coceré |
| 2. cueces | cocías | cocerás |
| 3. cuece | cocía | cocerá |
| 1. cocemos | cocíamos | coceremos |
| 2. cocéis | cocíais | coceréis |
| 3. cuecen | cocían | cocerán |

| PAST HISTORIC | PERFECT | PLUPERFECT |
|---|---|---|
| 1. cocí | he cocido | había cocido |
| 2. cociste | has cocido | habías cocido |
| 3. coció | ha cocido | había cocido |
| 1. cocimos | hemos cocido | habíamos cocido |
| 2. cocisteis | habéis cocido | habíais cocido |
| 3. cocieron | han cocido | habían cocido |

| PAST ANTERIOR | FUTURE PERFECT |
|---|---|
| hube cocido etc | habré cocido etc |

| *CONDITIONAL* | | *IMPERATIVE* |
|---|---|---|
| PRESENT | PAST | |
| 1. cocería | habría cocido | |
| 2. cocerías | habrías cocido | (tú) cuece |
| 3. cocería | habría cocido | (Vd) cueza |
| 1. coceríamos | habríamos cocido | (nosotros) cozamos |
| 2. coceríais | habríais cocido | (vosotros) coced |
| 3. cocerían | habrían cocido | (Vds) cuezan |

## *SUBJUNCTIVE*

| PRESENT | IMPERFECT | PLUPERFECT |
|---|---|---|
| 1. cueza | coc-iera/iese | hubiera cocido |
| 2. cuezas | coc-ieras/ieses | hubieras cocido |
| 3. cueza | coc-iera/iese | hubiera cocido |
| 1. cozamos | coc-iéramos/iésemos | hubiéramos cocido |
| 2. cozáis | coc-ierais/ieseis | hubierais cocido |
| 3. cuezan | coc-ieran/iesen | hubieran cocido |

**PERFECT**   haya cocido etc

| *INFINITIVE* | *PARTICIPLE* |
|---|---|
| PRESENT | PRESENT |
| cocer | cociendo |
| PAST | PAST |
| haber cocido | cocido |

# COGER
to catch

| PRESENT | IMPERFECT | FUTURE |
|---|---|---|
| 1. cojo | cogía | cogeré |
| 2. coges | cogías | cogerás |
| 3. coge | cogía | cogerá |
| 1. cogemos | cogíamos | cogeremos |
| 2. cogéis | cogíais | cogeréis |
| 3. cogen | cogían | cogerán |

| PAST HISTORIC | PERFECT | PLUPERFECT |
|---|---|---|
| 1. cogí | he cogido | había cogido |
| 2. cogiste | has cogido | habías cogido |
| 3. cogió | ha cogido | había cogido |
| 1. cogimos | hemos cogido | habíamos cogido |
| 2. cogisteis | habéis cogido | habíais cogido |
| 3. cogieron | han cogido | habían cogido |

| PAST ANTERIOR | FUTURE PERFECT |
|---|---|
| hube cogido etc | habré cogido etc |

| *CONDITIONAL* | | *IMPERATIVE* |
|---|---|---|
| PRESENT | PAST | |
| 1. cogería | habría cogido | |
| 2. cogerías | habrías cogido | (tú) coge |
| 3. cogería | habría cogido | (Vd) coja |
| 1. cogeríamos | habríamos cogido | (nosotros) cojamos |
| 2. cogeríais | habríais cogido | (vosotros) coged |
| 3. cogerían | habrían cogido | (Vds) cojan |

## *SUBJUNCTIVE*

| PRESENT | IMPERFECT | PLUPERFECT |
|---|---|---|
| 1. coja | cog-iera/iese | hubiera cogido |
| 2. cojas | cog-ieras/ieses | hubieras cogido |
| 3. coja | cog-iera/iese | hubiera cogido |
| 1. cojamos | cog-iéramos/iésemos | hubiéramos cogido |
| 2. cojáis | cog-ierais/ieseis | hubierais cogido |
| 3. cojan | cog-ieran/iesen | hubieran cogido |

PERFECT   haya cogido etc

| *INFINITIVE* | *PARTICIPLE* |
|---|---|
| PRESENT | PRESENT |
| coger | cogiendo |
| PAST | PAST |
| haber cogido | cogido |

| PRESENT | IMPERFECT | FUTURE |
|---|---|---|
| 1. cuelgo | colgaba | colgaré |
| 2. cuelgas | colgabas | colgarás |
| 3. cuelga | colgaba | colgará |
| 1. colgamos | colgábamos | colgaremos |
| 2. colgáis | colgabais | colgaréis |
| 3. cuelgan | colgaban | colgarán |

| PAST HISTORIC | PERFECT | PLUPERFECT |
|---|---|---|
| 1. colgué | he colgado | había colgado |
| 2. colgaste | has colgado | habías colgado |
| 3. colgó | ha colgado | había colgado |
| 1. colgamos | hemos colgado | habíamos colgado |
| 2. colgasteis | habéis colgado | habíais colgado |
| 3. colgaron | han colgado | habían colgado |

| PAST ANTERIOR | FUTURE PERFECT |
|---|---|
| hube colgado etc | habré colgado etc |

---

| *CONDITIONAL* | | *IMPERATIVE* |
|---|---|---|
| **PRESENT** | **PAST** | |
| 1. colgaría | habría colgado | |
| 2. colgarías | habrías colgado | (tú) cuelga |
| 3. colgaría | habría colgado | (Vd) cuelgue |
| 1. colgaríamos | habríamos colgado | (nosotros) colguemos |
| 2. colgaríais | habríais colgado | (vosotros) colgad |
| 3. colgarían | habrían colgado | (Vds) cuelguen |

---

### *SUBJUNCTIVE*

| PRESENT | IMPERFECT | PLUPERFECT |
|---|---|---|
| 1. cuelgue | colg-ara/ase | hubiera colgado |
| 2. cuelgues | colg-aras/ases | hubieras colgado |
| 3. cuelgue | colg-ara/ase | hubiera colgado |
| 1. colguemos | colg-áramos/ásemos | hubiéramos colgado |
| 2. colguéis | colg-arais/aseis | hubierais colgado |
| 3. cuelguen | colg-aran/asen | hubieran colgado |

**PERFECT**   haya colgado etc

---

| *INFINITIVE* | *PARTICIPLE* |
|---|---|
| **PRESENT** | **PRESENT** |
| colgar | colgando |
| **PAST** | **PAST** |
| haber colgado | colgado |

# 44

## COMENZAR
to start

| PRESENT | IMPERFECT | FUTURE |
|---|---|---|
| 1. comienzo | comenzaba | comenzaré |
| 2. comienzas | comenzabas | comenzarás |
| 3. comienza | comenzaba | comenzará |
| 1. comenzamos | comenzábamos | comenzaremos |
| 2. comenzáis | comenzabais | comenzaréis |
| 3. comienzan | comenzaban | comenzarán |

| PAST HISTORIC | PERFECT | PLUPERFECT |
|---|---|---|
| 1. comencé | he comenzado | había comenzado |
| 2. comenzaste | has comenzado | habías comenzado |
| 3. comenzó | ha comenzado | había comenzado |
| 1. comenzamos | hemos comenzado | habíamos comenzado |
| 2. comenzasteis | habéis comenzado | habíais comenzado |
| 3. comenzaron | han comenzado | habían comenzado |

| PAST ANTERIOR | FUTURE PERFECT |
|---|---|
| hube comenzado etc | habré comenzado etc |

---

## CONDITIONAL

| PRESENT | PAST | IMPERATIVE |
|---|---|---|
| 1. comenzaría | habría comenzado | |
| 2. comenzarías | habrías comenzado | (tú) comienza |
| 3. comenzaría | habría comenzado | (Vd) comience |
| 1. comenzaríamos | habríamos comenzado | (nosotros) comencemos |
| 2. comenzaríais | habríais comenzado | (vosotros) comenzad |
| 3. comenzarían | habrían comenzado | (Vds) comiencen |

---

## SUBJUNCTIVE

| PRESENT | IMPERFECT | PLUPERFECT |
|---|---|---|
| 1. comience | comenz-ara/ase | hubiera comenzado |
| 2. comiences | comenz-aras/ases | hubieras comenzado |
| 3. comience | comenz-ara/ase | hubiera comenzado |
| 1. comencemos | comenz-áramos/ásemos | hubiéramos comenzado |
| 2. comencéis | comenz-arais/aseis | hubierais comenzado |
| 3. comiencen | comenz-aran/asen | hubieran comenzado |

PERFECT   haya comenzado etc

---

| INFINITIVE | PARTICIPLE |
|---|---|
| **PRESENT** | **PRESENT** |
| comenzar | comenzando |
| **PAST** | **PAST** |
| haber comenzado | comenzado |

# COMER
to eat

| PRESENT | IMPERFECT | FUTURE |
|---|---|---|
| 1. como | comía | comeré |
| 2. comes | comías | comerás |
| 3. come | comía | comerá |
| 1. comemos | comíamos | comeremos |
| 2. coméis | comíais | comeréis |
| 3. comen | comían | comerán |

| PAST HISTORIC | PERFECT | PLUPERFECT |
|---|---|---|
| 1. comí | he comido | había comido |
| 2. comiste | has comido | habías comido |
| 3. comió | ha comido | había comido |
| 1. comimos | hemos comido | habíamos comido |
| 2. comisteis | habéis comido | habíais comido |
| 3. comieron | han comido | habían comido |

| PAST ANTERIOR | FUTURE PERFECT |
|---|---|
| hube comido etc | habré comido etc |

## *CONDITIONAL*

| PRESENT | PAST | *IMPERATIVE* |
|---|---|---|
| 1. comería | habría comido | |
| 2. comerías | habrías comido | (tú) come |
| 3. comería | habría comido | (Vd) coma |
| 1. comeríamos | habríamos comido | (nosotros) comamos |
| 2. comeríais | habríais comido | (vosotros) comed |
| 3. comerían | habrían comido | (Vds) coman |

## *SUBJUNCTIVE*

| PRESENT | IMPERFECT | PLUPERFECT |
|---|---|---|
| 1. coma | com-iera/iese | hubiera comido |
| 2. comas | com-ieras/ieses | hubieras comido |
| 3. coma | com-iera/iese | hubiera comido |
| 1. comamos | com-iéramos/iésemos | hubiéramos comido |
| 2. comáis | com-ierais/ieseis | hubierais comido |
| 3. coman | com-ieran/iesen | hubieran comido |

PERFECT    haya comido etc

## *INFINITIVE*

| PRESENT | *PARTICIPLE* PRESENT |
|---|---|
| comer | comiendo |

| PAST | PAST |
|---|---|
| haber comido | comido |

# COMPETER
to be the responsibility of

| PRESENT | IMPERFECT | FUTURE |
|---|---|---|
| 3. compete | competía | competerá |
| 3. competen | competían | competerán |
| **PAST HISTORIC** | **PERFECT** | **PLUPERFECT** |
| 3. competió | ha competido | había competido |
| 3. competieron | han competido | habían competido |
| **PAST ANTERIOR** | | **FUTURE PERFECT** |
| hubo competido etc | | habrá competido etc |

| *CONDITIONAL* | | *IMPERATIVE* |
|---|---|---|
| **PRESENT** | **PAST** | |
| 3. competería | habría competido | |
| 3. competerían | habrían competido | |

| *SUBJUNCTIVE* | | |
|---|---|---|
| **PRESENT** | **IMPERFECT** | **PLUPERFECT** |
| 3. competa | compet-iera/iese | hubiera competido |
| 3. competan | compet-ieran/iesen | hubieran competido |
| **PERFECT** haya competido etc | | |

| *INFINITIVE* | *PARTICIPLE* |
|---|---|
| **PRESENT** | **PRESENT** |
| competer | competiendo |
| **PAST** | **PAST** |
| haber competido | competido |

# COMPRAR
to buy

| **PRESENT** | **IMPERFECT** | **FUTURE** |
|---|---|---|
| 1. compro | compraba | compraré |
| 2. compras | comprabas | comprarás |
| 3. compra | compraba | comprará |
| 1. compramos | comprábamos | compraremos |
| 2. compráis | comprabais | compraréis |
| 3. compran | compraban | comprarán |

| **PAST HISTORIC** | **PERFECT** | **PLUPERFECT** |
|---|---|---|
| 1. compré | he comprado | había comprado |
| 2. compraste | has comprado | habías comprado |
| 3. compró | ha comprado | había comprado |
| 1. compramos | hemos comprado | habíamos comprado |
| 2. comprasteis | habéis comprado | habíais comprado |
| 3. compraron | han comprado | habían comprado |

| **PAST ANTERIOR** | **FUTURE PERFECT** |
|---|---|
| hube comprado etc | habré comprado etc |

## CONDITIONAL

| **PRESENT** | **PAST** | **IMPERATIVE** |
|---|---|---|
| 1. compraría | habría comprado | |
| 2. comprarías | habrías comprado | (tú) compra |
| 3. compraría | habría comprado | (Vd) compre |
| 1. compraríamos | habríamos comprado | (nosotros) compremos |
| 2. compraríais | habríais comprado | (vosotros) comprad |
| 3. comprarían | habrían comprado | (Vds) compren |

## SUBJUNCTIVE

| **PRESENT** | **IMPERFECT** | **PLUPERFECT** |
|---|---|---|
| 1. compre | compr-ara/ase | hubiera comprado |
| 2. compres | compr-aras/ases | hubieras comprado |
| 3. compre | compr-ara/ase | hubiera comprado |
| 1. compremos | compr-áramos/ásemos | hubiéramos comprado |
| 2. compréis | compr-arais/aseis | hubierais comprado |
| 3. compren | compr-aran/asen | hubieran comprado |

**PERFECT**   haya comprado etc

| *INFINITIVE* | *PARTICIPLE* |
|---|---|
| **PRESENT** | **PRESENT** |
| comprar | comprando |
| **PAST** | **PAST** |
| haber comprado | comprado |

# 48

**CONCEBIR**
to conceive

| PRESENT | IMPERFECT | FUTURE |
|---|---|---|
| 1. concibo | concebía | concebiré |
| 2. concibes | concebías | concebirás |
| 3. concibe | concebía | concebirá |
| 1. concebimos | concebíamos | concebiremos |
| 2. concebís | concebíais | concebiréis |
| 3. conciben | concebían | concebirán |

| PAST HISTORIC | PERFECT | PLUPERFECT |
|---|---|---|
| 1. concebí | he concebido | había concebido |
| 2. concebiste | has concebido | habías concebido |
| 3. concibió | ha concebido | había concebido |
| 1. concebimos | hemos concebido | habíamos concebido |
| 2. concebisteis | habéis concebido | habíais concebido |
| 3. concibieron | han concebido | habían concebido |

| PAST ANTERIOR | | FUTURE PERFECT |
|---|---|---|
| hube concebido etc | | habré concebido etc |

## CONDITIONAL

| PRESENT | PAST | IMPERATIVE |
|---|---|---|
| 1. concebiría | habría concebido | |
| 2. concebirías | habrías concebido | (tú) concibe |
| 3. concebiría | habría concebido | (Vd) conciba |
| 1. concebiríamos | habríamos concebido | (nosotros) concibamos |
| 2. concebiríais | habríais concebido | (vosotros) concebid |
| 3. concebirían | habrían concebido | (Vds) conciban |

## SUBJUNCTIVE

| PRESENT | IMPERFECT | PLUPERFECT |
|---|---|---|
| 1. conciba | concib-iera/iese | hubiera concebido |
| 2. concibas | concib-ieras/ieses | hubieras concebido |
| 3. conciba | concib-iera/iese | hubiera concebido |
| 1. concibamos | concib-iéramos/iésemos | hubiéramos concebido |
| 2. concibáis | concib-ierais/ieseis | hubierais concebido |
| 3. conciban | concib-ieran/iesen | hubieran concebido |

**PERFECT** haya concebido etc

| INFINITIVE | PARTICIPLE |
|---|---|
| **PRESENT** | **PRESENT** |
| concebir | concibiendo |
| **PAST** | **PAST** |
| haber concebido | concebido |

# CONCERNIR
to concern

| PRESENT | IMPERFECT | FUTURE |
|---------|-----------|--------|
| 3. concierne | concernía | concernirá |
| 3. conciernen | concernían | concernirán |
| **PAST HISTORIC** | **PERFECT** | **PLUPERFECT** |
| 3. concirnió | ha concernido | había concernido |
| 3. concirnieron | han concernido | habían concernido |
| **PAST ANTERIOR** | | **FUTURE PERFECT** |
| hubo concernido etc | | habrá concernido etc |

| *CONDITIONAL* | | *IMPERATIVE* |
|---------------|--------|--------------|
| **PRESENT** | **PAST** | |
| 3. concerniría | habría concernido | |
| 3. concernirían | habrían concernido | |

| *SUBJUNCTIVE* | | |
|---------------|-----------|-------------|
| **PRESENT** | **IMPERFECT** | **PLUPERFECT** |
| 3. concierna | concern-iera/iese | hubiera concernido |
| 3. conciernan | concern-ieran/iesen | hubieran concernido |
| **PERFECT** haya concernido etc | | |

| *INFINITIVE* | *PARTICIPLE* | |
|--------------|--------------|---|
| **PRESENT** | **PRESENT** | |
| concernir | concerniendo | |
| **PAST** | **PAST** | |
| haber concernido | concernido | |

# 50

## CONDUCIR
to drive

| PRESENT | IMPERFECT | FUTURE |
|---|---|---|
| 1. conduzco | conducía | conduciré |
| 2. conduces | conducías | conducirás |
| 3. conduce | conducía | conducirá |
| 1. conducimos | conducíamos | conduciremos |
| 2. conducís | conducíais | conduciréis |
| 3. conducen | conducían | conducirán |

| PAST HISTORIC | PERFECT | PLUPERFECT |
|---|---|---|
| 1. conduje | he conducido | había conducido |
| 2. condujiste | has conducido | habías conducido |
| 3. condujo | ha conducido | había conducido |
| 1. condujimos | hemos conducido | habíamos conducido |
| 2. condujisteis | habéis conducido | habíais conducido |
| 3. condujeron | han conducido | habían conducido |

| PAST ANTERIOR | FUTURE PERFECT |
|---|---|
| hube conducido etc | habré conducido etc |

### CONDITIONAL

| PRESENT | PAST | IMPERATIVE |
|---|---|---|
| 1. conduciría | habría conducido | |
| 2. conducirías | habrías conducido | (tú) conduce |
| 3. conduciría | habría conducido | (Vd) conduzca |
| 1. conduciríamos | habríamos conducido | (nosotros) conduzcamos |
| 2. conduciríais | habríais conducido | (vosotros) conducid |
| 3. conducirían | habrían conducido | (Vds) conduzcan |

### SUBJUNCTIVE

| PRESENT | IMPERFECT | PLUPERFECT |
|---|---|---|
| 1. conduzca | conduj-era/ese | hubiera conducido |
| 2. conduzcas | conduj-eras/eses | hubieras conducido |
| 3. conduzca | conduj-era/ese | hubiera conducido |
| 1. conduzcamos | conduj-éramos/ésemos | hubiéramos conducido |
| 2. conduzcáis | conduj-erais/eseis | hubierais conducido |
| 3. conduzcan | conduj-eran/esen | hubieran conducido |

| PERFECT | haya conducido etc |
|---|---|

### INFINITIVE

| PRESENT | PARTICIPLE PRESENT |
|---|---|
| conducir | conduciendo |

| PAST | PAST |
|---|---|
| haber conducido | conducido |

# CONOCER
to know

| PRESENT | IMPERFECT | FUTURE |
|---|---|---|
| 1. conozco | conocía | conoceré |
| 2. conoces | conocías | conocerás |
| 3. conoce | conocía | conocerá |
| 1. conocemos | conocíamos | conoceremos |
| 2. conocéis | conocíais | conoceréis |
| 3. conocen | conocían | conocerán |

| PAST HISTORIC | PERFECT | PLUPERFECT |
|---|---|---|
| 1. conocí | he conocido | había conocido |
| 2. conociste | has conocido | habías conocido |
| 3. conoció | ha conocido | había conocido |
| 1. conocimos | hemos conocido | habíamos conocido |
| 2. conocisteis | habéis conocido | habíais conocido |
| 3. conocieron | han conocido | habían conocido |

| PAST ANTERIOR | FUTURE PERFECT |
|---|---|
| hube conocido etc | habré conocido etc |

| *CONDITIONAL* | | *IMPERATIVE* |
|---|---|---|
| PRESENT | PAST | |
| 1. conocería | habría conocido | |
| 2. conocerías | habrías conocido | (tú) conoce |
| 3. conocería | habría conocido | (Vd) conozca |
| 1. conoceríamos | habríamos conocido | (nosotros) conozcamos |
| 2. conoceríais | habríais conocido | (vosotros) conoced |
| 3. conocerían | habrían conocido | (Vds) conozcan |

| *SUBJUNCTIVE* | | |
|---|---|---|
| PRESENT | IMPERFECT | PLUPERFECT |
| 1. conozca | conoc-iera/iese | hubiera conocido |
| 2. conozcas | conoc-ieras/ieses | hubieras conocido |
| 3. conozca | conoc-iera/iese | hubiera conocido |
| 1. conozcamos | conoc-iéramos/iésemos | hubiéramos conocido |
| 2. conozcáis | conoc-ierais/ieseis | hubierais conocido |
| 3. conozcan | conoc-ieran/iesen | hubieran conocido |

| PERFECT | haya conocido etc |
|---|---|

| *INFINITIVE* | *PARTICIPLE* |
|---|---|
| PRESENT | PRESENT |
| conocer | conociendo |
| PAST | PAST |
| haber conocido | conocido |

# CONSOLAR
to console

| PRESENT | IMPERFECT | FUTURE |
|---|---|---|
| 1. consuelo | consolaba | consolaré |
| 2. consuelas | consolabas | consolarás |
| 3. consuela | consolaba | consolará |
| 1. consolamos | consolábamos | consolaremos |
| 2. consoláis | consolabais | consolaréis |
| 3. consuelan | consolaban | consolarán |

| PAST HISTORIC | PERFECT | PLUPERFECT |
|---|---|---|
| 1. consolé | he consolado | había consolado |
| 2. consolaste | has consolado | habías consolado |
| 3. consoló | ha consolado | había consolado |
| 1. consolamos | hemos consolado | habíamos consolado |
| 2. consolasteis | habéis consolado | habíais consolado |
| 3. consolaron | han consolado | habían consolado |

| PAST ANTERIOR | FUTURE PERFECT |
|---|---|
| hube consolado etc | habré consolado etc |

| *CONDITIONAL* | | *IMPERATIVE* |
|---|---|---|
| **PRESENT** | **PAST** | |
| 1. consolaría | habría consolado | |
| 2. consolarías | habrías consolado | (tú) consuela |
| 3. consolaría | habría consolado | (Vd) consuele |
| 1. consolaríamos | habríamos consolado | (nosotros) consolemos |
| 2. consolaríais | habríais consolado | (vosotros) consolad |
| 3. consolarían | habrían consolado | (Vds) consuelen |

## *SUBJUNCTIVE*

| PRESENT | IMPERFECT | PLUPERFECT |
|---|---|---|
| 1. consuele | consol-ara/ase | hubiera consolado |
| 2. consueles | consol-aras/ases | hubieras consolado |
| 3. consuele | consol-ara/ase | hubiera consolado |
| 1. consolemos | consol-áramos/ásemos | hubiéramos consolado |
| 2. consoléis | consol-arais/aseis | hubierais consolado |
| 3. consuelen | consol-aran/asen | hubieran consolado |

**PERFECT** haya consolado etc

| *INFINITIVE* | *PARTICIPLE* |
|---|---|
| **PRESENT** | **PRESENT** |
| consolar | consolando |
| **PAST** | **PAST** |
| haber consolado | consolado |

# CONSTRUIR
to build

| PRESENT | IMPERFECT | FUTURE |
|---|---|---|
| 1. construyo | construía | construiré |
| 2. construyes | construías | construirás |
| 3. construye | construía | construirá |
| 1. construimos | construíamos | construiremos |
| 2. construís | construíais | construiréis |
| 3. construyen | construían | construirán |

| PAST HISTORIC | PERFECT | PLUPERFECT |
|---|---|---|
| 1. construí | he construido | había construido |
| 2. construiste | has construido | habías construido |
| 3. construyó | ha construido | había construido |
| 1. construimos | hemos construido | habíamos construido |
| 2. construisteis | habéis construido | habíais construido |
| 3. construyeron | han construido | habían construido |

| PAST ANTERIOR | FUTURE PERFECT |
|---|---|
| hube construido etc | habré construido etc |

| CONDITIONAL | | IMPERATIVE |
|---|---|---|
| PRESENT | PAST | |
| 1. construiría | habría construido | |
| 2. construirías | habrías construido | (tú) construye |
| 3. construiría | habría construido | (Vd) construya |
| 1. construiríamos | habríamos construido | (nosotros) construyamos |
| 2. construiríais | habríais construido | (vosotros) construid |
| 3. construirían | habrían construido | (Vds) construyan |

| SUBJUNCTIVE | | |
|---|---|---|
| PRESENT | IMPERFECT | PLUPERFECT |
| 1. construya | constru-yera/yese | hubiera construido |
| 2. construyas | constru-yeras/yeses | hubieras construido |
| 3. construya | constru-yera/yese | hubiera construido |
| 1. construyamos | constru-yéramos/yésemos | hubiéramos construido |
| 2. construyáis | constru-yerais/yeseis | hubierais construido |
| 3. construyan | constru-yeran/yesen | hubieran construido |

PERFECT    haya construido etc

| INFINITIVE | PARTICIPLE |
|---|---|
| PRESENT | PRESENT |
| construir | construyendo |
| PAST | PAST |
| haber construido | construido |

# CONTAR
to tell, to count

| PRESENT | IMPERFECT | FUTURE |
|---|---|---|
| 1. cuento | contaba | contaré |
| 2. cuentas | contabas | contarás |
| 3. cuenta | contaba | contará |
| 1. contamos | contábamos | contaremos |
| 2. contáis | contabais | contaréis |
| 3. cuentan | contaban | contarán |

| PAST HISTORIC | PERFECT | PLUPERFECT |
|---|---|---|
| 1. conté | he contado | había contado |
| 2. contaste | has contado | habías contado |
| 3. contó | ha contado | había contado |
| 1. contamos | hemos contado | habíamos contado |
| 2. contasteis | habéis contado | habíais contado |
| 3. contaron | han contado | habían contado |

| PAST ANTERIOR | FUTURE PERFECT |
|---|---|
| hube contado etc | habré contado etc |

| *CONDITIONAL* | | *IMPERATIVE* |
|---|---|---|
| **PRESENT** | **PAST** | |
| 1. contaría | habría contado | |
| 2. contarías | habrías contado | (tú) cuenta |
| 3. contaría | habría contado | (Vd) cuente |
| 1. contaríamos | habríamos contado | (nosotros) contemos |
| 2. contaríais | habríais contado | (vosotros) contad |
| 3. contarían | habrían contado | (Vds) cuenten |

| *SUBJUNCTIVE* | | |
|---|---|---|
| **PRESENT** | **IMPERFECT** | **PLUPERFECT** |
| 1. cuente | cont-ara/ase | hubiera contado |
| 2. cuentes | cont-aras/ases | hubieras contado |
| 3. cuente | cont-ara/ase | hubiera contado |
| 1. contemos | cont-áramos/ásemos | hubiéramos contado |
| 2. contéis | cont-arais/aseis | hubierais contado |
| 3. cuenten | cont-aran/asen | hubieran contado |

| PERFECT | haya contado etc |
|---|---|

| *INFINITIVE* | *PARTICIPLE* |
|---|---|
| **PRESENT** | **PRESENT** |
| contar | contando |
| **PAST** | **PAST** |
| haber contado | contado |

# CONTESTAR
to answer

| PRESENT | IMPERFECT | FUTURE |
|---|---|---|
| 1. contesto | contestaba | contestaré |
| 2. contestas | contestabas | contestarás |
| 3. contesta | contestaba | contestará |
| 1. contestamos | contestábamos | contestaremos |
| 2. contestáis | contestabais | contestaréis |
| 3. contestan | contestaban | contestarán |

| PAST HISTORIC | PERFECT | PLUPERFECT |
|---|---|---|
| 1. contesté | he contestado | había contestado |
| 2. contestaste | has contestado | habías contestado |
| 3. contestó | ha contestado | había contestado |
| 1. contestamos | hemos contestado | habíamos contestado |
| 2. contestasteis | habéis contestado | habíais contestado |
| 3. contestaron | han contestado | habían contestado |

| PAST ANTERIOR | FUTURE PERFECT |
|---|---|
| hube contestado etc | habré contestado etc |

| *CONDITIONAL* | | *IMPERATIVE* |
|---|---|---|
| **PRESENT** | **PAST** | |
| 1. contestaría | habría contestado | |
| 2. contestarías | habrías contestado | (tú) contesta |
| 3. contestaría | habría contestado | (Vd) conteste |
| 1. contestaríamos | habríamos contestado | (nosotros) contestemos |
| 2. contestaríais | habríais contestado | (vosotros) contestad |
| 3. contestarían | habrían contestado | (Vds) contesten |

| *SUBJUNCTIVE* | | |
|---|---|---|
| **PRESENT** | **IMPERFECT** | **PLUPERFECT** |
| 1. conteste | contest-ara/ase | hubiera contestado |
| 2. contestes | contest-aras/ases | hubieras contestado |
| 3. conteste | contest-ara/ase | hubiera contestado |
| 1. contestemos | contest-áramos/ásemos | hubiéramos contestado |
| 2. contestéis | contest-arais/aseis | hubierais contestado |
| 3. contesten | contest-aran/asen | hubieran contestado |

**PERFECT**   haya contestado etc

| *INFINITIVE* | *PARTICIPLE* |
|---|---|
| **PRESENT** | **PRESENT** |
| contestar | contestando |
| **PAST** | **PAST** |
| haber contestado | contestado |

# CONTINUAR
to continue

| PRESENT | IMPERFECT | FUTURE |
|---|---|---|
| 1. continúo | continuaba | continuaré |
| 2. continúas | continuabas | continuarás |
| 3. continúa | continuaba | continuará |
| 1. continuamos | continuábamos | continuaremos |
| 2. continuáis | continuabais | continuaréis |
| 3. continúan | continuaban | continuarán |

| PAST HISTORIC | PERFECT | PLUPERFECT |
|---|---|---|
| 1. continué | he continuado | había continuado |
| 2. continuaste | has continuado | habías continuado |
| 3. continuó | ha continuado | había continuado |
| 1. continuamos | hemos continuado | habíamos continuado |
| 2. continuasteis | habéis continuado | habíais continuado |
| 3. continuaron | han continuado | habían continuado |

| PAST ANTERIOR | FUTURE PERFECT |
|---|---|
| hube continuado etc | habré continuado etc |

## CONDITIONAL

| PRESENT | PAST | IMPERATIVE |
|---|---|---|
| 1. continuaría | habría continuado | |
| 2. continuarías | habrías continuado | (tú) continúa |
| 3. continuaría | habría continuado | (Vd) continúe |
| 1. continuaríamos | habríamos continuado | (nosotros) continuemos |
| 2. continuaríais | habríais continuado | (vosotros) continuad |
| 3. continuarían | habrían continuado | (Vds) continúen |

## SUBJUNCTIVE

| PRESENT | IMPERFECT | PLUPERFECT |
|---|---|---|
| 1. continúe | continu-ara/ase | hubiera continuado |
| 2. continúes | continu-aras/ases | hubieras continuado |
| 3. continúe | continu-ara/ase | hubiera continuado |
| 1. continuemos | continu-áramos/ásemos | hubiéramos continuado |
| 2. continuéis | continu-arais/aseis | hubierais continuado |
| 3. continúen | continu-aran/asen | hubieran continuado |

PERFECT   haya continuado etc

| INFINITIVE | PARTICIPLE |
|---|---|
| PRESENT | PRESENT |
| continuar | continuando |
| PAST | PAST |
| haber continuado | continuado |

# CORREGIR
to correct

| PRESENT | IMPERFECT | FUTURE |
|---|---|---|
| 1. corrijo | corregía | corregiré |
| 2. corriges | corregías | corregirás |
| 3. corrige | corregía | corregirá |
| 1. corregimos | corregíamos | corregiremos |
| 2. corregís | corregíais | corregiréis |
| 3. corrigen | corregían | corregirán |

| PAST HISTORIC | PERFECT | PLUPERFECT |
|---|---|---|
| 1. corregí | he corregido | había corregido |
| 2. corregiste | has corregido | habías corregido |
| 3. corrigió | ha corregido | había corregido |
| 1. corregimos | hemos corregido | habíamos corregido |
| 2. corregisteis | habéis corregido | habíais corregido |
| 3. corrigieron | han corregido | habían corregido |

| PAST ANTERIOR | FUTURE PERFECT |
|---|---|
| hube corregido etc | habré corregido etc |

| CONDITIONAL | | IMPERATIVE |
|---|---|---|
| PRESENT | PAST | |
| 1. corregiría | habría corregido | |
| 2. corregirías | habrías corregido | (tú) corrige |
| 3. corregiría | habría corregido | (Vd) corrija |
| 1. corregiríamos | habríamos corregido | (nosotros) corrijamos |
| 2. corregiríais | habríais corregido | (vosotros) corregid |
| 3. corregirían | habrían corregido | (Vds) corrijan |

## SUBJUNCTIVE

| PRESENT | IMPERFECT | PLUPERFECT |
|---|---|---|
| 1. corrija | corrig-iera/iese | hubiera corregido |
| 2. corrijas | corrig-ieras/ieses | hubieras corregido |
| 3. corrija | corrig-iera/iese | hubiera corregido |
| 1. corrijamos | corrig-iéramos/iésemos | hubiéramos corregido |
| 2. corrijáis | corrig-ierais/ieseis | hubierais corregido |
| 3. corrijan | corrig-ieran/iesen | hubieran corregido |

PERFECT   haya corregido etc

| INFINITIVE | PARTICIPLE |
|---|---|
| PRESENT | PRESENT |
| corregir | corrigiendo |
| PAST | PAST |
| haber corregido | corregido |

# CORRER
## to run

| PRESENT | IMPERFECT | FUTURE |
|---|---|---|
| 1. corro | corría | correré |
| 2. corres | corrías | correrás |
| 3. corre | corría | correrá |
| 1. corremos | corríamos | correremos |
| 2. corréis | corríais | correréis |
| 3. corren | corrían | correrán |

| PAST HISTORIC | PERFECT | PLUPERFECT |
|---|---|---|
| 1. corrí | he corrido | había corrido |
| 2. corriste | has corrido | habías corrido |
| 3. corrió | ha corrido | había corrido |
| 1. corrimos | hemos corrido | habíamos corrido |
| 2. corristeis | habéis corrido | habíais corrido |
| 3. corrieron | han corrido | habían corrido |

| PAST ANTERIOR | FUTURE PERFECT |
|---|---|
| hube corrido etc | habré corrido etc |

| *CONDITIONAL* | | *IMPERATIVE* |
|---|---|---|
| **PRESENT** | **PAST** | |
| 1. correría | habría corrido | |
| 2. correrías | habrías corrido | (tú) corre |
| 3. correría | habría corrido | (Vd) corra |
| 1. correríamos | habríamos corrido | (nosotros) corramos |
| 2. correríais | habríais corrido | (vosotros) corred |
| 3. correrían | habrían corrido | (Vds) corran |

## *SUBJUNCTIVE*

| PRESENT | IMPERFECT | PLUPERFECT |
|---|---|---|
| 1. corra | corr-iera/iese | hubiera corrido |
| 2. corras | corr-ieras/ieses | hubieras corrido |
| 3. corra | corr-iera/iese | hubiera corrido |
| 1. corramos | corr-iéramos/iésemos | hubiéramos corrido |
| 2. corráis | corr-ierais/ieseis | hubierais corrido |
| 3. corran | corr-ieran/iesen | hubieran corrido |

**PERFECT** haya corrido etc

| *INFINITIVE* | *PARTICIPLE* |
|---|---|
| **PRESENT** | **PRESENT** |
| correr | corriendo |
| **PAST** | **PAST** |
| haber corrido | corrido |

# COSTAR
to cost

| PRESENT | IMPERFECT | FUTURE |
|---|---|---|
| 1. cuesto | costaba | costaré |
| 2. cuestas | costabas | costarás |
| 3. cuesta | costaba | costará |
| 1. costamos | costábamos | costaremos |
| 2. costáis | costabais | costaréis |
| 3. cuestan | costaban | costarán |

| PAST HISTORIC | PERFECT | PLUPERFECT |
|---|---|---|
| 1. costé | he costado | había costado |
| 2. costaste | has costado | habías costado |
| 3. costó | ha costado | había costado |
| 1. costamos | hemos costado | habíamos costado |
| 2. costasteis | habéis costado | habíais costado |
| 3. costaron | han costado | habían costado |

| PAST ANTERIOR | FUTURE PERFECT |
|---|---|
| hube costado etc | habré costado etc |

## CONDITIONAL

| PRESENT | PAST | IMPERATIVE |
|---|---|---|
| 1. costaría | habría costado | |
| 2. costarías | habrías costado | (tú) cuesta |
| 3. costaría | habría costado | (Vd) cueste |
| 1. costaríamos | habríamos costado | (nosotros) costemos |
| 2. costaríais | habríais costado | (vosotros) costad |
| 3. costarían | habrían costado | (Vds) cuesten |

## SUBJUNCTIVE

| PRESENT | IMPERFECT | PLUPERFECT |
|---|---|---|
| 1. cueste | cost-ara/ase | hubiera costado |
| 2. cuestes | cost-aras/ases | hubieras costado |
| 3. cueste | cost-ara/ase | hubiera costado |
| 1. costemos | cost-áramos/ásemos | hubiéramos costado |
| 2. costéis | cost-arais/aseis | hubierais costado |
| 3. cuesten | cost-aran/asen | hubieran costado |

PERFECT    haya costado etc

| INFINITIVE | PARTICIPLE |
|---|---|
| PRESENT | PRESENT |
| costar | costando |
| PAST | PAST |
| haber costado | costado |

# CRECER
to grow

| **PRESENT** | **IMPERFECT** | **FUTURE** |
|---|---|---|
| 1. crezco | crecía | creceré |
| 2. creces | crecías | crecerás |
| 3. crece | crecía | crecerá |
| 1. crecemos | crecíamos | creceremos |
| 2. crecéis | crecíais | creceréis |
| 3. crecen | crecían | crecerán |

| **PAST HISTORIC** | **PERFECT** | **PLUPERFECT** |
|---|---|---|
| 1. crecí | he crecido | había crecido |
| 2. creciste | has crecido | habías crecido |
| 3. creció | ha crecido | había crecido |
| 1. crecimos | hemos crecido | habíamos crecido |
| 2. crecisteis | habéis crecido | habíais crecido |
| 3. crecieron | han crecido | habían crecido |

| **PAST ANTERIOR** | | **FUTURE PERFECT** |
|---|---|---|
| hube crecido etc | | habré crecido etc |

| *CONDITIONAL* | | *IMPERATIVE* |
|---|---|---|
| **PRESENT** | **PAST** | |
| 1. crecería | habría crecido | |
| 2. crecerías | habrías crecido | (tú) crece |
| 3. crecería | habría crecido | (Vd) crezca |
| 1. creceríamos | habríamos crecido | (nosotros) crezcamos |
| 2. creceríais | habríais crecido | (vosotros) creced |
| 3. crecerían | habrían crecido | (Vds) crezcan |

| *SUBJUNCTIVE* | | |
|---|---|---|
| **PRESENT** | **IMPERFECT** | **PLUPERFECT** |
| 1. crezca | crec-iera/iese | hubiera crecido |
| 2. crezcas | crec-ieras/ieses | hubieras crecido |
| 3. crezca | crec-iera/iese | hubiera crecido |
| 1. crezcamos | crec-iéramos/iésemos | hubiéramos crecido |
| 2. crezcáis | crec-ierais/ieseis | hubierais crecido |
| 3. crezcan | crec-ieran/iesen | hubieran crecido |

| **PERFECT** | haya crecido etc | |
|---|---|---|

| *INFINITIVE* | *PARTICIPLE* |
|---|---|
| **PRESENT** | **PRESENT** |
| crecer | creciendo |
| **PAST** | **PAST** |
| haber crecido | crecido |

# CREER
to believe

**61**

| PRESENT | IMPERFECT | FUTURE |
|---|---|---|
| 1. creo | creía | creeré |
| 2. crees | creías | creerás |
| 3. cree | creía | creerá |
| 1. creemos | creíamos | creeremos |
| 2. creéis | creíais | creeréis |
| 3. creen | creían | creerán |

| PAST HISTORIC | PERFECT | PLUPERFECT |
|---|---|---|
| 1. creí | he creído | había creído |
| 2. creíste | has creído | habías creído |
| 3. creyó | ha creído | había creído |
| 1. creímos | hemos creído | habíamos creído |
| 2. creísteis | habéis creído | habíais creído |
| 3. creyeron | han creído | habían creído |

| PAST ANTERIOR | | FUTURE PERFECT |
|---|---|---|
| hube creído etc | | habré creído etc |

| *CONDITIONAL* | | *IMPERATIVE* |
|---|---|---|
| PRESENT | PAST | |
| 1. creería | habría creído | |
| 2. creerías | habrías creído | (tú) cree |
| 3. creería | habría creído | (Vd) crea |
| 1. creeríamos | habríamos creído | (nosotros) creamos |
| 2. creeríais | habríais creído | (vosotros) creed |
| 3. creerían | habrían creído | (Vds) crean |

| *SUBJUNCTIVE* | | |
|---|---|---|
| PRESENT | IMPERFECT | PLUPERFECT |
| 1. crea | cre-yera/yese | hubiera creído |
| 2. creas | cre-yeras/yeses | hubieras creído |
| 3. crea | cre-yera/yese | hubiera creído |
| 1. creamos | cre-yéramos/yésemos | hubiéramos creído |
| 2. creáis | cre-yerais/yeseis | hubierais creído |
| 3. crean | cre-yeran/yesen | hubieran creído |

PERFECT   haya creído etc

| *INFINITIVE* | *PARTICIPLE* |
|---|---|
| PRESENT | PRESENT |
| creer | creyendo |
| PAST | PAST |
| haber creído | creído |

# CRUZAR
to cross

| PRESENT | IMPERFECT | FUTURE |
|---|---|---|
| 1. cruzo | cruzaba | cruzaré |
| 2. cruzas | cruzabas | cruzarás |
| 3. cruza | cruzaba | cruzará |
| 1. cruzamos | cruzábamos | cruzaremos |
| 2. cruzáis | cruzabais | cruzaréis |
| 3. cruzan | cruzaban | cruzarán |

| PAST HISTORIC | PERFECT | PLUPERFECT |
|---|---|---|
| 1. crucé | he cruzado | había cruzado |
| 2. cruzaste | has cruzado | habías cruzado |
| 3. cruzó | ha cruzado | había cruzado |
| 1. cruzamos | hemos cruzado | habíamos cruzado |
| 2. cruzasteis | habéis cruzado | habíais cruzado |
| 3. cruzaron | han cruzado | habían cruzado |

| PAST ANTERIOR | FUTURE PERFECT |
|---|---|
| hube cruzado etc | habré cruzado etc |

| *CONDITIONAL* | | *IMPERATIVE* |
|---|---|---|
| **PRESENT** | **PAST** | |
| 1. cruzaría | habría cruzado | |
| 2. cruzarías | habrías cruzado | (tú) cruza |
| 3. cruzaría | habría cruzado | (Vd) cruce |
| 1. cruzaríamos | habríamos cruzado | (nosotros) crucemos |
| 2. cruzaríais | habríais cruzado | (vosotros) cruzad |
| 3. cruzarían | habrían cruzado | (Vds) crucen |

## *SUBJUNCTIVE*

| PRESENT | IMPERFECT | PLUPERFECT |
|---|---|---|
| 1. cruce | cruz-ara/ase | hubiera cruzado |
| 2. cruces | cruz-aras/ases | hubieras cruzado |
| 3. cruce | cruz-ara/ase | hubiera cruzado |
| 1. crucemos | cruz-áramos/ásemos | hubiéramos cruzado |
| 2. crucéis | cruz-arais/aseis | hubierais cruzado |
| 3. crucen | cruz-aran/asen | hubieran cruzado |

**PERFECT**   haya cruzado etc

| *INFINITIVE* | *PARTICIPLE* |
|---|---|
| **PRESENT** | **PRESENT** |
| cruzar | cruzando |
| **PAST** | **PAST** |
| haber cruzado | cruzado |

# CUBRIR
to cover

| PRESENT | IMPERFECT | FUTURE |
|---|---|---|
| 1. cubro | cubría | cubriré |
| 2. cubres | cubrías | cubrirás |
| 3. cubre | cubría | cubrirá |
| 1. cubrimos | cubríamos | cubriremos |
| 2. cubrís | cubríais | cubriréis |
| 3. cubren | cubrían | cubrirán |

| PAST HISTORIC | PERFECT | PLUPERFECT |
|---|---|---|
| 1. cubrí | he cubierto | había cubierto |
| 2. cubriste | has cubierto | habías cubierto |
| 3. cubrió | ha cubierto | había cubierto |
| 1. cubrimos | hemos cubierto | habíamos cubierto |
| 2. cubristeis | habéis cubierto | habíais cubierto |
| 3. cubrieron | han cubierto | habían cubierto |

| PAST ANTERIOR | FUTURE PERFECT |
|---|---|
| hube cubierto etc | habré cubierto etc |

| CONDITIONAL | | IMPERATIVE |
|---|---|---|
| PRESENT | PAST | |
| 1. cubriría | habría cubierto | |
| 2. cubrirías | habrías cubierto | (tú) cubre |
| 3. cubriría | habría cubierto | (Vd) cubra |
| 1. cubriríamos | habríamos cubierto | (nosotros) cubramos |
| 2. cubriríais | habríais cubierto | (vosotros) cubrid |
| 3. cubrirían | habrían cubierto | (Vds) cubran |

## SUBJUNCTIVE

| PRESENT | IMPERFECT | PLUPERFECT |
|---|---|---|
| 1. cubra | cubr-iera/iese | hubiera cubierto |
| 2. cubras | cubr-ieras/ieses | hubieras cubierto |
| 3. cubra | cubr-iera/iese | hubiera cubierto |
| 1. cubramos | cubr-iéramos/iésemos | hubiéramos cubierto |
| 2. cubráis | cubr-ierais/ieseis | hubierais cubierto |
| 3. cubran | cubr-ieran/iesen | hubieran cubierto |

**PERFECT** haya cubierto etc

| INFINITIVE | PARTICIPLE |
|---|---|
| PRESENT | PRESENT |
| cubrir | cubriendo |
| PAST | PAST |
| haber cubierto | cubierto |

# 64

## DAR
to give

| PRESENT | IMPERFECT | FUTURE |
|---|---|---|
| 1. doy | daba | daré |
| 2. das | dabas | darás |
| 3. da | daba | dará |
| 1. damos | dábamos | daremos |
| 2. dais | dabais | daréis |
| 3. dan | daban | darán |

| PAST HISTORIC | PERFECT | PLUPERFECT |
|---|---|---|
| 1. di | he dado | había dado |
| 2. diste | has dado | habías dado |
| 3. dio | ha dado | había dado |
| 1. dimos | hemos dado | habíamos dado |
| 2. disteis | habéis dado | habíais dado |
| 3. dieron | han dado | habían dado |

| PAST ANTERIOR | FUTURE PERFECT |
|---|---|
| hube dado etc | habré dado etc |

| *CONDITIONAL* | | *IMPERATIVE* |
|---|---|---|
| **PRESENT** | **PAST** | |
| 1. daría | habría dado | |
| 2. darías | habrías dado | (tú) da |
| 3. daría | habría dado | (Vd) dé |
| 1. daríamos | habríamos dado | (nosotros) demos |
| 2. daríais | habríais dado | (vosotros) dad |
| 3. darían | habrían dado | (Vds) den |

### *SUBJUNCTIVE*

| PRESENT | IMPERFECT | PLUPERFECT |
|---|---|---|
| 1. dé | di-era/ese | hubiera dado |
| 2. des | di-eras/eses | hubieras dado |
| 3. dé | di-era/ese | hubiera dado |
| 1. demos | di-éramos/ésemos | hubiéramos dado |
| 2. deis | di-erais/eseis | hubierais dado |
| 3. den | di-eran/esen | hubieran dado |

**PERFECT**   haya dado etc

| *INFINITIVE* | *PARTICIPLE* |
|---|---|
| **PRESENT** | **PRESENT** |
| dar | dando |
| **PAST** | **PAST** |
| haber dado | dado |

to owe, to have to

| PRESENT | IMPERFECT | FUTURE |
|---|---|---|
| 1. debo | debía | deberé |
| 2. debes | debías | deberás |
| 3. debe | debía | deberá |
| 1. debemos | debíamos | deberemos |
| 2. debéis | debíais | deberéis |
| 3. deben | debían | deberán |

| PAST HISTORIC | PERFECT | PLUPERFECT |
|---|---|---|
| 1. debí | he debido | había debido |
| 2. debiste | has debido | habías debido |
| 3. debió | ha debido | había debido |
| 1. debimos | hemos debido | habíamos debido |
| 2. debisteis | habéis debido | habíais debido |
| 3. debieron | han debido | habían debido |

| PAST ANTERIOR | FUTURE PERFECT |
|---|---|
| hube debido etc | habré debido etc |

## CONDITIONAL

| PRESENT | PAST | IMPERATIVE |
|---|---|---|
| 1. debería | habría debido | |
| 2. deberías | habrías debido | (tú) debe |
| 3. debería | habría debido | (Vd) deba |
| 1. deberíamos | habríamos debido | (nosotros) debamos |
| 2. deberíais | habríais debido | (vosotros) debed |
| 3. deberían | habrían debido | (Vds) deban |

## SUBJUNCTIVE

| PRESENT | IMPERFECT | PLUPERFECT |
|---|---|---|
| 1. deba | deb-iera/iese | hubiera debido |
| 2. debas | deb-ieras/ieses | hubieras debido |
| 3. deba | deb-iera/iese | hubiera debido |
| 1. debamos | deb-iéramos/iésemos | hubiéramos debido |
| 2. debáis | deb-ierais/ieseis | hubierais debido |
| 3. deban | deb-ieran/iesen | hubieran debido |

PERFECT    haya debido etc

| INFINITIVE | PARTICIPLE |
|---|---|
| PRESENT | PRESENT |
| deber | debiendo |
| PAST | PAST |
| haber debido | debido |

# DECIDIR
to decide

| PRESENT | IMPERFECT | FUTURE |
|---|---|---|
| 1. decido | decidía | decidiré |
| 2. decides | decidías | decidirás |
| 3. decide | decidía | decidirá |
| 1. decidimos | decidíamos | decidiremos |
| 2. decidís | decidíais | decidiréis |
| 3. deciden | decidían | decidirán |

| PAST HISTORIC | PERFECT | PLUPERFECT |
|---|---|---|
| 1. decidí | he decidido | había decidido |
| 2. decidiste | has decidido | habías decidido |
| 3. decidió | ha decidido | había decidido |
| 1. decidimos | hemos decidido | habíamos decidido |
| 2. decidisteis | habéis decidido | habíais decidido |
| 3. decidieron | han decidido | habían decidido |

| PAST ANTERIOR | FUTURE PERFECT |
|---|---|
| hube decidido etc | habré decidido etc |

## CONDITIONAL

| PRESENT | PAST | IMPERATIVE |
|---|---|---|
| 1. decidiría | habría decidido | |
| 2. decidirías | habrías decidido | (tú) decide |
| 3. decidiría | habría decidido | (Vd) decida |
| 1. decidiríamos | habríamos decidido | (nosotros) decidamos |
| 2. decidiríais | habríais decidido | (vosotros) decidid |
| 3. decidirían | habrían decidido | (Vds) decidan |

## SUBJUNCTIVE

| PRESENT | IMPERFECT | PLUPERFECT |
|---|---|---|
| 1. decida | decid-iera/iese | hubiera decidido |
| 2. decidas | decid-ieras/ieses | hubieras decidido |
| 3. decida | decid-iera/iese | hubiera decidido |
| 1. decidamos | decid-iéramos/iésemos | hubiéramos decidido |
| 2. decidáis | decid-ierais/ieseis | hubierais decidido |
| 3. decidan | decid-ieran/iesen | hubieran decidido |

PERFECT   haya decidido etc

| INFINITIVE | PARTICIPLE |
|---|---|
| PRESENT | PRESENT |
| decidir | decidiendo |
| PAST | PAST |
| haber decidido | decidido |

# DECIR
to say

| PRESENT | IMPERFECT | FUTURE |
|---|---|---|
| 1. digo | decía | diré |
| 2. dices | decías | dirás |
| 3. dice | decía | dirá |
| 1. decimos | decíamos | diremos |
| 2. decís | decíais | diréis |
| 3. dicen | decían | dirán |

| PAST HISTORIC | PERFECT | PLUPERFECT |
|---|---|---|
| 1. dije | he dicho | había dicho |
| 2. dijiste | has dicho | habías dicho |
| 3. dijo | ha dicho | había dicho |
| 1. dijimos | hemos dicho | habíamos dicho |
| 2. dijisteis | habéis dicho | habíais dicho |
| 3. dijeron | han dicho | habían dicho |

| PAST ANTERIOR | FUTURE PERFECT |
|---|---|
| hube dicho etc | habré dicho etc |

| *CONDITIONAL* | | *IMPERATIVE* |
|---|---|---|
| **PRESENT** | **PAST** | |
| 1. diría | habría dicho | |
| 2. dirías | habrías dicho | (tú) di |
| 3. diría | habría dicho | (Vd) diga |
| 1. diríamos | habríamos dicho | (nosotros) digamos |
| 2. diríais | habríais dicho | (vosotros) decid |
| 3. dirían | habrían dicho | (Vds) digan |

## *SUBJUNCTIVE*

| PRESENT | IMPERFECT | PLUPERFECT |
|---|---|---|
| 1. diga | dij-era/ese | hubiera dicho |
| 2. digas | dij-eras/eses | hubieras dicho |
| 3. diga | dij-era/ese | hubiera dicho |
| 1. digamos | dij-éramos/ésemos | hubiéramos dicho |
| 2. digáis | dij-erais/eseis | hubierais dicho |
| 3. digan | dij-eran/esen | hubieran dicho |

**PERFECT**    haya dicho etc

| *INFINITIVE* | *PARTICIPLE* |
|---|---|
| **PRESENT** | **PRESENT** |
| decir | diciendo |
| **PAST** | **PAST** |
| haber dicho | dicho |

# DEGOLLAR
to behead

| PRESENT | IMPERFECT | FUTURE |
|---|---|---|
| 1. degüello | degollaba | degollaré |
| 2. degüellas | degollabas | degollarás |
| 3. degüella | degollaba | degollará |
| 1. degollamos | degollábamos | degollaremos |
| 2. degolláis | degollabais | degollaréis |
| 3. degüellan | degollaban | degollarán |

| PAST HISTORIC | PERFECT | PLUPERFECT |
|---|---|---|
| 1. degollé | he degollado | había degollado |
| 2. degollaste | has degollado | habías degollado |
| 3. degolló | ha degollado | había degollado |
| 1. degollamos | hemos degollado | habíamos degollado |
| 2. degollasteis | habéis degollado | habíais degollado |
| 3. degollaron | han degollado | habían degollado |

| PAST ANTERIOR | FUTURE PERFECT |
|---|---|
| hube degollado etc | habré degollado etc |

| *CONDITIONAL* | | *IMPERATIVE* |
|---|---|---|
| PRESENT | PAST | |
| 1. degollaría | habría degollado | |
| 2. degollarías | habrías degollado | (tú) degüella |
| 3. degollaría | habría degollado | (Vd) degüelle |
| 1. degollaríamos | habríamos degollado | (nosotros) degollemos |
| 2. degollaríais | habríais degollado | (vosotros) degollad |
| 3. degollarían | habrían degollado | (Vds) degüellen |

| *SUBJUNCTIVE* | | |
|---|---|---|
| PRESENT | IMPERFECT | PLUPERFECT |
| 1. degüelle | degoll-ara/ase | hubiera degollado |
| 2. degüelles | degoll-aras/ases | hubieras degollado |
| 3. degüelle | degoll-ara/ase | hubiera degollado |
| 1. degollemos | degoll-áramos/ásemos | hubiéramos degollado |
| 2. degolléis | degoll-arais/aseis | hubierais degollado |
| 3. degüellen | degoll-aran/asen | hubieran degollado |

PERFECT   haya degollado etc

| *INFINITIVE* | *PARTICIPLE* |
|---|---|
| PRESENT | PRESENT |
| degollar | degollando |
| PAST | PAST |
| haber degollado | degollado |

# DEJAR
to leave, to let

| PRESENT | IMPERFECT | FUTURE |
|---|---|---|
| 1. dejo | dejaba | dejaré |
| 2. dejas | dejabas | dejarás |
| 3. deja | dejaba | dejará |
| 1. dejamos | dejábamos | dejaremos |
| 2. dejáis | dejabais | dejaréis |
| 3. dejan | dejaban | dejarán |

| PAST HISTORIC | PERFECT | PLUPERFECT |
|---|---|---|
| 1. dejé | he dejado | había dejado |
| 2. dejaste | has dejado | habías dejado |
| 3. dejó | ha dejado | había dejado |
| 1. dejamos | hemos dejado | habíamos dejado |
| 2. dejasteis | habéis dejado | habíais dejado |
| 3. dejaron | han dejado | habían dejado |

| PAST ANTERIOR | FUTURE PERFECT |
|---|---|
| hube dejado etc | habré dejado etc |

| CONDITIONAL | | IMPERATIVE |
|---|---|---|
| PRESENT | PAST | |
| 1. dejaría | habría dejado | |
| 2. dejarías | habrías dejado | (tú) deja |
| 3. dejaría | habría dejado | (Vd) deje |
| 1. dejaríamos | habríamos dejado | (nosotros) dejemos |
| 2. dejaríais | habríais dejado | (vosotros) dejad |
| 3. dejarían | habrían dejado | (Vds) dejen |

## SUBJUNCTIVE

| PRESENT | IMPERFECT | PLUPERFECT |
|---|---|---|
| 1. deje | dej-ara/ase | hubiera dejado |
| 2. dejes | dej-aras/ases | hubieras dejado |
| 3. deje | dej-ara/ase | hubiera dejado |
| 1. dejemos | dej-áramos/ásemos | hubiéramos dejado |
| 2. dejéis | dej-arais/aseis | hubierais dejado |
| 3. dejen | dej-aran/asen | hubieran dejado |

PERFECT   haya dejado etc

| INFINITIVE | PARTICIPLE |
|---|---|
| PRESENT | PRESENT |
| dejar | dejando |
| PAST | PAST |
| haber dejado | dejado |

**DELINQUIR**
to commit an offence

| PRESENT | IMPERFECT | FUTURE |
|---|---|---|
| 1. delinco | delinquía | delinquiré |
| 2. delinques | delinquías | delinquirás |
| 3. delinque | delinquía | delinquirá |
| 1. delinquimos | delinquíamos | delinquiremos |
| 2. delinquís | delinquíais | delinquiréis |
| 3. delinquen | delinquían | delinquirán |

| PAST HISTORIC | PERFECT | PLUPERFECT |
|---|---|---|
| 1. delinquí | he delinquido | había delinquido |
| 2. delinquiste | has delinquido | habías delinquido |
| 3. delinquió | ha delinquido | había delinquido |
| 1. delinquimos | hemos delinquido | habíamos delinquido |
| 2. delinquisteis | habéis delinquido | habíais delinquido |
| 3. delinquieron | han delinquido | habían delinquido |

| PAST ANTERIOR | FUTURE PERFECT |
|---|---|
| hube delinquido etc | habré delinquido etc |

---

| *CONDITIONAL* | | *IMPERATIVE* |
|---|---|---|
| **PRESENT** | **PAST** | |
| 1. delinquiría | habría delinquido | |
| 2. delinquirías | habrías delinquido | |
| 3. delinquiría | habría delinquido | (tú) delinque |
| 1. delinquiríamos | habríamos delinquido | (Vd) delinca |
| 2. delinquiríais | habríais delinquido | (nosotros) delincamos |
| 3. delinquirían | habrían delinquido | (vosotros) delinquid |
| | | (Vds) delincan |

---

*SUBJUNCTIVE*

| PRESENT | IMPERFECT | PLUPERFECT |
|---|---|---|
| 1. delinca | delinqu-iera/iese | hubiera delinquido |
| 2. delincas | delinqu-ieras/ieses | hubieras delinquido |
| 3. delinca | delinqu-iera/iese | hubiera delinquido |
| 1. delincamos | delinqu-iéramos/iésemos | hubiéramos delinquido |
| 2. delincáis | delinqu-ierais/ieseis | hubierais delinquido |
| 3. delincan | delinqu-ieran/iesen | hubieran delinquido |

**PERFECT**   haya delinquido etc

---

| *INFINITIVE* | *PARTICIPLE* |
|---|---|
| **PRESENT** | **PRESENT** |
| delinquir | delinquiendo |
| **PAST** | **PAST** |
| haber delinquido | delinquido |

# DESCENDER
to descend, to get down

| PRESENT | IMPERFECT | FUTURE |
|---|---|---|
| 1. desciendo | descendía | descenderé |
| 2. desciendes | descendías | descenderás |
| 3. desciende | descendía | descenderá |
| 1. descendemos | descendíamos | descenderemos |
| 2. descendéis | descendíais | descenderéis |
| 3. descienden | descendían | descenderán |

| PAST HISTORIC | PERFECT | PLUPERFECT |
|---|---|---|
| 1. descendí | he descendido | había descendido |
| 2. descendiste | has descendido | habías descendido |
| 3. descendió | ha descendido | había descendido |
| 1. descendimos | hemos descendido | habíamos descendido |
| 2. descendisteis | habéis descendido | habíais descendido |
| 3. descendieron | han descendido | habían descendido |

| PAST ANTERIOR | FUTURE PERFECT |
|---|---|
| hube descendido etc | habré descendido etc |

| CONDITIONAL | | IMPERATIVE |
|---|---|---|
| **PRESENT** | **PAST** | |
| 1. descendería | habría descendido | |
| 2. descenderías | habrías descendido | (tú) desciende |
| 3. descendería | habría descendido | (Vd) descienda |
| 1. descenderíamos | habríamos descendido | (nosotros) descendamos |
| 2. descenderíais | habríais descendido | (vosotros) descended |
| 3. descenderían | habrían descendido | (Vds) desciendan |

## SUBJUNCTIVE

| PRESENT | IMPERFECT | PLUPERFECT |
|---|---|---|
| 1. descienda | descend-iera/iese | hubiera descendido |
| 2. desciendas | descend-ieras/ieses | hubieras descendido |
| 3. descienda | descend-iera/iese | hubiera descendido |
| 1. descendamos | descend-iéramos/iésemos | hubiéramos descendido |
| 2. descendáis | descend-ierais/ieseis | hubierais descendido |
| 3. desciendan | descend-ieran/iesen | hubieran descendido |

**PERFECT**  haya descendido etc

| INFINITIVE | PARTICIPLE |
|---|---|
| **PRESENT** | **PRESENT** |
| descender | descendiendo |
| **PAST** | **PAST** |
| haber descendido | descendido |

# DESCUBRIR
to discover

| PRESENT | IMPERFECT | FUTURE |
|---|---|---|
| 1. descubro | descubría | descubriré |
| 2. descubres | descubrías | descubrirás |
| 3. descubre | descubría | descubrirá |
| 1. descubrimos | descubríamos | descubriremos |
| 2. descubrís | descubríais | descubriréis |
| 3. descubren | descubrían | descubrirán |

| PAST HISTORIC | PERFECT | PLUPERFECT |
|---|---|---|
| 1. descubrí | he descubierto | había descubierto |
| 2. descubriste | has descubierto | habías descubierto |
| 3. descubrió | ha descubierto | había descubierto |
| 1. descubrimos | hemos descubierto | habíamos descubierto |
| 2. descubristeis | habéis descubierto | habíais descubierto |
| 3. descubrieron | han descubierto | habían descubierto |

| PAST ANTERIOR | FUTURE PERFECT |
|---|---|
| hube descubierto etc | habré descubierto etc |

| *CONDITIONAL* | | *IMPERATIVE* |
|---|---|---|
| **PRESENT** | **PAST** | |
| 1. descubriría | habría descubierto | |
| 2. descubrirías | habrías descubierto | (tú) descubre |
| 3. descubriría | habría descubierto | (Vd) descubra |
| 1. descubriríamos | habríamos descubierto | (nosotros) descubramos |
| 2. descubriríais | habríais descubierto | (vosotros) descubrid |
| 3. descubrirían | habrían descubierto | (Vds) descubran |

## *SUBJUNCTIVE*

| PRESENT | IMPERFECT | PLUPERFECT |
|---|---|---|
| 1. descubra | descubr-iera/iese | hubiera descubierto |
| 2. descubras | descubr-ieras/ieses | hubieras descubierto |
| 3. descubra | descubr-iera/iese | hubiera descubierto |
| 1. descubramos | descubr-iéramos/iésemos | hubiéramos descubierto |
| 2. descubráis | descubr-ierais/ieseis | hubierais descubierto |
| 3. descubran | descubr-ieran/iesen | hubieran descubierto |

**PERFECT** haya descubierto etc

| *INFINITIVE* | *PARTICIPLE* |
|---|---|
| **PRESENT** | **PRESENT** |
| descubrir | descubriendo |
| **PAST** | **PAST** |
| haber descubierto | descubierto |

# DESPERTARSE
to wake up

| PRESENT | IMPERFECT | FUTURE |
|---|---|---|
| 1. me despierto | me despertaba | me despertaré |
| 2. te despiertas | te despertabas | te despertarás |
| 3. se despierta | se despertaba | se despertará |
| 1. nos despertamos | nos despertábamos | nos despertaremos |
| 2. os despertáis | os despertabais | os despertaréis |
| 3. se despiertan | se despertaban | se despertarán |

| PAST HISTORIC | PERFECT | PLUPERFECT |
|---|---|---|
| 1. me desperté | me he despertado | me había despertado |
| 2. te despertaste | te has despertado | te habías despertado |
| 3. se despertó | se ha despertado | se había despertado |
| 1. nos despertamos | nos hemos despertado | nos habíamos despertado |
| 2. os despertasteis | os habéis despertado | os habíais despertado |
| 3. se despertaron | se han despertado | se habían despertado |

| PAST ANTERIOR | FUTURE PERFECT |
|---|---|
| me hube despertado etc | me habré despertado etc |

## CONDITIONAL

| PRESENT | PAST | IMPERATIVE |
|---|---|---|
| 1. me despertaría | me habría despertado | |
| 2. te despertarías | te habrías despertado | (tú) despiértate |
| 3. se despertaría | se habría despertado | (Vd) despiértese |
| 1. nos despertaríamos | nos habríamos despertado | (nosotros) despertémonos |
| 2. os despertaríais | os habríais despertado | (vosotros) despertaos |
| 3. se despertarían | se habrían despertado | (Vds) despiértense |

## SUBJUNCTIVE

| PRESENT | IMPERFECT | PLUPERFECT |
|---|---|---|
| 1. me despierte | me despert-ara/ase | me hubiera despertado |
| 2. te despiertes | te despert-aras/ases | te hubieras despertado |
| 3. se despierte | se despert-ara/ase | se hubiera despertado |
| 1. nos despertemos | nos despert-áramos/ásemos | nos hubiéramos despertado |
| 2. os despertéis | os despert-arais/aseis | os hubierais despertado |
| 3. se despierten | se despert-aran/asen | se hubieran despertado |

**PERFECT**  me haya despertado etc

| INFINITIVE | PARTICIPLE |
|---|---|
| **PRESENT** | **PRESENT** |
| despertarse | despertándose |
| **PAST** | **PAST** |
| haberse despertado | despertado |

# DESTRUIR
to destroy

| PRESENT | IMPERFECT | FUTURE |
|---|---|---|
| 1. destruyo | destruía | destruiré |
| 2. destruyes | destruías | destruirás |
| 3. destruye | destruía | destruirá |
| 1. destruimos | destruíamos | destruiremos |
| 2. destruís | destruíais | destruiréis |
| 3. destruyen | destruían | destruirán |

| PAST HISTORIC | PERFECT | PLUPERFECT |
|---|---|---|
| 1. destruí | he destruido | había destruido |
| 2. destruiste | has destruido | habías destruido |
| 3. destruyó | ha destruido | había destruido |
| 1. destruimos | hemos destruido | habíamos destruido |
| 2. destruisteis | habéis destruido | habíais destruido |
| 3. destruyeron | han destruido | habían destruido |

| PAST ANTERIOR | FUTURE PERFECT |
|---|---|
| hube destruido etc | habré destruido etc |

## CONDITIONAL

| PRESENT | PAST | IMPERATIVE |
|---|---|---|
| 1. destruiría | habría destruido | |
| 2. destruirías | habrías destruido | (tú) destruye |
| 3. destruiría | habría destruido | (Vd) destruya |
| 1. destruiríamos | habríamos destruido | (nosotros) destruyamos |
| 2. destruiríais | habríais destruido | (vosotros) destruid |
| 3. destruirían | habrían destruido | (Vds) destruyan |

## SUBJUNCTIVE

| PRESENT | IMPERFECT | PLUPERFECT |
|---|---|---|
| 1. destruya | destru-yera/yese | hubiera destruido |
| 2. destruyas | destru-yeras/yeses | hubieras destruido |
| 3. destruya | destru-yera/yese | hubiera destruido |
| 1. destruyamos | destru-yéramos/yésemos | hubiéramos destruido |
| 2. destruyáis | destru-yerais/yeseis | hubierais destruido |
| 3. destruyan | destru-yeran/yesen | hubieran destruido |

PERFECT    haya destruido etc

| INFINITIVE | PARTICIPLE |
|---|---|
| **PRESENT** | **PRESENT** |
| destruir | destruyendo |
| **PAST** | **PAST** |
| haber destruido | destruido |

# DIGERIR
to digest

| PRESENT | IMPERFECT | FUTURE |
|---|---|---|
| 1. digiero | digería | digeriré |
| 2. digieres | digerías | digerirás |
| 3. digiere | digería | digerirá |
| 1. digerimos | digeríamos | digeriremos |
| 2. digerís | digeríais | digeriréis |
| 3. digieren | digerían | digerirán |

| PAST HISTORIC | PERFECT | PLUPERFECT |
|---|---|---|
| 1. digerí | he digerido | había digerido |
| 2. digeriste | has digerido | habías digerido |
| 3. digirió | ha digerido | había digerido |
| 1. digerimos | hemos digerido | habíamos digerido |
| 2. digeristeis | habéis digerido | habíais digerido |
| 3. digirieron | han digerido | habían digerido |

| PAST ANTERIOR | FUTURE PERFECT |
|---|---|
| hube digerido etc | habré digerido etc |

| *CONDITIONAL* | | *IMPERATIVE* |
|---|---|---|
| **PRESENT** | **PAST** | |
| 1. digeriría | habría digerido | |
| 2. digerirías | habrías digerido | (tú) digiere |
| 3. digeriría | habría digerido | (Vd) digiera |
| 1. digeriríamos | habríamos digerido | (nosotros) digiramos |
| 2. digeriríais | habríais digerido | (vosotros) digerid |
| 3. digerirían | habrían digerido | (Vds) digieran |

## *SUBJUNCTIVE*

| PRESENT | IMPERFECT | PLUPERFECT |
|---|---|---|
| 1. digiera | digir-iera/iese | hubiera digerido |
| 2. digieras | digir-ieras/ieses | hubieras digerido |
| 3. digiera | digir-iera/iese | hubiera digerido |
| 1. digiramos | digir-iéramos/iésemos | hubiéramos digerido |
| 2. digiráis | digir-ierais/ieseis | hubierais digerido |
| 3. digieran | digir-ieran/iesen | hubieran digerido |

**PERFECT**  haya digerido etc

| *INFINITIVE* | *PARTICIPLE* |
|---|---|
| **PRESENT** | **PRESENT** |
| digerir | digiriendo |
| **PAST** | **PAST** |
| haber digerido | digerido |

# DIRIGIR
to direct

| PRESENT | IMPERFECT | FUTURE |
|---|---|---|
| 1. dirijo | dirigía | dirigiré |
| 2. diriges | dirigías | dirigirás |
| 3. dirige | dirigía | dirigirá |
| 1. dirigimos | dirigíamos | dirigiremos |
| 2. dirigís | dirigíais | dirigiréis |
| 3. dirigen | dirigían | dirigirán |

| PAST HISTORIC | PERFECT | PLUPERFECT |
|---|---|---|
| 1. dirigí | he dirigido | había dirigido |
| 2. dirigiste | has dirigido | habías dirigido |
| 3. dirigió | ha dirigido | había dirigido |
| 1. dirigimos | hemos dirigido | habíamos dirigido |
| 2. dirigisteis | habéis dirigido | habíais dirigido |
| 3. dirigieron | han dirigido | habían dirigido |

| PAST ANTERIOR | FUTURE PERFECT |
|---|---|
| hube dirigido etc | habré dirigido etc |

| CONDITIONAL | | IMPERATIVE |
|---|---|---|
| **PRESENT** | **PAST** | |
| 1. dirigiría | habría dirigido | |
| 2. dirigirías | habrías dirigido | (tú) dirige |
| 3. dirigiría | habría dirigido | (Vd) dirija |
| 1. dirigiríamos | habríamos dirigido | (nosotros) dirijamos |
| 2. dirigiríais | habríais dirigido | (vosotros) dirigid |
| 3. dirigirían | habrían dirigido | (Vds) dirijan |

## SUBJUNCTIVE

| PRESENT | IMPERFECT | PLUPERFECT |
|---|---|---|
| 1. dirija | dirig-iera/iese | hubiera dirigido |
| 2. dirijas | dirig-ieras/ieses | hubieras dirigido |
| 3. dirija | dirig-iera/iese | hubiera dirigido |
| 1. dirijamos | dirig-iéramos/iésemos | hubiéramos dirigido |
| 2. dirijáis | dirig-ierais/ieseis | hubierais dirigido |
| 3. dirijan | dirig-ieran/iesen | hubieran dirigido |

| PERFECT | haya dirigido etc |
|---|---|

| INFINITIVE | PARTICIPLE |
|---|---|
| **PRESENT** | **PRESENT** |
| dirigir | dirigiendo |
| **PAST** | **PAST** |
| haber dirigido | dirigido |

# DISCERNIR
to discern

| PRESENT | IMPERFECT | FUTURE |
|---|---|---|
| 1. discierno | discernía | discerniré |
| 2. disciernes | discernías | discernirás |
| 3. discierne | discernía | discernirá |
| 1. discernimos | discerníamos | discerniremos |
| 2. discernís | discerníais | discerniréis |
| 3. disciernen | discernían | discernirán |

| PAST HISTORIC | PERFECT | PLUPERFECT |
|---|---|---|
| 1. discerní | he discernido | había discernido |
| 2. discerniste | has discernido | habías discernido |
| 3. discirnió | ha discernido | había discernido |
| 1. discernimos | hemos discernido | habíamos discernido |
| 2. discernisteis | habéis discernido | habíais discernido |
| 3. discirnieron | han discernido | habían discernido |

| PAST ANTERIOR | FUTURE PERFECT |
|---|---|
| hube discernido etc | habré discernido etc |

## *CONDITIONAL*

*IMPERATIVE*

| PRESENT | PAST | |
|---|---|---|
| 1. discerniría | habría discernido | |
| 2. discernirías | habrías discernido | |
| 3. discerniría | habría discernido | (tú) discierne |
| 1. discerniríamos | habríamos discernido | (Vd) discierna |
| 2. discerniríais | habríais discernido | (nosotros) discirnamos |
| 3. discernirían | habrían discernido | (vosotros) discernid |
| | | (Vds) disciernan |

## *SUBJUNCTIVE*

| PRESENT | IMPERFECT | PLUPERFECT |
|---|---|---|
| 1. discierna | discirn-iera/iese | hubiera discernido |
| 2. disciernas | discirn-ieras/ieses | hubieras discernido |
| 3. discierna | discirn-iera/iese | hubiera discernido |
| 1. discirnamos | discirn-iéramos/iésemos | hubiéramos discernido |
| 2. discirnáis | discirn-ierais/ieseis | hubierais discernido |
| 3. disciernan | discirn-ieran/iesen | hubieran discernido |

**PERFECT**   haya discernido etc

| *INFINITIVE* | *PARTICIPLE* |
|---|---|
| **PRESENT** | **PRESENT** |
| discernir | discirniendo |
| **PAST** | **PAST** |
| haber discernido | discernido |

# 78

## DISTINGUIR
to distinguish

| PRESENT | IMPERFECT | FUTURE |
|---|---|---|
| 1. distingo | distinguía | distinguiré |
| 2. distingues | distinguías | distinguirás |
| 3. distingue | distinguía | distinguirá |
| 1. distinguimos | distinguíamos | distinguiremos |
| 2. distinguís | distinguíais | distinguiréis |
| 3. distinguen | distinguían | distinguirán |

| PAST HISTORIC | PERFECT | PLUPERFECT |
|---|---|---|
| 1. distinguí | he distinguido | había distinguido |
| 2. distinguiste | has distinguido | habías distinguido |
| 3. distinguió | ha distinguido | había distinguido |
| 1. distinguimos | hemos distinguido | habíamos distinguido |
| 2. distinguisteis | habéis distinguido | habíais distinguido |
| 3. distinguieron | han distinguido | habían distinguido |

| PAST ANTERIOR | FUTURE PERFECT |
|---|---|
| hube distinguido etc | habré distinguido etc |

| *CONDITIONAL* | | *IMPERATIVE* |
|---|---|---|
| **PRESENT** | **PAST** | |
| 1. distinguiría | habría distinguido | |
| 2. distinguirías | habrías distinguido | (tú) distingue |
| 3. distinguiría | habría distinguido | (Vd) distinga |
| 1. distinguiríamos | habríamos distinguido | (nosotros) distingamos |
| 2. distinguiríais | habríais distinguido | (vosotros) distinguid |
| 3. distinguirían | habrían distinguido | (Vds) distingan |

## *SUBJUNCTIVE*

| PRESENT | IMPERFECT | PLUPERFECT |
|---|---|---|
| 1. distinga | distingu-iera/iese | hubiera distinguido |
| 2. distingas | distingu-ieras/ieses | hubieras distinguido |
| 3. distinga | distingu-iera/iese | hubiera distinguido |
| 1. distingamos | distingu-iéramos/iésemos | hubiéramos distinguido |
| 2. distingáis | distingu-ierais/ieseis | hubierais distinguido |
| 3. distingan | distingu-ieran/iesen | hubieran distinguido |

**PERFECT**   haya distinguido etc

| *INFINITIVE* | *PARTICIPLE* |
|---|---|
| **PRESENT** | **PRESENT** |
| distinguir | distinguiendo |
| **PAST** | **PAST** |
| haber distinguido | distinguido |

# DIVERTIRSE
to have a good time

| PRESENT | IMPERFECT | FUTURE |
|---|---|---|
| 1. me divierto | me divertía | me divertiré |
| 2. te diviertes | te divertías | te divertirás |
| 3. se divierte | se divertía | se divertirá |
| 1. nos divertimos | nos divertíamos | nos divertiremos |
| 2. os divertís | os divertíais | os divertiréis |
| 3. se divierten | se divertían | se divertirán |

| PAST HISTORIC | PERFECT | PLUPERFECT |
|---|---|---|
| 1. me divertí | me he divertido | me había divertido |
| 2. te divertiste | te has divertido | te habías divertido |
| 3. se divirtió | se ha divertido | se había divertido |
| 1. nos divertimos | nos hemos divertido | nos habíamos divertido |
| 2. os divertisteis | os habéis divertido | os habíais divertido |
| 3. se divirtieron | se han divertido | se habían divertido |

| PAST ANTERIOR | FUTURE PERFECT |
|---|---|
| me hube divertido etc | me habré divertido etc |

## CONDITIONAL

| PRESENT | PAST |
|---|---|
| 1. me divertiría | me habría divertido |
| 2. te divertirías | te habrías divertido |
| 3. se divertiría | se habría divertido |
| 1. nos divertiríamos | nos habríamos divertido |
| 2. os divertiríais | os habríais divertido |
| 3. se divertirían | se habrían divertido |

## IMPERATIVE

(tú) diviértete
(Vd) diviértase
(nosotros) divirtámonos
(vosotros) divertíos
(Vds) diviértanse

## SUBJUNCTIVE

| PRESENT | IMPERFECT | PLUPERFECT |
|---|---|---|
| 1. me divierta | me divirt-iera/iese | me hubiera divertido |
| 2. te diviertas | te divirt-ieras/ieses | te hubieras divertido |
| 3. se divierta | se divirt-iera/iese | se hubiera divertido |
| 1. nos divirtamos | nos divirt-iéramos/iésemos | nos hubiéramos divertido |
| 2. os divirtáis | os divirt-ierais/ieseis | os hubierais divertido |
| 3. se diviertan | se divirt-ieran/iesen | se hubieran divertido |

| PERFECT | me haya divertido etc |
|---|---|

| INFINITIVE | PARTICIPLE |
|---|---|
| **PRESENT** | **PRESENT** |
| divertirse | divirtiéndose |
| **PAST** | **PAST** |
| haberse divertido | divertido |

# 80

## DOLER
to hurt, to grieve

| PRESENT | IMPERFECT | FUTURE |
|---|---|---|
| 1. duelo | dolía | doleré |
| 2. dueles | dolías | dolerás |
| 3. duele | dolía | dolerá |
| 1. dolemos | dolíamos | doleremos |
| 2. doléis | dolíais | doleréis |
| 3. duelen | dolían | dolerán |

| PAST HISTORIC | PERFECT | PLUPERFECT |
|---|---|---|
| 1. dolí | he dolido | había dolido |
| 2. doliste | has dolido | habías dolido |
| 3. dolió | ha dolido | había dolido |
| 1. dolimos | hemos dolido | habíamos dolido |
| 2. dolisteis | habéis dolido | habíais dolido |
| 3. dolieron | han dolido | habían dolido |

| PAST ANTERIOR | FUTURE PERFECT |
|---|---|
| hube dolido etc | habré dolido etc |

| *CONDITIONAL* | | *IMPERATIVE* |
|---|---|---|
| PRESENT | PAST | |
| 1. dolería | habría dolido | |
| 2. dolerías | habrías dolido | (tú) duele |
| 3. dolería | habría dolido | (Vd) duela |
| 1. doleríamos | habríamos dolido | (nosotros) dolamos |
| 2. doleríais | habríais dolido | (vosotros) doled |
| 3. dolerían | habrían dolido | (Vds) duelan |

| *SUBJUNCTIVE* | | |
|---|---|---|
| PRESENT | IMPERFECT | PLUPERFECT |
| 1. duela | dol-iera/iese | hubiera dolido |
| 2. duelas | dol-ieras/ieses | hubieras dolido |
| 3. duela | dol-iera/iese | hubiera dolido |
| 1. dolamos | dol-iéramos/iésemos | hubiéramos dolido |
| 2. doláis | dol-ierais/ieseis | hubicrais dolido |
| 3. duelan | dol-ieran/iesen | hubieran dolido |

PERFECT    haya dolido etc

| *INFINITIVE* | *PARTICIPLE* | NOTE |
|---|---|---|
| PRESENT | PRESENT | In the sense of 'hurt' only |
| doler | doliendo | 3rd person sing. is used. |
| | | In the sense of 'grieve' this |
| PAST | PAST | verb is normally reflexive. |
| haber dolido | dolido | |

# DORMIR
to sleep

| PRESENT | IMPERFECT | FUTURE |
|---|---|---|
| 1. duermo | dormía | dormiré |
| 2. duermes | dormías | dormirás |
| 3. duerme | dormía | dormirá |
| 1. dormimos | dormíamos | dormiremos |
| 2. dormís | dormíais | dormiréis |
| 3. duermen | dormían | dormirán |

| PAST HISTORIC | PERFECT | PLUPERFECT |
|---|---|---|
| 1. dormí | he dormido | había dormido |
| 2. dormiste | has dormido | habías dormido |
| 3. durmió | ha dormido | había dormido |
| 1. dormimos | hemos dormido | habíamos dormido |
| 2. dormisteis | habéis dormido | habíais dormido |
| 3. durmieron | han dormido | habían dormido |

| PAST ANTERIOR | FUTURE PERFECT |
|---|---|
| hube dormido etc | habré dormido etc |

| *CONDITIONAL* | | *IMPERATIVE* |
|---|---|---|
| **PRESENT** | **PAST** | |
| 1. dormiría | habría dormido | |
| 2. dormirías | habrías dormido | (tú) duerme |
| 3. dormiría | habría dormido | (Vd) duerma |
| 1. dormiríamos | habríamos dormido | (nosotros) durmamos |
| 2. dormiríais | habríais dormido | (vosotros) dormid |
| 3. dormirían | habrían dormido | (Vds) duerman |

| *SUBJUNCTIVE* | | |
|---|---|---|
| **PRESENT** | **IMPERFECT** | **PLUPERFECT** |
| 1. duerma | durm-iera/iese | hubiera dormido |
| 2. duermas | durm-ieras/ieses | hubieras dormido |
| 3. duerma | durm-iera/iese | hubiera dormido |
| 1. durmamos | durm-iéramos/iésemos | hubiéramos dormido |
| 2. durmáis | durm-ierais/ieseis | hubierais dormido |
| 3. duerman | durm-ieran/iesen | hubieran dormido |

| PERFECT | haya dormido etc |
|---|---|

| *INFINITIVE* | *PARTICIPLE* |
|---|---|
| **PRESENT** | **PRESENT** |
| dormir | durmiendo |
| **PAST** | **PAST** |
| haber dormido | dormido |

# 82

**EDUCAR**
to educate

| **PRESENT** | **IMPERFECT** | **FUTURE** |
|---|---|---|
| 1. educo | educaba | educaré |
| 2. educas | educabas | educarás |
| 3. educa | educaba | educará |
| 1. educamos | educábamos | educaremos |
| 2. educáis | educabais | educaréis |
| 3. educan | educaban | educarán |

| **PAST HISTORIC** | **PERFECT** | **PLUPERFECT** |
|---|---|---|
| 1. eduqué | he educado | había educado |
| 2. educaste | has educado | habías educado |
| 3. educó | ha educado | había educado |
| 1. educamos | hemos educado | habíamos educado |
| 2. educasteis | habéis educado | habíais educado |
| 3. educaron | han educado | habían educado |

| **PAST ANTERIOR** | **FUTURE PERFECT** |
|---|---|
| hube educado etc | habré educado etc |

| *CONDITIONAL* | | *IMPERATIVE* |
|---|---|---|
| **PRESENT** | **PAST** | |
| 1. educaría | habría educado | |
| 2. educarías | habrías educado | (tú) educa |
| 3. educaría | habría educado | (Vd) eduque |
| 1. educaríamos | habríamos educado | (nosotros) eduquemos |
| 2. educaríais | habríais educado | (vosotros) educad |
| 3. educarían | habrían educado | (Vds) eduquen |

| *SUBJUNCTIVE* | | |
|---|---|---|
| **PRESENT** | **IMPERFECT** | **PLUPERFECT** |
| 1. eduque | educ-ara/ase | hubiera educado |
| 2. eduques | educ-aras/ases | hubieras educado |
| 3. eduque | educ-ara/ase | hubiera educado |
| 1. eduquemos | educ-áramos/ásemos | hubiéramos educado |
| 2. eduquéis | educ-arais/aseis | hubierais educado |
| 3. eduquen | educ-aran/asen | hubieran educado |

**PERFECT** haya educado etc

| *INFINITIVE* | *PARTICIPLE* |
|---|---|
| **PRESENT** | **PRESENT** |
| educar | educando |
| **PAST** | **PAST** |
| haber educado | educado |

to choose

| PRESENT | IMPERFECT | FUTURE |
|---|---|---|
| 1. elijo | elegía | elegiré |
| 2. eliges | elegías | elegirás |
| 3. elige | elegía | elegirá |
| 1. elegimos | elegíamos | elegiremos |
| 2. elegís | elegíais | elegiréis |
| 3. eligen | elegían | elegirán |

| PAST HISTORIC | PERFECT | PLUPERFECT |
|---|---|---|
| 1. elegí | he elegido | había elegido |
| 2. elegiste | has elegido | habías elegido |
| 3. eligió | ha elegido | había elegido |
| 1. elegimos | hemos elegido | habíamos elegido |
| 2. elegisteis | habéis elegido | habíais elegido |
| 3. eligieron | han elegido | habían elegido |

| PAST ANTERIOR | FUTURE PERFECT |
|---|---|
| hube elegido etc | habré elegido etc |

| *CONDITIONAL* | | *IMPERATIVE* |
|---|---|---|
| PRESENT | PAST | |
| 1. elegiría | habría elegido | |
| 2. elegirías | habrías elegido | (tú) elige |
| 3. elegiría | habría elegido | (Vd) elija |
| 1. elegiríamos | habríamos elegido | (nosotros) elijamos |
| 2. elegiríais | habríais elegido | (vosotros) elegid |
| 3. elegirían | habrían elegido | (Vds) elijan |

| *SUBJUNCTIVE* | | |
|---|---|---|
| PRESENT | IMPERFECT | PLUPERFECT |
| 1. elija | elig-iera/iese | hubiera elegido |
| 2. elijas | elig-ieras/ieses | hubieras elegido |
| 3. elija | elig-iera/iese | hubiera elegido |
| 1. elijamos | elig-iéramos/iésemos | hubiéramos elegido |
| 2. elijáis | elig-ierais/ieseis | hubierais elegido |
| 3. elijan | elig-ieran/iesen | hubieran elegido |

PERFECT    haya elegido etc

| *INFINITIVE* | *PARTICIPLE* |
|---|---|
| PRESENT | PRESENT |
| elegir | eligiendo |
| PAST | PAST |
| haber elegido | elegido |

# EMBARCAR
to embark

| PRESENT | IMPERFECT | FUTURE |
|---|---|---|
| 1. embarco | embarcaba | embarcaré |
| 2. embarcas | embarcabas | embarcarás |
| 3. embarca | embarcaba | embarcará |
| 1. embarcamos | embarcábamos | embarcaremos |
| 2. embarcáis | embarcabais | embarcaréis |
| 3. embarcan | embarcaban | embarcarán |

| PAST HISTORIC | PERFECT | PLUPERFECT |
|---|---|---|
| 1. embarqué | he embarcado | había embarcado |
| 2. embarcaste | has embarcado | habías embarcado |
| 3. embarcó | ha embarcado | había embarcado |
| 1. embarcamos | hemos embarcado | habíamos embarcado |
| 2. embarcasteis | habéis embarcado | habíais embarcado |
| 3. embarcaron | han embarcado | habían embarcado |

| PAST ANTERIOR | FUTURE PERFECT |
|---|---|
| hube embarcado etc | habré embarcado etc |

## CONDITIONAL

| PRESENT | PAST | IMPERATIVE |
|---|---|---|
| 1. embarcaría | habría embarcado | |
| 2. embarcarías | habrías embarcado | (tú) embarca |
| 3. embarcaría | habría embarcado | (Vd) embarque |
| 1. embarcaríamos | habríamos embarcado | (nosotros) embarquemos |
| 2. embarcaríais | habríais embarcado | (vosotros) embarcad |
| 3. embarcarían | habrían embarcado | (Vds) embarquen |

## SUBJUNCTIVE

| PRESENT | IMPERFECT | PLUPERFECT |
|---|---|---|
| 1. embarque | embarc-ara/ase | hubiera embarcado |
| 2. embarques | embarc-aras/ases | hubieras embarcado |
| 3. embarque | embarc-ara/ase | hubiera embarcado |
| 1. embarquemos | embarc-áramos/ásemos | hubiéramos embarcado |
| 2. embarquéis | embarc-arais/aseis | hubierais embarcado |
| 3. embarquen | embarc-aran/asen | hubieran embarcado |

PERFECT   haya embarcado etc

| INFINITIVE | PARTICIPLE |
|---|---|
| PRESENT | PRESENT |
| embarcar | embarcando |
| PAST | PAST |
| haber embarcado | embarcado |

# EMPEZAR
to start

| PRESENT | IMPERFECT | FUTURE |
|---|---|---|
| 1. empiezo | empezaba | empezaré |
| 2. empiezas | empezabas | empezarás |
| 3. empieza | empezaba | empezará |
| 1. empezamos | empezábamos | empezaremos |
| 2. empezáis | empezabais | empezaréis |
| 3. empiezan | empezaban | empezarán |

| PAST HISTORIC | PERFECT | PLUPERFECT |
|---|---|---|
| 1. empecé | he empezado | había empezado |
| 2. empezaste | has empezado | habías empezado |
| 3. empezó | ha empezado | había empezado |
| 1. empezamos | hemos empezado | habíamos empezado |
| 2. empezasteis | habéis empezado | habíais empezado |
| 3. empezaron | han empezado | habían empezado |

| PAST ANTERIOR | FUTURE PERFECT |
|---|---|
| hube empezado etc | habré empezado etc |

## CONDITIONAL

| PRESENT | PAST | IMPERATIVE |
|---|---|---|
| 1. empezaría | habría empezado | |
| 2. empezarías | habrías empezado | (tú) empieza |
| 3. empezaría | habría empezado | (Vd) empiece |
| 1. empezaríamos | habríamos empezado | (nosotros) empecemos |
| 2. empezaríais | habríais empezado | (vosotros) empezad |
| 3. empezarían | habrían empezado | (Vds) empiecen |

## SUBJUNCTIVE

| PRESENT | IMPERFECT | PLUPERFECT |
|---|---|---|
| 1. empiece | empez-ara/ase | hubiera empezado |
| 2. empieces | empez-aras/ases | hubieras empezado |
| 3. empiece | empez-ara/ase | hubiera empezado |
| 1. empecemos | empez-áramos/ásemos | hubiéramos empezado |
| 2. empecéis | empez-arais/aseis | hubierais empezado |
| 3. empiecen | empez-aran/asen | hubieran empezado |

PERFECT   haya empezado etc

## INFINITIVE / PARTICIPLE

| INFINITIVE | PARTICIPLE |
|---|---|
| **PRESENT** | **PRESENT** |
| empezar | empezando |
| **PAST** | **PAST** |
| haber empezado | empezado |

# 86 EMPUJAR
to push

| PRESENT | IMPERFECT | FUTURE |
|---|---|---|
| 1. empujo | empujaba | empujaré |
| 2. empujas | empujabas | empujarás |
| 3. empuja | empujaba | empujará |
| 1. empujamos | empujábamos | empujaremos |
| 2. empujáis | empujabais | empujaréis |
| 3. empujan | empujaban | empujarán |

| PAST HISTORIC | PERFECT | PLUPERFECT |
|---|---|---|
| 1. empujé | he empujado | había empujado |
| 2. empujaste | has empujado | habías empujado |
| 3. empujó | ha empujado | había empujado |
| 1. empujamos | hemos empujado | habíamos empujado |
| 2. empujasteis | habéis empujado | habíais empujado |
| 3. empujaron | han empujado | habían empujado |

| PAST ANTERIOR | FUTURE PERFECT |
|---|---|
| hube empujado etc | habré empujado etc |

## CONDITIONAL

| PRESENT | PAST | IMPERATIVE |
|---|---|---|
| 1. empujaría | habría empujado | |
| 2. empujarías | habrías empujado | (tú) empuja |
| 3. empujaría | habría empujado | (Vd) empuje |
| 1. empujaríamos | habríamos empujado | (nosotros) empujemos |
| 2. empujaríais | habríais empujado | (vosotros) empujad |
| 3. empujarían | habrían empujado | (Vds) empujen |

## SUBJUNCTIVE

| PRESENT | IMPERFECT | PLUPERFECT |
|---|---|---|
| 1. empuje | empuj-ara/ase | hubiera empujado |
| 2. empujes | empuj-aras/ases | hubieras empujado |
| 3. empuje | empuj-ara/ase | hubiera empujado |
| 1. empujemos | empuj-áramos/ásemos | hubiéramos empujado |
| 2. empujéis | empuj-arais/aseis | hubierais empujado |
| 3. empujen | empuj-aran/asen | hubieran empujado |

PERFECT   haya empujado etc

| INFINITIVE | PARTICIPLE |
|---|---|
| PRESENT | PRESENT |
| empujar | empujando |
| PAST | PAST |
| haber empujado | empujado |

to light, to switch on **87**

| PRESENT | IMPERFECT | FUTURE |
|---|---|---|
| 1. enciendo | encendía | encenderé |
| 2. enciendes | encendías | encenderás |
| 3. enciende | encendía | encenderá |
| 1. encendemos | encendíamos | encenderemos |
| 2. encendéis | encendíais | encenderéis |
| 3. encienden | encendían | encenderán |

| PAST HISTORIC | PERFECT | PLUPERFECT |
|---|---|---|
| 1. encendí | he encendido | había encendido |
| 2. encendiste | has encendido | habías encendido |
| 3. encendió | ha encendido | había encendido |
| 1. encendimos | hemos encendido | habíamos encendido |
| 2. encendisteis | habéis encendido | habíais encendido |
| 3. encendieron | han encendido | habían encendido |

| PAST ANTERIOR | FUTURE PERFECT |
|---|---|
| hube encendido etc | habré encendido etc |

## CONDITIONAL

| PRESENT | PAST | IMPERATIVE |
|---|---|---|
| 1. encendería | habría encendido | |
| 2. encenderías | habrías encendido | (tú) enciende |
| 3. encendería | habría encendido | (Vd) encienda |
| 1. encenderíamos | habríamos encendido | (nosotros) encendamos |
| 2. encenderíais | habríais encendido | (vosotros) encended |
| 3. encenderían | habrían encendido | (Vds) enciendan |

## SUBJUNCTIVE

| PRESENT | IMPERFECT | PLUPERFECT |
|---|---|---|
| 1. encienda | encend-iera/iese | hubiera encendido |
| 2. enciendas | encend-ieras/ieses | hubieras encendido |
| 3. encienda | encend-iera/iese | hubiera encendido |
| 1. encendamos | encend-iéramos/iésemos | hubiéramos encendido |
| 2. encendáis | encend-ierais/ieseis | hubierais encendido |
| 3. enciendan | encend-ieran/iesen | hubieran encendido |

PERFECT   haya encendido etc

| INFINITIVE | PARTICIPLE |
|---|---|
| PRESENT | PRESENT |
| encender | encendiendo |
| PAST | PAST |
| haber encendido | encendido |

# ENCONTRAR
to find

| PRESENT | IMPERFECT | FUTURE |
|---|---|---|
| 1. encuentro | encontraba | encontraré |
| 2. encuentras | encontrabas | encontrarás |
| 3. encuentra | encontraba | encontrará |
| 1. encontramos | encontrábamos | encontraremos |
| 2. encontráis | encontrabais | encontraréis |
| 3. encuentran | encontraban | encontrarán |

| PAST HISTORIC | PERFECT | PLUPERFECT |
|---|---|---|
| 1. encontré | he encontrado | había encontrado |
| 2. encontraste | has encontrado | habías encontrado |
| 3. encontró | ha encontrado | había encontrado |
| 1. encontramos | hemos encontrado | habíamos encontrado |
| 2. encontrasteis | habéis encontrado | habíais encontrado |
| 3. encontraron | han encontrado | habían encontrado |

| PAST ANTERIOR | FUTURE PERFECT |
|---|---|
| hube encontrado etc | habré encontrado etc |

## CONDITIONAL

| PRESENT | PAST | IMPERATIVE |
|---|---|---|
| 1. encontraría | habría encontrado | |
| 2. encontrarías | habrías encontrado | (tú) encuentra |
| 3. encontraría | habría encontrado | (Vd) encuentre |
| 1. encontraríamos | habríamos encontrado | (nosotros) encontremos |
| 2. encontraríais | habríais encontrado | (vosotros) encontrad |
| 3. encontrarían | habrían encontrado | (Vds) encuentren |

## SUBJUNCTIVE

| PRESENT | IMPERFECT | PLUPERFECT |
|---|---|---|
| 1. encuentre | encontr-ara/ase | hubiera encontrado |
| 2. encuentres | encontr-aras/ases | hubieras encontrado |
| 3. encuentre | encontr-ara/ase | hubiera encontrado |
| 1. encontremos | encontr-áramos/ásemos | hubiéramos encontrado |
| 2. encontréis | encontr-arais/aseis | hubierais encontrado |
| 3. encuentren | encontr-aran/asen | hubieran encontrado |

PERFECT   haya encontrado etc

| INFINITIVE | PARTICIPLE |
|---|---|
| PRESENT | PRESENT |
| encontrar | encontrando |
| PAST | PAST |
| haber encontrado | encontrado |

# ENFRIAR
to cool (down)

**89**

| PRESENT | IMPERFECT | FUTURE |
|---|---|---|
| 1. enfrío | enfriaba | enfriaré |
| 2. enfrías | enfriabas | enfriarás |
| 3. enfría | enfriaba | enfriará |
| 1. enfriamos | enfriábamos | enfriaremos |
| 2. enfriáis | enfriabais | enfriaréis |
| 3. enfrían | enfriaban | enfriarán |

| PAST HISTORIC | PERFECT | PLUPERFECT |
|---|---|---|
| 1. enfrié | he enfriado | había enfriado |
| 2. enfriaste | has enfriado | habías enfriado |
| 3. enfrió | ha enfriado | había enfriado |
| 1. enfriamos | hemos enfriado | habíamos enfriado |
| 2. enfriasteis | habéis enfriado | habíais enfriado |
| 3. enfriaron | han enfriado | habían enfriado |

| PAST ANTERIOR | FUTURE PERFECT |
|---|---|
| hube enfriado etc | habré enfriado etc |

## CONDITIONAL

| PRESENT | PAST | IMPERATIVE |
|---|---|---|
| 1. enfriaría | habría enfriado | |
| 2. enfriarías | habrías enfriado | (tú) enfría |
| 3. enfriaría | habría enfriado | (Vd) enfríe |
| 1. enfriaríamos | habríamos enfriado | (nosotros) enfriemos |
| 2. enfriaríais | habríais enfriado | (vosotros) enfriad |
| 3. enfriarían | habrían enfriado | (Vds) enfríen |

## SUBJUNCTIVE

| PRESENT | IMPERFECT | PLUPERFECT |
|---|---|---|
| 1. enfríe | enfri-ara/ase | hubiera enfriado |
| 2. enfríes | enfri-aras/ases | hubieras enfriado |
| 3. enfríe | enfri-ara/ase | hubiera enfriado |
| 1. enfriemos | enfri-áramos/ásemos | hubiéramos enfriado |
| 2. enfriéis | enfri-arais/aseis | hubierais enfriado |
| 3. enfríen | enfri-aran/asen | hubieran enfriado |

PERFECT   haya enfriado etc

| INFINITIVE | PARTICIPLE |
|---|---|
| **PRESENT** | **PRESENT** |
| enfriar | enfriando |
| **PAST** | **PAST** |
| haber enfriado | enfriado |

# ENFURECERSE
to become furious

| PRESENT | IMPERFECT | FUTURE |
|---|---|---|
| 1. me enfurezco | me enfurecía | me enfureceré |
| 2. te enfureces | te enfurecías | te enfurecerás |
| 3. se enfurece | se enfurecía | se enfurecerá |
| 1. nos enfurecemos | nos enfurecíamos | nos enfureceremos |
| 2. os enfurecéis | os enfurecíais | os enfureceréis |
| 3. se enfurecen | se enfurecían | se enfurecerán |

| PAST HISTORIC | PERFECT | PLUPERFECT |
|---|---|---|
| 1. me enfurecí | me he enfurecido | me había enfurecido |
| 2. te enfureciste | te has enfurecido | te habías enfurecido |
| 3. se enfureció | se ha enfurecido | se había enfurecido |
| 1. nos enfurecimos | nos hemos enfurecido | nos habíamos enfurecido |
| 2. os enfurecisteis | os habéis enfurecido | os habíais enfurecido |
| 3. se enfurecieron | se han enfurecido | se habían enfurecido |

| PAST ANTERIOR | | FUTURE PERFECT |
|---|---|---|
| me hube enfurecido etc | | me habré enfurecido etc |

## CONDITIONAL

| PRESENT | PAST | IMPERATIVE |
|---|---|---|
| 1. me enfurecería | me habría enfurecido | |
| 2. te enfurecerías | te habrías enfurecido | |
| 3. se enfurecería | se habría enfurecido | (tú) enfurécete |
| 1. nos enfureceríamos | nos habríamos enfurecido | (Vd) enfurézcase |
| 2. os enfureceríais | os habríais enfurecido | (nosotros) enfurezcámonos |
| 3. se enfurecerían | se habrían enfurecido | (vosotros) enfureceos |
| | | (Vds) enfurézcanse |

## SUBJUNCTIVE

| PRESENT | IMPERFECT | PLUPERFECT |
|---|---|---|
| 1. me enfurezca | me enfurec-iera/iese | me hubiera enfurecido |
| 2. te enfurezcas | te enfurec-ieras/ieses | te hubieras enfurecido |
| 3. se enfurezca | se enfurec-iera/iese | se hubiera enfurecido |
| 1. nos enfurezcamos | nos enfurec-iéramos/iésemos | nos hubiéramos enfurecido |
| 2. os enfurezcáis | os enfurec-ierais/ieseis | os hubierais enfurecido |
| 3. se enfurezcan | se enfurec-ieran/iesen | se hubieran enfurecido |

**PERFECT**  me haya enfurecido etc

| INFINITIVE | PARTICIPLE |
|---|---|
| **PRESENT** | **PRESENT** |
| enfurecerse | enfureciéndose |
| **PAST** | **PAST** |
| haberse enfurecido | enfurecido |

to go silent

| PRESENT | IMPERFECT | FUTURE |
|---|---|---|
| 1. enmudezco | enmudecía | enmudeceré |
| 2. enmudeces | enmudecías | enmudecerás |
| 3. enmudece | enmudecía | enmudecerá |
| 1. enmudecemos | enmudecíamos | enmudeceremos |
| 2. enmudecéis | enmudecíais | enmudeceréis |
| 3. enmudecen | enmudecían | enmudecerán |

| PAST HISTORIC | PERFECT | PLUPERFECT |
|---|---|---|
| 1. enmudecí | he enmudecido | había enmudecido |
| 2. enmudeciste | has enmudecido | habías enmudecido |
| 3. enmudeció | ha enmudecido | había enmudecido |
| 1. enmudecimos | hemos enmudecido | habíamos enmudecido |
| 2. enmudecisteis | habéis enmudecido | habíais enmudecido |
| 3. enmudecieron | han enmudecido | habían enmudecido |

| PAST ANTERIOR | FUTURE PERFECT |
|---|---|
| hube enmudecido etc | habré enmudecido etc |

| *CONDITIONAL* | | *IMPERATIVE* |
|---|---|---|
| **PRESENT** | **PAST** | |
| 1. enmudecería | habría enmudecido | |
| 2. enmudecerías | habrías enmudecido | (tú) enmudece |
| 3. enmudecería | habría enmudecido | (Vd) enmudezca |
| 1. enmudeceríamos | habríamos enmudecido | (nosotros) enmudezcamos |
| 2. enmudeceríais | habríais enmudecido | (vosotros) enmudeced |
| 3. enmudecerían | habrían enmudecido | (Vds) enmudezcan |

### *SUBJUNCTIVE*

| PRESENT | IMPERFECT | PLUPERFECT |
|---|---|---|
| 1. enmudezca | enmudec-iera/iese | hubiera enmudecido |
| 2. enmudezcas | enmudec-ieras/ieses | hubieras enmudecido |
| 3. enmudezca | enmudec-iera/iese | hubiera enmudecido |
| 1. enmudezcamos | enmudec-iéramos/iésemos | hubiéramos enmudecido |
| 2. enmudezcáis | enmudec-ierais/ieseis | hubierais enmudecido |
| 3. enmudezcan | enmudec-ieran/iesen | hubieran enmudecido |

| PERFECT | haya enmudecido etc |
|---|---|

| *INFINITIVE* | *PARTICIPLE* |
|---|---|
| **PRESENT** | **PRESENT** |
| enmudecer | enmudeciendo |
| **PAST** | **PAST** |
| haber enmudecido | enmudecido |

# ENRAIZAR
to take root

| **PRESENT** | **IMPERFECT** | **FUTURE** |
|---|---|---|
| 1. enraízo | enraizaba | enraizaré |
| 2. enraízas | enraizabas | enraizarás |
| 3. enraíza | enraizaba | enraizará |
| 1. enraizamos | enraizábamos | enraizaremos |
| 2. enraizáis | enraizabais | enraizaréis |
| 3. enraízan | enraizaban | enraizarán |

| **PAST HISTORIC** | **PERFECT** | **PLUPERFECT** |
|---|---|---|
| 1. enraicé | he enraizado | había enraizado |
| 2. enraizaste | has enraizado | habías enraizado |
| 3. enraizó | ha enraizado | había enraizado |
| 1. enraizamos | hemos enraizado | habíamos enraizado |
| 2. enraizasteis | habéis enraizado | habíais enraizado |
| 3. enraizaron | han enraizado | habían enraizado |

| **PAST ANTERIOR** | | **FUTURE PERFECT** |
|---|---|---|
| hube enraizado etc | | habré enraizado etc |

| *CONDITIONAL* | | *IMPERATIVE* |
|---|---|---|
| **PRESENT** | **PAST** | |
| 1. enraizaría | habría enraizado | |
| 2. enraizarías | habrías enraizado | (tú) enraíza |
| 3. enraizaría | habría enraizado | (Vd) enraíce |
| 1. enraizaríamos | habríamos enraizado | (nosotros) enraicemos |
| 2. enraizaríais | habríais enraizado | (vosotros) enraizad |
| 3. enraizarían | habrían enraizado | (Vds) enraícen |

| *SUBJUNCTIVE* | | |
|---|---|---|
| **PRESENT** | **IMPERFECT** | **PLUPERFECT** |
| 1. enraíce | enraiz-ara/ase | hubiera enraizado |
| 2. enraíces | enraiz-aras/ases | hubieras enraizado |
| 3. enraíce | enraiz-ara/ase | hubiera enraizado |
| 1. enraicemos | enraiz-áramos/ásemos | hubiéramos enraizado |
| 2. enraicéis | enraiz-arais/aseis | hubierais enraizado |
| 3. enraícen | enraiz-aran/asen | hubieran enraizado |

| **PERFECT** | haya enraizado etc | |
|---|---|---|

| *INFINITIVE* | *PARTICIPLE* |
|---|---|
| **PRESENT** | **PRESENT** |
| enraizar | enraizando |
| **PAST** | **PAST** |
| haber enraizado | enraizado |

# ENTENDER
to understand

| PRESENT | IMPERFECT | FUTURE |
|---|---|---|
| 1. entiendo | entendía | entenderé |
| 2. entiendes | entendías | entenderás |
| 3. entiende | entendía | entenderá |
| 1. entendemos | entendíamos | entenderemos |
| 2. entendéis | entendíais | entenderéis |
| 3. entienden | entendían | entenderán |

| PAST HISTORIC | PERFECT | PLUPERFECT |
|---|---|---|
| 1. entendí | he entendido | había entendido |
| 2. entendiste | has entendido | habías entendido |
| 3. entendió | ha entendido | había entendido |
| 1. entendimos | hemos entendido | habíamos entendido |
| 2. entendisteis | habéis entendido | habíais entendido |
| 3. entendieron | han entendido | habían entendido |

| PAST ANTERIOR | FUTURE PERFECT |
|---|---|
| hube entendido etc | habré entendido etc |

| *CONDITIONAL* | | *IMPERATIVE* |
|---|---|---|
| **PRESENT** | **PAST** | |
| 1. entendería | habría entendido | |
| 2. entenderías | habrías entendido | (tú) entiende |
| 3. entendería | habría entendido | (Vd) entienda |
| 1. entenderíamos | habríamos entendido | (nosotros) entendamos |
| 2. entenderíais | habríais entendido | (vosotros) entended |
| 3. entenderían | habrían entendido | (Vds) entiendan |

## *SUBJUNCTIVE*

| PRESENT | IMPERFECT | PLUPERFECT |
|---|---|---|
| 1. entienda | entend-iera/iese | hubiera entendido |
| 2. entiendas | entend-ieras/ieses | hubieras entendido |
| 3. entienda | entend-iera/iese | hubiera entendido |
| 1. entendamos | entend-iéramos/iésemos | hubiéramos entendido |
| 2. entendáis | entend-ierais/ieseis | hubierais entendido |
| 3. entiendan | entend-ieran/iesen | hubieran entendido |

**PERFECT**  haya entendido etc

| *INFINITIVE* | *PARTICIPLE* |
|---|---|
| **PRESENT** | **PRESENT** |
| entender | entendiendo |
| **PAST** | **PAST** |
| haber entendido | entendido |

# ENTRAR
to come in, to enter

| PRESENT | IMPERFECT | FUTURE |
|---|---|---|
| 1. entro | entraba | entraré |
| 2. entras | entrabas | entrarás |
| 3. entra | entraba | entrará |
| 1. entramos | entrábamos | entraremos |
| 2. entráis | entrabais | entraréis |
| 3. entran | entraban | entrarán |

| PAST HISTORIC | PERFECT | PLUPERFECT |
|---|---|---|
| 1. entré | he entrado | había entrado |
| 2. entraste | has entrado | habías entrado |
| 3. entró | ha entrado | había entrado |
| 1. entramos | hemos entrado | habíamos entrado |
| 2. entrasteis | habéis entrado | habíais entrado |
| 3. entraron | han entrado | habían entrado |

| PAST ANTERIOR | FUTURE PERFECT |
|---|---|
| hube entrado etc | habré entrado etc |

## CONDITIONAL

| PRESENT | PAST | IMPERATIVE |
|---|---|---|
| 1. entraría | habría entrado | |
| 2. entrarías | habrías entrado | (tú) entra |
| 3. entraría | habría entrado | (Vd) entre |
| 1. entraríamos | habríamos entrado | (nosotros) entremos |
| 2. entraríais | habríais entrado | (vosotros) entrad |
| 3. entrarían | habrían entrado | (Vds) entren |

## SUBJUNCTIVE

| PRESENT | IMPERFECT | PLUPERFECT |
|---|---|---|
| 1. entre | entr-ara/ase | hubiera entrado |
| 2. entres | entr-aras/ases | hubieras entrado |
| 3. entre | entr-ara/ase | hubiera entrado |
| 1. entremos | entr-áramos/ásemos | hubiéramos entrado |
| 2. entréis | entr-arais/aseis | hubierais entrado |
| 3. entren | entr-aran/asen | hubieran entrado |

PERFECT   haya entrado etc

| INFINITIVE | PARTICIPLE |
|---|---|
| **PRESENT** | **PRESENT** |
| entrar | entrando |
| **PAST** | **PAST** |
| haber entrado | entrado |

# ENVIAR
to send

**95**

| PRESENT | IMPERFECT | FUTURE |
|---|---|---|
| 1. envío | enviaba | enviaré |
| 2. envías | enviabas | enviarás |
| 3. envía | enviaba | enviará |
| 1. enviamos | enviábamos | enviaremos |
| 2. enviáis | enviabais | enviaréis |
| 3. envían | enviaban | enviarán |

| PAST HISTORIC | PERFECT | PLUPERFECT |
|---|---|---|
| 1. envié | he enviado | había enviado |
| 2. enviaste | has enviado | habías enviado |
| 3. envió | ha enviado | había enviado |
| 1. enviamos | hemos enviado | habíamos enviado |
| 2. enviasteis | habéis enviado | habíais enviado |
| 3. enviaron | han enviado | habían enviado |

| PAST ANTERIOR | FUTURE PERFECT |
|---|---|
| hube enviado etc | habré enviado etc |

| *CONDITIONAL* | | *IMPERATIVE* |
|---|---|---|
| **PRESENT** | **PAST** | |
| 1. enviaría | habría enviado | |
| 2. enviarías | habrías enviado | (tú) envía |
| 3. enviaría | habría enviado | (Vd) envíe |
| 1. enviaríamos | habríamos enviado | (nosotros) enviemos |
| 2. enviaríais | habríais enviado | (vosotros) enviad |
| 3. enviarían | habrían enviado | (Vds) envíen |

| *SUBJUNCTIVE* | | |
|---|---|---|
| **PRESENT** | **IMPERFECT** | **PLUPERFECT** |
| 1. envíe | envi-ara/ase | hubiera enviado |
| 2. envíes | envi-aras/ases | hubieras enviado |
| 3. envíe | envi-ara/ase | hubiera enviado |
| 1. enviemos | envi-áramos/ásemos | hubiéramos enviado |
| 2. enviéis | envi-arais/aseis | hubierais enviado |
| 3. envíen | envi-aran/asen | hubieran enviado |

| PERFECT | haya enviado etc |
|---|---|

| *INFINITIVE* | *PARTICIPLE* |
|---|---|
| **PRESENT** | **PRESENT** |
| enviar | enviando |
| **PAST** | **PAST** |
| haber enviado | enviado |

# EQUIVOCARSE
to make a mistake

| PRESENT | IMPERFECT | FUTURE |
|---|---|---|
| 1. me equivoco | me equivocaba | me equivocaré |
| 2. te equivocas | te equivocabas | te equivocarás |
| 3. se equivoca | se equivocaba | se equivocará |
| 1. nos equivocamos | nos equivocábamos | nos equivocaremos |
| 2. os equivocáis | os equivocabais | os equivocaréis |
| 3. se equivocan | se equivocaban | se equivocarán |

| PAST HISTORIC | PERFECT | PLUPERFECT |
|---|---|---|
| 1. me equivoqué | me he equivocado | me había equivocado |
| 2. te equivocaste | te has equivocado | te habías equivocado |
| 3. se equivocó | se ha equivocado | se había equivocado |
| 1. nos equivocamos | nos hemos equivocado | nos habíamos equivocado |
| 2. os equivocasteis | os habéis equivocado | os habíais equivocado |
| 3. se equivocaron | se han equivocado | se habían equivocado |

| PAST ANTERIOR | FUTURE PERFECT |
|---|---|
| me hube equivocado etc | me habré equivocado etc |

| *CONDITIONAL* | | *IMPERATIVE* |
|---|---|---|
| **PRESENT** | **PAST** | |
| 1. me equivocaría | me habría equivocado | |
| 2. te equivocarías | te habrías equivocado | (tú) equivócate |
| 3. se equivocaría | se habría equivocado | (Vd) equivóquese |
| 1. nos equivocaríamos | nos habríamos equivocado | (nosotros) equivoquémonos |
| 2. os equivocaríais | os habríais equivocado | (vosotros) equivocaos |
| 3. se equivocarían | se habrían equivocado | (Vds) equivóquense |

## *SUBJUNCTIVE*

| PRESENT | IMPERFECT | PLUPERFECT |
|---|---|---|
| 1. me equivoque | me equivoc-ara/ase | me hubiera equivocado |
| 2. te equivoques | te equivoc-aras/ases | te hubieras equivocado |
| 3. se equivoque | se equivoc-ara/ase | se hubiera equivocado |
| 1. nos equivoquemos | nos equivoc-áramos/ásemos | nos hubiéramos equivocado |
| 2. os equivoquéis | os equivoc-arais/aseis | os hubierais equivocado |
| 3. se equivoquen | se equivoc-aran/asen | se hubieran equivocado |

**PERFECT**   me haya equivocado etc

| *INFINITIVE* | *PARTICIPLE* |
|---|---|
| **PRESENT** | **PRESENT** |
| equivocarse | equivocándose |
| **PAST** | **PAST** |
| haberse equivocado | equivocado |

# ERGUIR
to erect

| PRESENT | IMPERFECT | FUTURE |
|---|---|---|
| 1. yergo/irgo | erguía | erguiré |
| 2. yergues/irgues | erguías | erguirás |
| 3. yergue/irgue | erguía | erguirá |
| 1. erguimos | erguíamos | erguiremos |
| 2. erguís | erguíais | erguiréis |
| 3. yerguen/irguen | erguían | erguirán |

| PAST HISTORIC | PERFECT | PLUPERFECT |
|---|---|---|
| 1. erguí | he erguido | había erguido |
| 2. erguiste | has erguido | habías erguido |
| 3. irguió | ha erguido | había erguido |
| 1. erguimos | hemos erguido | habíamos erguido |
| 2. erguisteis | habéis erguido | habíais erguido |
| 3. irguieron | han erguido | habían erguido |

| PAST ANTERIOR | FUTURE PERFECT |
|---|---|
| hube erguido etc | habré erguido etc |

| *CONDITIONAL* | | *IMPERATIVE* |
|---|---|---|
| **PRESENT** | **PAST** | |
| 1. erguiría | habría erguido | |
| 2. erguirías | habrías erguido | (tú) yergue/irgue |
| 3. erguiría | habría erguido | (Vd) yerga/irga |
| 1. erguiríamos | habríamos erguido | (nosotros) irgamos/yergamos |
| 2. erguiríais | habríais erguido | (vosotros) erguid |
| 3. erguirían | habrían erguido | (Vds) yergan/irgan |

## *SUBJUNCTIVE*

| PRESENT | IMPERFECT | PLUPERFECT |
|---|---|---|
| 1. yerga/irga | irgu-iera/iese | hubiera erguido |
| 2. yergas/irgas | irgu-ieras/ieses | hubieras erguido |
| 3. yerga/irga | irgu-iera/iese | hubiera erguido |
| 1. irgamos/yergamos | irgu-iéramos/iésemos | hubiéramos erguido |
| 2. irgáis/yergáis | irgu-ierais/ieseis | hubierais erguido |
| 3. yergan/irgan | irgu-ieran/iesen | hubieran erguido |

**PERFECT**   haya erguido etc

| *INFINITIVE* | *PARTICIPLE* | NOTE |
|---|---|---|
| **PRESENT** | **PRESENT** | The second form is not used very much. |
| erguir | irguiendo | |
| **PAST** | **PAST** | |
| haber erguido | erguido | |

**ERRAR**
to err

| PRESENT | IMPERFECT | FUTURE |
|---|---|---|
| 1. yerro | erraba | erraré |
| 2. yerras | errabas | errarás |
| 3. yerra | erraba | errará |
| 1. erramos | errábamos | erraremos |
| 2. erráis | errabais | erraréis |
| 3. yerran | erraban | errarán |

| PAST HISTORIC | PERFECT | PLUPERFECT |
|---|---|---|
| 1. erré | he errado | había errado |
| 2. erraste | has errado | habías errado |
| 3. erró | ha errado | había errado |
| 1. erramos | hemos errado | habíamos errado |
| 2. errasteis | habéis errado | habíais errado |
| 3. erraron | han errado | habían errado |

| PAST ANTERIOR | FUTURE PERFECT |
|---|---|
| hube errado etc | habré errado etc |

| *CONDITIONAL* | | *IMPERATIVE* |
|---|---|---|
| **PRESENT** | **PAST** | |
| 1. erraría | habría errado | |
| 2. errarías | habrías errado | |
| 3. erraría | habría errado | (tú) yerra |
| 1. erraríamos | habríamos errado | (Vd) yerre |
| 2. erraríais | habríais errado | (nosotros) erremos |
| 3. errarían | habrían errado | (vosotros) errad |
| | | (Vds) yerren |

| *SUBJUNCTIVE* | | |
|---|---|---|
| **PRESENT** | **IMPERFECT** | **PLUPERFECT** |
| 1. yerre | err-ara/ase | hubiera errado |
| 2. yerres | err-aras/ases | hubieras errado |
| 3. yerre | err-ara/ase | hubiera errado |
| 1. erremos | err-áramos/ásemos | hubiéramos errado |
| 2. erréis | err-arais/aseis | hubierais errado |
| 3. yerren | err-aran/asen | hubieran errado |

**PERFECT**   haya errado etc

| *INFINITIVE* | *PARTICIPLE* |
|---|---|
| **PRESENT** | **PRESENT** |
| errar | errando |
| **PAST** | **PAST** |
| haber errado | errado |

# ESCRIBIR
to write

| PRESENT | IMPERFECT | FUTURE |
|---|---|---|
| 1. escribo | escribía | escribiré |
| 2. escribes | escribías | escribirás |
| 3. escribe | escribía | escribirá |
| 1. escribimos | escribíamos | escribiremos |
| 2. escribís | escribíais | escribiréis |
| 3. escriben | escribían | escribirán |

| PAST HISTORIC | PERFECT | PLUPERFECT |
|---|---|---|
| 1. escribí | he escrito | había escrito |
| 2. escribiste | has escrito | habías escrito |
| 3. escribió | ha escrito | había escrito |
| 1. escribimos | hemos escrito | habíamos escrito |
| 2. escribisteis | habéis escrito | habíais escrito |
| 3. escribieron | han escrito | habían escrito |

| PAST ANTERIOR | FUTURE PERFECT |
|---|---|
| hube escrito etc | habré escrito etc |

| *CONDITIONAL* | | *IMPERATIVE* |
|---|---|---|
| **PRESENT** | **PAST** | |
| 1. escribiría | habría escrito | |
| 2. escribirías | habrías escrito | (tú) escribe |
| 3. escribiría | habría escrito | (Vd) escriba |
| 1. escribiríamos | habríamos escrito | (nosotros) escribamos |
| 2. escribiríais | habríais escrito | (vosotros) escribid |
| 3. escribirían | habrían escrito | (Vds) escriban |

## *SUBJUNCTIVE*

| PRESENT | IMPERFECT | PLUPERFECT |
|---|---|---|
| 1. escriba | escrib-iera/iese | hubiera escrito |
| 2. escribas | escrib-ieras/ieses | hubieras escrito |
| 3. escriba | escrib-iera/iese | hubiera escrito |
| 1. escribamos | escrib-iéramos/iésemos | hubiéramos escrito |
| 2. escribáis | escrib-ierais/ieseis | hubierais escrito |
| 3. escriban | escrib-ieran/iesen | hubieran escrito |

**PERFECT**   haya escrito etc

| *INFINITIVE* | *PARTICIPLE* |
|---|---|
| **PRESENT** | **PRESENT** |
| escribir | escribiendo |
| **PAST** | **PAST** |
| haber escrito | escrito |

# 100 ESFORZARSE
to make an effort

| PRESENT | IMPERFECT | FUTURE |
|---|---|---|
| 1. me esfuerzo | me esforzaba | me esforzaré |
| 2. te esfuerzas | te esforzabas | te esforzarás |
| 3. se esfuerza | se esforzaba | se esforzará |
| 1. nos esforzamos | nos esforzábamos | nos esforzaremos |
| 2. os esforzáis | os esforzabais | os esforzaréis |
| 3. se esfuerzan | se esforzaban | se esforzarán |

| PAST HISTORIC | PERFECT | PLUPERFECT |
|---|---|---|
| 1. me esforcé | me he esforzado | me había esforzado |
| 2. te esforzaste | te has esforzado | te habías esforzado |
| 3. se esforzó | se ha esforzado | se había esforzado |
| 1. nos esforzamos | nos hemos esforzado | nos habíamos esforzado |
| 2. os esforzasteis | os habéis esforzado | os habíais esforzado |
| 3. se esforzaron | se han esforzado | se habían esforzado |

| PAST ANTERIOR | FUTURE PERFECT |
|---|---|
| me hube esforzado etc | me habré esforzado etc |

## CONDITIONAL

| PRESENT | PAST | IMPERATIVE |
|---|---|---|
| 1. me esforzaría | me habría esforzado | |
| 2. te esforzarías | te habrías esforzado | (tú) esfuérzate |
| 3. se esforzaría | se habría esforzado | (Vd) esfuércese |
| 1. nos esforzaríamos | nos habríamos esforzado | (nosotros) esforcémonos |
| 2. os esforzaríais | os habríais esforzado | (vosotros) esforzaos |
| 3. se esforzarían | se habrían esforzado | (Vds) esfuércense |

## SUBJUNCTIVE

| PRESENT | IMPERFECT | PLUPERFECT |
|---|---|---|
| 1. me esfuerce | me esforz-ara/ase | me hubiera esforzado |
| 2. te esfuerces | te esforz-aras/ases | te hubieras esforzado |
| 3. se esfuerce | se esforz-ara/ase | se hubiera esforzado |
| 1. nos esforcemos | nos esforz-áramos/ásemos | nos hubiéramos esforzado |
| 2. os esforcéis | os esforz-arais/aseis | os hubierais esforzado |
| 3. se esfuercen | se esforz-aran/asen | se hubieran esforzado |

PERFECT   me haya esforzado etc

| INFINITIVE | PARTICIPLE |
|---|---|
| PRESENT | PRESENT |
| esforzarse | esforzándose |
| PAST | PAST |
| haberse esforzado | esforzado |

# ESPERAR
to wait, to hope

| PRESENT | IMPERFECT | FUTURE |
|---|---|---|
| 1. espero | esperaba | esperaré |
| 2. esperas | esperabas | esperarás |
| 3. espera | esperaba | esperará |
| 1. esperamos | esperábamos | esperaremos |
| 2. esperáis | esperabais | esperaréis |
| 3. esperan | esperaban | esperarán |

| PAST HISTORIC | PERFECT | PLUPERFECT |
|---|---|---|
| 1. esperé | he esperado | había esperado |
| 2. esperaste | has esperado | habías esperado |
| 3. esperó | ha esperado | había esperado |
| 1. esperamos | hemos esperado | habíamos esperado |
| 2. esperasteis | habéis esperado | habíais esperado |
| 3. esperaron | han esperado | habían esperado |

**PAST ANTERIOR**

hube esperado etc

**FUTURE PERFECT**

habré esperado etc

## CONDITIONAL

| PRESENT | PAST | IMPERATIVE |
|---|---|---|
| 1. esperaría | habría esperado | |
| 2. esperarías | habrías esperado | (tú) espera |
| 3. esperaría | habría esperado | (Vd) espere |
| 1. esperaríamos | habríamos esperado | (nosotros) esperemos |
| 2. esperaríais | habríais esperado | (vosotros) esperad |
| 3. esperarían | habrían esperado | (Vds) esperen |

## SUBJUNCTIVE

| PRESENT | IMPERFECT | PLUPERFECT |
|---|---|---|
| 1. espere | esper-ara/ase | hubiera esperado |
| 2. esperes | esper-aras/ases | hubieras esperado |
| 3. espere | esper-ara/ase | hubiera esperado |
| 1. esperemos | esper-áramos/ásemos | hubiéramos esperado |
| 2. esperéis | esper-arais/aseis | hubierais esperado |
| 3. esperen | esper-aran/asen | hubieran esperado |

**PERFECT**  haya esperado etc

| INFINITIVE | PARTICIPLE |
|---|---|
| PRESENT | PRESENT |
| esperar | esperando |
| PAST | PAST |
| haber esperado | esperado |

## ESTAR
to be

| PRESENT | IMPERFECT | FUTURE |
|---|---|---|
| 1. estoy | estaba | estaré |
| 2. estás | estabas | estarás |
| 3. está | estaba | estará |
| 1. estamos | estábamos | estaremos |
| 2. estáis | estabais | estaréis |
| 3. están | estaban | estarán |

| PAST HISTORIC | PERFECT | PLUPERFECT |
|---|---|---|
| 1. estuve | he estado | había estado |
| 2. estuviste | has estado | habías estado |
| 3. estuvo | ha estado | había estado |
| 1. estuvimos | hemos estado | habíamos estado |
| 2. estuvisteis | habéis estado | habíais estado |
| 3. estuvieron | han estado | habían estado |

| PAST ANTERIOR | FUTURE PERFECT |
|---|---|
| hube estado etc | habré estado etc |

### *CONDITIONAL*

| PRESENT | PAST | *IMPERATIVE* |
|---|---|---|
| 1. estaría | habría estado | |
| 2. estarías | habrías estado | (tú) está |
| 3. estaría | habría estado | (Vd) esté |
| 1. estaríamos | habríamos estado | (nosotros) estemos |
| 2. estaríais | habríais estado | (vosotros) estad |
| 3. estarían | habrían estado | (Vds) estén |

### *SUBJUNCTIVE*

| PRESENT | IMPERFECT | PLUPERFECT |
|---|---|---|
| 1. esté | estuv-iera/iese | hubiera estado |
| 2. estés | estuv-ieras/ieses | hubieras estado |
| 3. esté | estuv-iera/iese | hubiera estado |
| 1. estemos | estuv-iéramos/iésemos | hubiéramos estado |
| 2. estéis | estuv-ierais/ieseis | hubierais estado |
| 3. estén | estuv-ieran/iesen | hubieran estado |

PERFECT    haya estado etc

### *INFINITIVE*

| PRESENT | *PARTICIPLE* PRESENT |
|---|---|
| estar | estando |
| **PAST** | **PAST** |
| haber estado | estado |

to evacuate

| PRESENT | IMPERFECT | FUTURE |
|---|---|---|
| 1. evacuo | evacuaba | evacuaré |
| 2. evacuas | evacuabas | evacuarás |
| 3. evacua | evacuaba | evacuará |
| 1. evacuamos | evacuábamos | evacuaremos |
| 2. evacuáis | evacuabais | evacuaréis |
| 3. evacuan | evacuaban | evacuarán |

| PAST HISTORIC | PERFECT | PLUPERFECT |
|---|---|---|
| 1. evacué | he evacuado | había evacuado |
| 2. evacuaste | has evacuado | habías evacuado |
| 3. evacuó | ha evacuado | había evacuado |
| 1. evacuamos | hemos evacuado | habíamos evacuado |
| 2. evacuasteis | habéis evacuado | habíais evacuado |
| 3. evacuaron | han evacuado | habían evacuado |

| PAST ANTERIOR | FUTURE PERFECT |
|---|---|
| hube evacuado etc | habré evacuado etc |

| *CONDITIONAL* | | *IMPERATIVE* |
|---|---|---|
| **PRESENT** | **PAST** | |
| 1. evacuaría | habría evacuado | |
| 2. evacuarías | habrías evacuado | (tú) evacua |
| 3. evacuaría | habría evacuado | (Vd) evacue |
| 1. evacuaríamos | habríamos evacuado | (nosotros) evacuemos |
| 2. evacuaríais | habríais evacuado | (vosotros) evacuad |
| 3. evacuarían | habrían evacuado | (Vds) evacuen |

| *SUBJUNCTIVE* | | |
|---|---|---|
| **PRESENT** | **IMPERFECT** | **PLUPERFECT** |
| 1. evacue | evacu-ara/ase | hubiera evacuado |
| 2. evacues | evacu-aras/ases | hubieras evacuado |
| 3. evacue | evacu-ara/ase | hubiera evacuado |
| 1. evacuemos | evacu-áramos/ásemos | hubiéramos evacuado |
| 2. evacuéis | evacu-arais/aseis | hubierais evacuado |
| 3. evacuen | evacu-aran/asen | hubieran evacuado |

**PERFECT**   haya evacuado etc

| *INFINITIVE* | *PARTICIPLE* |
|---|---|
| **PRESENT** | **PRESENT** |
| evacuar | evacuando |
| **PAST** | **PAST** |
| haber evacuado | evacuado |

**EXIGIR**
to demand

| PRESENT | IMPERFECT | FUTURE |
|---|---|---|
| 1. exijo | exigía | exigiré |
| 2. exiges | exigías | exigirás |
| 3. exige | exigía | exigirá |
| 1. exigimos | exigíamos | exigiremos |
| 2. exigís | exigíais | exigiréis |
| 3. exigen | exigían | exigirán |

| PAST HISTORIC | PERFECT | PLUPERFECT |
|---|---|---|
| 1. exigí | he exigido | había exigido |
| 2. exigiste | has exigido | habías exigido |
| 3. exigió | ha exigido | había exigido |
| 1. exigimos | hemos exigido | habíamos exigido |
| 2. exigisteis | habéis exigido | habíais exigido |
| 3. exigieron | han exigido | habían exigido |

| PAST ANTERIOR | FUTURE PERFECT |
|---|---|
| hube exigido etc | habré exigido etc |

| *CONDITIONAL* | | *IMPERATIVE* |
|---|---|---|
| **PRESENT** | **PAST** | |
| 1. exigiría | habría exigido | |
| 2. exigirías | habrías exigido | (tú) exige |
| 3. exigiría | habría exigido | (Vd) exija |
| 1. exigiríamos | habríamos exigido | (nosotros) exijamos |
| 2. exigiríais | habríais exigido | (vosotros) exigid |
| 3. exigirían | habrían exigido | (Vds) exijan |

| *SUBJUNCTIVE* | | |
|---|---|---|
| **PRESENT** | **IMPERFECT** | **PLUPERFECT** |
| 1. exija | exig-iera/iese | hubiera exigido |
| 2. exijas | exig-ieras/ieses | hubieras exigido |
| 3. exija | exig-iera/iese | hubiera exigido |
| 1. exijamos | exig-iéramos/iésemos | hubiéramos exigido |
| 2. exijáis | exig-ierais/ieseis | hubierais exigido |
| 3. exijan | exig-ieran/iesen | hubieran exigido |

| PERFECT | haya exigido etc |
|---|---|

| *INFINITIVE* | *PARTICIPLE* |
|---|---|
| **PRESENT** | **PRESENT** |
| exigir | exigiendo |
| **PAST** | **PAST** |
| haber exigido | exigido |

# EXPLICAR
to explain

| PRESENT | IMPERFECT | FUTURE |
|---|---|---|
| 1. explico | explicaba | explicaré |
| 2. explicas | explicabas | explicarás |
| 3. explica | explicaba | explicará |
| 1. explicamos | explicábamos | explicaremos |
| 2. explicáis | explicabais | explicaréis |
| 3. explican | explicaban | explicarán |

| PAST HISTORIC | PERFECT | PLUPERFECT |
|---|---|---|
| 1. expliqué | he explicado | había explicado |
| 2. explicaste | has explicado | habías explicado |
| 3. explicó | ha explicado | había explicado |
| 1. explicamos | hemos explicado | habíamos explicado |
| 2. explicasteis | habéis explicado | habíais explicado |
| 3. explicaron | han explicado | habían explicado |

| PAST ANTERIOR | FUTURE PERFECT |
|---|---|
| hube explicado etc | habré explicado etc |

## CONDITIONAL

| PRESENT | PAST | *IMPERATIVE* |
|---|---|---|
| 1. explicaría | habría explicado | |
| 2. explicarías | habrías explicado | (tú) explica |
| 3. explicaría | habría explicado | (Vd) explique |
| 1. explicaríamos | habríamos explicado | (nosotros) expliquemos |
| 2. explicaríais | habríais explicado | (vosotros) explicad |
| 3. explicarían | habrían explicado | (Vds) expliquen |

## SUBJUNCTIVE

| PRESENT | IMPERFECT | PLUPERFECT |
|---|---|---|
| 1. explique | explic-ara/ase | hubiera explicado |
| 2. expliques | explic-aras/ases | hubieras explicado |
| 3. explique | explic-ara/ase | hubiera explicado |
| 1. expliquemos | explic-áramos/ásemos | hubiéramos explicado |
| 2. expliquéis | explic-arais/aseis | hubierais explicado |
| 3. expliquen | explic-aran/asen | hubieran explicado |

**PERFECT** haya explicado etc

| *INFINITIVE* | *PARTICIPLE* |
|---|---|
| **PRESENT** | **PRESENT** |
| explicar | explicando |
| **PAST** | **PAST** |
| haber explicado | explicado |

**FREGAR**
to scrub, to do the washing up

| PRESENT | IMPERFECT | FUTURE |
|---|---|---|
| 1. friego | fregaba | fregaré |
| 2. friegas | fregabas | fregarás |
| 3. friega | fregaba | fregará |
| 1. fregamos | fregábamos | fregaremos |
| 2. fregáis | fregabais | fregaréis |
| 3. friegan | fregaban | fregarán |

| PAST HISTORIC | PERFECT | PLUPERFECT |
|---|---|---|
| 1. fregué | he fregado | había fregado |
| 2. fregaste | has fregado | habías fregado |
| 3. fregó | ha fregado | había fregado |
| 1. fregamos | hemos fregado | habíamos fregado |
| 2. fregasteis | habéis fregado | habíais fregado |
| 3. fregaron | han fregado | habían fregado |

| PAST ANTERIOR | FUTURE PERFECT |
|---|---|
| hube fregado etc | habré fregado etc |

| CONDITIONAL | | IMPERATIVE |
|---|---|---|
| PRESENT | PAST | |
| 1. fregaría | habría fregado | |
| 2. fregarías | habrías fregado | (tú) friega |
| 3. fregaría | habría fregado | (Vd) friegue |
| 1. fregaríamos | habríamos fregado | (nosotros) freguemos |
| 2. fregaríais | habríais fregado | (vosotros) fregad |
| 3. fregarían | habrían fregado | (Vds) frieguen |

| SUBJUNCTIVE | | |
|---|---|---|
| PRESENT | IMPERFECT | PLUPERFECT |
| 1. friegue | freg-ara/ase | hubiera fregado |
| 2. friegues | freg-aras/ases | hubieras fregado |
| 3. friegue | freg-ara/ase | hubiera fregado |
| 1. freguemos | freg-áramos/ásemos | hubiéramos fregado |
| 2. freguéis | freg-arais/aseis | hubierais fregado |
| 3. frieguen | freg-aran/asen | hubieran fregado |

| PERFECT | haya fregado etc |
|---|---|

| INFINITIVE | PARTICIPLE |
|---|---|
| PRESENT | PRESENT |
| fregar | fregando |
| PAST | PAST |
| haber fregado | fregado |

to fry

| PRESENT | IMPERFECT | FUTURE |
|---|---|---|
| 1. frío | freía | freiré |
| 2. fríes | freías | freirás |
| 3. fríe | freía | freirá |
| 1. freímos | freíamos | freiremos |
| 2. freís | freíais | freiréis |
| 3. fríen | freían | freirán |

| PAST HISTORIC | PERFECT | PLUPERFECT |
|---|---|---|
| 1. freí | he frito | había frito |
| 2. freíste | has frito | habías frito |
| 3. frió | ha frito | había frito |
| 1. freímos | hemos frito | habíamos frito |
| 2. freísteis | habéis frito | habíais frito |
| 3. frieron | han frito | habían frito |

| PAST ANTERIOR | FUTURE PERFECT |
|---|---|
| hube frito etc | habré frito etc |

| CONDITIONAL | | IMPERATIVE |
|---|---|---|
| **PRESENT** | **PAST** | |
| 1. freiría | habría frito | |
| 2. freirías | habrías frito | (tú) fríe |
| 3. freiría | habría frito | (Vd) fría |
| 1. freiríamos | habríamos frito | (nosotros) friamos |
| 2. freiríais | habríais frito | (vosotros) freid |
| 3. freirían | habrían frito | (Vds) frían |

| SUBJUNCTIVE | | |
|---|---|---|
| **PRESENT** | **IMPERFECT** | **PLUPERFECT** |
| 1. fría | fr-iera/iese | hubiera frito |
| 2. frías | fr-ieras/ieses | hubieras frito |
| 3. fría | fr-iera/iese | hubiera frito |
| 1. friamos | fr-iéramos/iésemos | hubiéramos frito |
| 2. friáis | fr-ierais/ieseis | hubierais frito |
| 3. frían | fr-ieran/iesen | hubieran frito |

**PERFECT**   haya frito etc

| INFINITIVE | PARTICIPLE |
|---|---|
| **PRESENT** | **PRESENT** |
| freír | friendo |
| **PAST** | **PAST** |
| haber frito | frito |

**GEMIR**
to groan, to whine, to roar

| PRESENT | IMPERFECT | FUTURE |
|---|---|---|
| 1. gimo | gemía | gemiré |
| 2. gimes | gemías | gemirás |
| 3. gime | gemía | gemirá |
| 1. gemimos | gemíamos | gemiremos |
| 2. gemís | gemíais | gemiréis |
| 3. gimen | gemían | gemirán |

| PAST HISTORIC | PERFECT | PLUPERFECT |
|---|---|---|
| 1. gemí | he gemido | había gemido |
| 2. gemiste | has gemido | habías gemido |
| 3. gimió | ha gemido | había gemido |
| 1. gemimos | hemos gemido | habíamos gemido |
| 2. gemisteis | habéis gemido | habíais gemido |
| 3. gimieron | han gemido | habían gemido |

| PAST ANTERIOR | FUTURE PERFECT |
|---|---|
| hube gemido etc | habré gemido etc |

| CONDITIONAL | | IMPERATIVE |
|---|---|---|
| PRESENT | PAST | |
| 1. gemiría | había gemido | |
| 2. gemirías | habrías gemido | (tú) gime |
| 3. gemiría | habría gemido | (Vd) gima |
| 1. gemiríamos | habríamos gemido | (nosotros) gimamos |
| 2. gemiríais | habríais gemido | (vosotros) gemid |
| 3. gemirían | habrían gemido | (Vds) giman |

| SUBJUNCTIVE | | |
|---|---|---|
| PRESENT | IMPERFECT | PLUPERFECT |
| 1. gima | gim-iera/iese | hubiera gemido |
| 2. gimas | gim-ieras/ieses | hubieras gemido |
| 3. gima | gim-iera/iese | hubiera gemido |
| 1. gimamos | gim-iéramos/iésemos | hubiéramos gemido |
| 2. gimáis | gim-ierais/ieseis | hubierais gemido |
| 3. giman | gim-ieran/iesen | hubieran gemido |

| PERFECT | haya gemido etc |
|---|---|

| INFINITIVE | PARTICIPLE |
|---|---|
| PRESENT | PRESENT |
| gemir | gimiendo |
| PAST | PAST |
| haber gemido | gemido |

| **PRESENT** | **IMPERFECT** | **FUTURE** |
|---|---|---|
| 1. gruño | gruñía | gruñiré |
| 2. gruñes | gruñías | gruñirás |
| 3. gruñe | gruñía | gruñirá |
| 1. gruñimos | gruñíamos | gruñiremos |
| 2. gruñís | gruñíais | gruñiréis |
| 3. gruñen | gruñían | gruñirán |

| **PAST HISTORIC** | **PERFECT** | **PLUPERFECT** |
|---|---|---|
| 1. gruñí | he gruñido | había gruñido |
| 2. gruñiste | has gruñido | habías gruñido |
| 3. gruñó | ha gruñido | había gruñido |
| 1. gruñimos | hemos gruñido | habíamos gruñido |
| 2. gruñisteis | habéis gruñido | habíais gruñido |
| 3. gruñeron | han gruñido | habían gruñido |

| **PAST ANTERIOR** | **FUTURE PERFECT** |
|---|---|
| hube gruñido etc | habré gruñido etc |

| *CONDITIONAL* | | *IMPERATIVE* |
|---|---|---|
| **PRESENT** | **PAST** | |
| 1. gruñiría | habría gruñido | |
| 2. gruñirías | habrías gruñido | (tú) gruñe |
| 3. gruñiría | habría gruñido | (Vd) gruña |
| 1. gruñiríamos | habríamos gruñido | (nosotros) gruñamos |
| 2. gruñiríais | habríais gruñido | (vosotros) gruñid |
| 3. gruñirían | habrían gruñido | (Vds) gruñan |

| *SUBJUNCTIVE* | | |
|---|---|---|
| **PRESENT** | **IMPERFECT** | **PLUPERFECT** |
| 1. gruña | gruñ-era/ese | hubiera gruñido |
| 2. gruñas | gruñ-eras/eses | hubieras gruñido |
| 3. gruña | gruñ-era/ese | hubiera gruñido |
| 1. gruñamos | gruñ-éramos/ésemos | hubiéramos gruñido |
| 2. gruñáis | gruñ-erais/eseis | hubierais gruñido |
| 3. gruñan | gruñ-eran/esen | hubieran gruñido |

**PERFECT**   haya gruñido etc

| *INFINITIVE* | *PARTICIPLE* |
|---|---|
| **PRESENT** | **PRESENT** |
| gruñir | gruñendo |
| **PAST** | **PAST** |
| haber gruñido | gruñido |

**GUSTAR**
to like

| PRESENT | IMPERFECT | FUTURE |
|---|---|---|
| 1. gusto | gustaba | gustaré |
| 2. gustas | gustabas | gustarás |
| 3. gusta | gustaba | gustará |
| 1. gustamos | gustábamos | gustaremos |
| 2. gustáis | gustabais | gustaréis |
| 3. gustan | gustaban | gustarán |

| PAST HISTORIC | PERFECT | PLUPERFECT |
|---|---|---|
| 1. gusté | he gustado | había gustado |
| 2. gustaste | has gustado | habías gustado |
| 3. gustó | ha gustado | había gustado |
| 1. gustamos | hemos gustado | habíamos gustado |
| 2. gustasteis | habéis gustado | habíais gustado |
| 3. gustaron | han gustado | habían gustado |

| PAST ANTERIOR | FUTURE PERFECT |
|---|---|
| hube gustado etc | habré gustado etc |

| *CONDITIONAL* | | *IMPERATIVE* |
|---|---|---|
| PRESENT | PAST | |
| 1. gustaría | habría gustado | |
| 2. gustarías | habrías gustado | (tú) gusta |
| 3. gustaría | habría gustado | (Vd) guste |
| 1. gustaríamos | habríamos gustado | (nosotros) gustemos |
| 2. gustaríais | habríais gustado | (vosotros) gustad |
| 3. gustarían | habrían gustado | (Vds) gusten |

| *SUBJUNCTIVE* | | |
|---|---|---|
| PRESENT | IMPERFECT | PLUPERFECT |
| 1. guste | gust-ara/ase | hubiera gustado |
| 2. gustes | gust-aras/ases | hubieras gustado |
| 3. guste | gust-ara/ase | hubiera gustado |
| 1. gustemos | gust-áramos/ásemos | hub-iéramos gustado |
| 2. gustéis | gust-arais/aseis | hubierais gustado |
| 3. gusten | gust-aran/asen | hubieran gustado |

| PERFECT | haya gustado etc |
|---|---|

| *INFINITIVE* | *PARTICIPLE* | *NOTE* |
|---|---|---|
| PRESENT | PRESENT | Normally used only in third person; |
| gustar | gustando | I like = me gusta |
| PAST | PAST | |
| haber gustado | gustado | |

# HABER
to have (auxiliary)

| PRESENT | IMPERFECT | FUTURE |
|---|---|---|
| 1. he | había | habré |
| 2. has | habías | habrás |
| 3. ha/hay* | había | habrá |
| 1. hemos | habíamos | habremos |
| 2. habéis | habíais | habréis |
| 3. han | habían | habrán |

| PAST HISTORIC | PERFECT | PLUPERFECT |
|---|---|---|
| 1. hube | | |
| 2. hubiste | | |
| 3. hubo | ha habido | había habido |
| 1. hubimos | | |
| 2. hubisteis | | |
| 3. hubieron | | |

| PAST ANTERIOR | FUTURE PERFECT |
|---|---|
| hubo habido etc | habrá habido etc |

## CONDITIONAL

| PRESENT | PAST | IMPERATIVE |
|---|---|---|
| 1. habría | | |
| 2. habrías | | |
| 3. habría | habría habido | |
| 1. habríamos | | |
| 2. habríais | | |
| 3. habrían | | |

## SUBJUNCTIVE

| PRESENT | IMPERFECT | PLUPERFECT |
|---|---|---|
| 1. haya | hub-iera/iese | |
| 2. hayas | hub-ieras/ieses | |
| 3. haya | hub-iera/iese | hubiera habido |
| 1. hayamos | hub-iéramos/iésemos | |
| 2. hayáis | hub-ierais/ieseis | |
| 3. hayan | hub-ieran/iesen | |

PERFECT   haya habido etc

| INFINITIVE | PARTICIPLE | NOTE |
|---|---|---|
| PRESENT | PRESENT | This verb is an auxiliary used for compound tenses (eg he bebido – I have drunk) – see also TENER. *'hay' means 'there is/are'. |
| haber | habiendo | |
| PAST | PAST | |
| haber habido | habido | |

# 112

## HABLAR
to speak

| PRESENT | IMPERFECT | FUTURE |
|---|---|---|
| 1. hablo | hablaba | hablaré |
| 2. hablas | hablabas | hablarás |
| 3. habla | hablaba | hablará |
| 1. hablamos | hablábamos | hablaremos |
| 2. habláis | hablabais | hablaréis |
| 3. hablan | hablaban | hablarán |

| PAST HISTORIC | PERFECT | PLUPERFECT |
|---|---|---|
| 1. hablé | he hablado | había hablado |
| 2. hablaste | has hablado | habías hablado |
| 3. habló | ha hablado | había hablado |
| 1. hablamos | hemos hablado | habíamos hablado |
| 2. hablasteis | habéis hablado | habíais hablado |
| 3. hablaron | han hablado | habían hablado |

| PAST ANTERIOR | | FUTURE PERFECT |
|---|---|---|
| hube hablado etc | | habré hablado etc |

| *CONDITIONAL* | | *IMPERATIVE* |
|---|---|---|
| **PRESENT** | **PAST** | |
| 1. hablaría | habría hablado | |
| 2. hablarías | habrías hablado | (tú) habla |
| 3. hablaría | habría hablado | (Vd) hable |
| 1. hablaríamos | habríamos hablado | (nosotros) hablemos |
| 2. hablaríais | habríais hablado | (vosotros) hablad |
| 3. hablarían | habrían hablado | (Vds) hablen |

| *SUBJUNCTIVE* | | |
|---|---|---|
| **PRESENT** | **IMPERFECT** | **PLUPERFECT** |
| 1. hable | habl-ara/ase | hubiera hablado |
| 2. hables | habl-aras/ases | hubieras hablado |
| 3. hable | habl-ara/ase | hubiera hablado |
| 1. hablemos | habl-áramos/ásemos | hubiéramos hablado |
| 2. habléis | habl-arais/aseis | hubierais hablado |
| 3. hablen | habl-aran/asen | hubieran hablado |

**PERFECT**   haya hablado etc

| *INFINITIVE* | *PARTICIPLE* |
|---|---|
| **PRESENT** | **PRESENT** |
| hablar | hablando |
| **PAST** | **PAST** |
| haber hablado | hablado |

# HACER
to make, to do

| PRESENT | IMPERFECT | FUTURE |
|---|---|---|
| 1. hago | hacía | haré |
| 2. haces | hacías | harás |
| 3. hace | hacía | hará |
| 1. hacemos | hacíamos | haremos |
| 2. hacéis | hacíais | haréis |
| 3. hacen | hacían | harán |

| PAST HISTORIC | PERFECT | PLUPERFECT |
|---|---|---|
| 1. hice | he hecho | había hecho |
| 2. hiciste | has hecho | habías hecho |
| 3. hizo | ha hecho | había hecho |
| 1. hicimos | hemos hecho | habíamos hecho |
| 2. hicisteis | habéis hecho | habíais hecho |
| 3. hicieron | han hecho | habían hecho |

| PAST ANTERIOR | FUTURE PERFECT |
|---|---|
| hube hecho etc | habré hecho etc |

| *CONDITIONAL* | | *IMPERATIVE* |
|---|---|---|
| PRESENT | PAST | |
| 1. haría | habría hecho | |
| 2. harías | habrías hecho | (tú) haz |
| 3. haría | habría hecho | (Vd) haga |
| 1. haríamos | habríamos hecho | (nosotros) hagamos |
| 2. haríais | habríais hecho | (vosotros) haced |
| 3. harían | habrían hecho | (Vds) hagan |

## *SUBJUNCTIVE*

| PRESENT | IMPERFECT | PLUPERFECT |
|---|---|---|
| 1. haga | hic-iera/iese | hubiera hecho |
| 2. hagas | hic-ieras/ieses | hubieras hecho |
| 3. haga | hic-iera/iese | hubiera hecho |
| 1. hagamos | hic-iéramos/iésemos | hubiéramos hecho |
| 2. hagáis | hic-ierais/ieseis | hubierais hecho |
| 3. hagan | hic-ieran/iesen | hubieran hecho |

PERFECT   haya hecho etc

| *INFINITIVE* | *PARTICIPLE* |
|---|---|
| PRESENT | PRESENT |
| hacer | haciendo |
| PAST | PAST |
| haber hecho | hecho |

**HALLARSE**
to be, to find oneself

| PRESENT | IMPERFECT | FUTURE |
|---|---|---|
| 1. me hallo | me hallaba | me hallaré |
| 2. te hallas | te hallabas | te hallarás |
| 3. se halla | se hallaba | se hallará |
| 1. nos hallamos | nos hallábamos | nos hallaremos |
| 2. os halláis | os hallabais | os hallaréis |
| 3. se hallan | se hallaban | se hallarán |

| PAST HISTORIC | PERFECT | PLUPERFECT |
|---|---|---|
| 1. me hallé | me he hallado | me había hallado |
| 2. te hallaste | te has hallado | te habías hallado |
| 3. se halló | se ha hallado | se había hallado |
| 1. nos hallamos | nos hemos hallado | nos habíamos hallado |
| 2. os hallasteis | os habéis hallado | os habíais hallado |
| 3. se hallaron | se han hallado | se habían hallado |

| PAST ANTERIOR | FUTURE PERFECT |
|---|---|
| me hube hallado etc | me habré hallado etc |

| *CONDITIONAL* | | *IMPERATIVE* |
|---|---|---|
| **PRESENT** | **PAST** | |
| 1. me hallaría | me habría hallado | |
| 2. te hallarías | te habrías hallado | (tú) hállate |
| 3. se hallaría | se habría hallado | (Vd) hállese |
| 1. nos hallaríamos | nos habríamos hallado | (nosotros) hallémonos |
| 2. os hallaríais | os habríais hallado | (vosotros) hallaos |
| 3. se hallarían | se habrían hallado | (Vds) hállense |

| *SUBJUNCTIVE* | | |
|---|---|---|
| **PRESENT** | **IMPERFECT** | **PLUPERFECT** |
| 1. me halle | me hall-ara/ase | me hubiera hallado |
| 2. te halles | te hall-aras/ases | te hubieras hallado |
| 3. se halle | se hall-ara/ase | se hubiera hallado |
| 1. nos hallemos | nos hall-áramos/ásemos | nos hubiéramos hallado |
| 2. os halléis | os hall-arais/aseis | os hubierais hallado |
| 3. se hallen | se hall-aran/asen | se hubieran hallado |

**PERFECT**    me haya hallado etc

| *INFINITIVE* | *PARTICIPLE* |
|---|---|
| **PRESENT** | **PRESENT** |
| hallarse | hallándose |
| **PAST** | **PAST** |
| haberse hallado | hallado |

# HELAR
to freeze

| PRESENT | IMPERFECT | FUTURE |
|---|---|---|
| 3. hiela | helaba | helará |

| PAST HISTORIC | PERFECT | PLUPERFECT |
|---|---|---|
| 3. heló | ha helado | había helado |

| PAST ANTERIOR | | FUTURE PERFECT |
|---|---|---|
| hubo helado | | habrá helado |

| *CONDITIONAL* | | *IMPERATIVE* |
|---|---|---|
| **PRESENT** | **PAST** | |
| 3. helaría | habría helado | |

| *SUBJUNCTIVE* | | |
|---|---|---|
| **PRESENT** | **IMPERFECT** | **PLUPERFECT** |
| 3. hiele | hel-ara/ase | hubiera helado |

**PERFECT**   haya helado

| *INFINITIVE* | *PARTICIPLE* |
|---|---|
| **PRESENT** | **PRESENT** |
| helar | helando |
| **PAST** | **PAST** |
| haber helado | helado |

# 116 HERIR
to hurt

| PRESENT | IMPERFECT | FUTURE |
|---|---|---|
| 1. hiero | hería | heriré |
| 2. hieres | herías | herirás |
| 3. hiere | hería | herirá |
| 1. herimos | heríamos | heriremos |
| 2. herís | heríais | heriréis |
| 3. hieren | herían | herirán |

| PAST HISTORIC | PERFECT | PLUPERFECT |
|---|---|---|
| 1. herí | he herido | había herido |
| 2. heriste | has herido | habías herido |
| 3. hirió | ha herido | había herido |
| 1. herimos | hemos herido | habíamos herido |
| 2. heristeis | habéis herido | habíais herido |
| 3. hirieron | han herido | habían herido |

| PAST ANTERIOR | FUTURE PERFECT |
|---|---|
| hube herido etc | habré herido etc |

| CONDITIONAL | | IMPERATIVE |
|---|---|---|
| PRESENT | PAST | |
| 1. heriría | habría herido | |
| 2. herirías | habrías herido | (tú) hiere |
| 3. heriría | habría herido | (Vd) hiera |
| 1. heriríamos | habríamos herido | (nosotros) hiramos |
| 2. heriríais | habríais herido | (vosotros) herid |
| 3. herirían | habrían herido | (Vds) hieran |

## SUBJUNCTIVE

| PRESENT | IMPERFECT | PLUPERFECT |
|---|---|---|
| 1. hiera | hir-iera/iese | hubiera herido |
| 2. hieras | hir-ieras/ieses | hubieras herido |
| 3. hiera | hir-iera/iese | hubiera herido |
| 1. hiramos | hir-iéramos/iésemos | hubiéramos herido |
| 2. hiráis | hir-ierais/ieseis | hubierais herido |
| 3. hieran | hir-ieran/iesen | hubieran herido |

PERFECT   haya herido etc

| INFINITIVE | PARTICIPLE |
|---|---|
| PRESENT | PRESENT |
| herir | hiriendo |
| PAST | PAST |
| haber herido | herido |

| PRESENT | IMPERFECT | FUTURE |
|---|---|---|
| 1. huyo | huía | huiré |
| 2. huyes | huías | huirás |
| 3. huye | huía | huirá |
| 1. huimos | huíamos | huiremos |
| 2. huis | huíais | huiréis |
| 3. huyen | huían | huirán |

| PAST HISTORIC | PERFECT | PLUPERFECT |
|---|---|---|
| 1. huí | he huido | había huido |
| 2. huiste | has huido | habías huido |
| 3. huyó | ha huido | había huido |
| 1. huimos | hemos huido | habíamos huido |
| 2. huisteis | habéis huido | habíais huido |
| 3. huyeron | han huido | habían huido |

| PAST ANTERIOR | FUTURE PERFECT |
|---|---|
| hube huido etc | habré huido etc |

| *CONDITIONAL* | | *IMPERATIVE* |
|---|---|---|
| **PRESENT** | **PAST** | |
| 1. huiría | habría huido | |
| 2. huirías | habrías huido | (tú) huye |
| 3. huiría | habría huido | (Vd) huya |
| 1. huiríamos | habríamos huido | (nosotros) huyamos |
| 2. huiríais | habríais huido | (vosotros) huid |
| 3. huirían | habrían huido | (Vds) huyan |

| *SUBJUNCTIVE* | | |
|---|---|---|
| **PRESENT** | **IMPERFECT** | **PLUPERFECT** |
| 1. huya | hu-yera/yese | hubiera huido |
| 2. huyas | hu-yeras/yeses | hubieras huido |
| 3. huya | hu-yera/yese | hubiera huido |
| 1. huyamos | hu-yéramos/yésemos | hubiéramos huido |
| 2. huyáis | hu-yerais/yeseis | hubierais huido |
| 3. huyan | hu-yeran/yesen | hubieran huido |

**PERFECT**   haya huido etc

| *INFINITIVE* | *PARTICIPLE* |
|---|---|
| **PRESENT** | **PRESENT** |
| huir | huyendo |
| **PAST** | **PAST** |
| haber huido | huido |

## INDICAR
to indicate

| PRESENT | IMPERFECT | FUTURE |
|---|---|---|
| 1. indico | indicaba | indicaré |
| 2. indicas | indicabas | indicarás |
| 3. indica | indicaba | indicará |
| 1. indicamos | indicábamos | indicaremos |
| 2. indicáis | indicabais | indicaréis |
| 3. indican | indicaban | indicarán |

| PAST HISTORIC | PERFECT | PLUPERFECT |
|---|---|---|
| 1. indiqué | he indicado | había indicado |
| 2. indicaste | has indicado | habías indicado |
| 3. indicó | ha indicado | había indicado |
| 1. indicamos | hemos indicado | habíamos indicado |
| 2. indicasteis | habéis indicado | habíais indicado |
| 3. indicaron | han indicado | habían indicado |

| PAST ANTERIOR | FUTURE PERFECT |
|---|---|
| hube indicado etc | habré indicado etc |

| *CONDITIONAL* | | *IMPERATIVE* |
|---|---|---|
| **PRESENT** | **PAST** | |
| 1. indicaría | habría indicado | |
| 2. indicarías | habrías indicado | (tú) indica |
| 3. indicaría | habría indicado | (Vd) indique |
| 1. indicaríamos | habríamos indicado | (nosotros) indiquemos |
| 2. indicaríais | habríais indicado | (vosotros) indicad |
| 3. indicarían | habrían indicado | (Vds) indiquen |

### *SUBJUNCTIVE*

| PRESENT | IMPERFECT | PLUPERFECT |
|---|---|---|
| 1. indique | indic-ara/ase | hubiera indicado |
| 2. indiques | indic-aras/ases | hubieras indicado |
| 3. indique | indic-ara/ase | hubiera indicado |
| 1. indiquemos | indic-áramos/ásemos | hubiéramos indicado |
| 2. indiquéis | indic-arais/aseis | hubierais indicado |
| 3. indiquen | indic-aran/asen | hubieran indicado |

**PERFECT**   haya indicado etc

| *INFINITIVE* | *PARTICIPLE* |
|---|---|
| **PRESENT** | **PRESENT** |
| indicar | indicando |
| **PAST** | **PAST** |
| haber indicado | indicado |

# INTENTAR
to try

| PRESENT | IMPERFECT | FUTURE |
|---|---|---|
| 1. intento | intentaba | intentaré |
| 2. intentas | intentabas | intentarás |
| 3. intenta | intentaba | intentará |
| 1. intentamos | intentábamos | intentaremos |
| 2. intentáis | intentabais | intentaréis |
| 3. intentan | intentaban | intentarán |

| PAST HISTORIC | PERFECT | PLUPERFECT |
|---|---|---|
| 1. intenté | he intentado | había intentado |
| 2. intentaste | has intentado | habías intentado |
| 3. intentó | ha intentado | había intentado |
| 1. intentamos | hemos intentado | habíamos intentado |
| 2. intentasteis | habéis intentado | habíais intentado |
| 3. intentaron | han intentado | habían intentado |

| PAST ANTERIOR | FUTURE PERFECT |
|---|---|
| hube intentado etc | habré intentado etc |

| *CONDITIONAL* | | *IMPERATIVE* |
|---|---|---|
| **PRESENT** | **PAST** | |
| 1. intentaría | habría intentado | |
| 2. intentarías | habrías intentado | (tú) intenta |
| 3. intentaría | habría intentado | (Vd) intente |
| 1. intentaríamos | habríamos intentado | (nosotros) intentemos |
| 2. intentaríais | habríais intentado | (vosotros) intentad |
| 3. intentarían | habrían intentado | (Vds) intenten |

## *SUBJUNCTIVE*

| PRESENT | IMPERFECT | PLUPERFECT |
|---|---|---|
| 1. intente | intent-ara/ase | hubiera intentado |
| 2. intentes | intent-aras/ases | hubieras intentado |
| 3. intente | intent-ara/ase | hubiera intentado |
| 1. intentemos | intent-áramos/ásemos | hubiéramos intentado |
| 2. intentéis | intent-arais/aseis | hubierais intentado |
| 3. intenten | intent-aran/asen | hubieran intentado |

**PERFECT**    haya intentado etc

| *INFINITIVE* | *PARTICIPLE* |
|---|---|
| **PRESENT** | **PRESENT** |
| intentar | intentando |
| **PAST** | **PAST** |
| haber intentado | intentado |

# 120 INTRODUCIR
to introduce

| PRESENT | IMPERFECT | FUTURE |
|---|---|---|
| 1. introduzco | introducía | introduciré |
| 2. introduces | introducías | introducirás |
| 3. introduce | introducía | introducirá |
| 1. introducimos | introducíamos | introduciremos |
| 2. introducís | introducíais | introduciréis |
| 3. introducen | introducían | introducirán |

| PAST HISTORIC | PERFECT | PLUPERFECT |
|---|---|---|
| 1. introduje | he introducido | había introducido |
| 2. introdujiste | has introducido | habías introducido |
| 3. introdujo | ha introducido | había introducido |
| 1. introdujimos | hemos introducido | habíamos introducido |
| 2. introdujisteis | habéis introducido | habíais introducido |
| 3. introdujeron | han introducido | habían introducido |

| PAST ANTERIOR | FUTURE PERFECT |
|---|---|
| hube introducido etc | habré introducido etc |

## CONDITIONAL

| PRESENT | PAST | IMPERATIVE |
|---|---|---|
| 1. introduciría | habría introducido | |
| 2. introducirías | habrías introducido | (tú) introduce |
| 3. introduciría | habría introducido | (Vd) introduzca |
| 1. introduciríamos | habríamos introducido | (nosotros) introduzcamos |
| 2. introduciríais | habríais introducido | (vosotros) introducid |
| 3. introducirían | habrían introducido | (Vds) introduzcan |

## SUBJUNCTIVE

| PRESENT | IMPERFECT | PLUPERFECT |
|---|---|---|
| 1. introduzca | introduj-era/ese | hubiera introducido |
| 2. introduzcas | introduj-eras/eses | hubieras introducido |
| 3. introduzca | introduj-era/ese | hubiera introducido |
| 1. introduzcamos | introduj-éramos/ésemos | hubiéramos introducido |
| 2. introduzcáis | introduj-erais/eseis | hubierais introducido |
| 3. introduzcan | introduj-eran/esen | hubieran introducido |

PERFECT   haya introducido etc

| INFINITIVE | PARTICIPLE |
|---|---|
| **PRESENT** | **PRESENT** |
| introducir | introduciendo |
| **PAST** | **PAST** |
| haber introducido | introducido |

**to go**

| PRESENT | IMPERFECT | FUTURE |
|---|---|---|
| 1. voy | iba | iré |
| 2. vas | ibas | irás |
| 3. va | iba | irá |
| 1. vamos | íbamos | iremos |
| 2. vais | ibais | iréis |
| 3. van | iban | irán |

| PAST HISTORIC | PERFECT | PLUPERFECT |
|---|---|---|
| 1. fui | he ido | había ido |
| 2. fuiste | has ido | habías ido |
| 3. fue | ha ido | había ido |
| 1. fuimos | hemos ido | habíamos ido |
| 2. fuisteis | habéis ido | habíais ido |
| 3. fueron | han ido | habían ido |

| PAST ANTERIOR | FUTURE PERFECT |
|---|---|
| hube ido etc | habré ido etc |

| *CONDITIONAL* | | *IMPERATIVE* |
|---|---|---|
| PRESENT | PAST | |
| 1. iría | habría ido | |
| 2. irías | habrías ido | (tú) ve |
| 3. iría | habría ido | (Vd) vaya |
| 1. iríamos | habríamos ido | (nosotros) vamos |
| 2. iríais | habríais ido | (vosotros) id |
| 3. irían | habrían ido | (Vds) vayan |

| *SUBJUNCTIVE* | | |
|---|---|---|
| PRESENT | IMPERFECT | PLUPERFECT |
| 1. vaya | fu-era/ese | hubiera ido |
| 2. vayas | fu-eras/eses | hubieras ido |
| 3. vaya | fu-era/ese | hubiera ido |
| 1. vayamos | fu-éramos/ésemos | hubiéramos ido |
| 2. vayáis | fu-erais/eseis | hubierais ido |
| 3. vayan | fu-eran/esen | hubieran ido |

PERFECT   haya ido etc

| *INFINITIVE* | *PARTICIPLE* |
|---|---|
| PRESENT | PRESENT |
| ir | yendo |
| PAST | PAST |
| haber ido | ido |

**JUGAR**
to play

| PRESENT | IMPERFECT | FUTURE |
|---|---|---|
| 1. juego | jugaba | jugaré |
| 2. juegas | jugabas | jugarás |
| 3. juega | jugaba | jugará |
| 1. jugamos | jugábamos | jugaremos |
| 2. jugáis | jugabais | jugaréis |
| 3. juegan | jugaban | jugarán |

| PAST HISTORIC | PERFECT | PLUPERFECT |
|---|---|---|
| 1. jugué | he jugado | había jugado |
| 2. jugaste | has jugado | habías jugado |
| 3. jugó | ha jugado | había jugado |
| 1. jugamos | hemos jugado | habíamos jugado |
| 2. jugasteis | habéis jugado | habíais jugado |
| 3. jugaron | han jugado | habían jugado |

| PAST ANTERIOR | FUTURE PERFECT |
|---|---|
| hube jugado etc | habré jugado etc |

| *CONDITIONAL* | | *IMPERATIVE* |
|---|---|---|
| **PRESENT** | **PAST** | |
| 1. jugaría | habría jugado | |
| 2. jugarías | habrías jugado | (tú) juega |
| 3. jugaría | habría jugado | (Vd) juegue |
| 1. jugaríamos | habríamos jugado | (nosotros) juguemos |
| 2. jugaríais | habríais jugado | (vosotros) jugad |
| 3. jugarían | habrían jugado | (Vds) jueguen |

*SUBJUNCTIVE*

| PRESENT | IMPERFECT | PLUPERFECT |
|---|---|---|
| 1. juegue | jug-ara/ase | hubiera jugado |
| 2. juegues | jug-aras/ases | hubieras jugado |
| 3. juegue | jug-ara/ase | hubiera jugado |
| 1. juguemos | jug-áramos/ásemos | hubiéramos jugado |
| 2. juguéis | jug-arais/aseis | hubierais jugado |
| 3. jueguen | jug-aran/asen | hubieran jugado |

**PERFECT** haya jugado etc

| *INFINITIVE* | *PARTICIPLE* |
|---|---|
| **PRESENT** | **PRESENT** |
| jugar | jugando |
| **PAST** | **PAST** |
| haber jugado | jugado |

# JUZGAR
to judge

| PRESENT | IMPERFECT | FUTURE |
|---------|-----------|--------|
| 1. juzgo | juzgaba | juzgaré |
| 2. juzgas | juzgabas | juzgarás |
| 3. juzga | juzgaba | juzgará |
| 1. juzgamos | juzgábamos | juzgaremos |
| 2. juzgáis | juzgabais | juzgaréis |
| 3. juzgan | juzgaban | juzgarán |

| PAST HISTORIC | PERFECT | PLUPERFECT |
|---------------|---------|------------|
| 1. juzgué | he juzgado | había juzgado |
| 2. juzgaste | has juzgado | habías juzgado |
| 3. juzgó | ha juzgado | había juzgado |
| 1. juzgamos | hemos juzgado | habíamos juzgado |
| 2. juzgasteis | habéis juzgado | habíais juzgado |
| 3. juzgaron | han juzgado | habían juzgado |

| PAST ANTERIOR | FUTURE PERFECT |
|---------------|----------------|
| hube juzgado etc | habré juzgado etc |

## CONDITIONAL

| PRESENT | PAST | IMPERATIVE |
|---------|------|------------|
| 1. juzgaría | habría juzgado | |
| 2. juzgarías | habrías juzgado | (tú) juzga |
| 3. juzgaría | habría juzgado | (Vd) juzgue |
| 1. juzgaríamos | habríamos juzgado | (nosotros) juzguemos |
| 2. juzgaríais | habríais juzgado | (vosotros) juzgad |
| 3. juzgarían | habrían juzgado | (Vds) juzguen |

## SUBJUNCTIVE

| PRESENT | IMPERFECT | PLUPERFECT |
|---------|-----------|------------|
| 1. juzgue | juzg-ara/ase | hubiera juzgado |
| 2. juzgues | juzg-aras/ases | hubieras juzgado |
| 3. juzgue | juzg-ara/ase | hubiera juzgado |
| 1. juzguemos | juzg-áramos/ásemos | hubiéramos juzgado |
| 2. juzguéis | juzg-arais/aseis | hubierais juzgado |
| 3. juzguen | juzg-aran/asen | hubieran juzgado |

PERFECT  haya juzgado etc

| INFINITIVE | PARTICIPLE |
|------------|------------|
| **PRESENT** | **PRESENT** |
| juzgar | juzgando |
| **PAST** | **PAST** |
| haber juzgado | juzgado |

## LAVAR
to wash

| PRESENT | IMPERFECT | FUTURE |
|---|---|---|
| 1. lavo | lavaba | lavaré |
| 2. lavas | lavabas | lavarás |
| 3. lava | lavaba | lavará |
| 1. lavamos | lavábamos | lavaremos |
| 2. laváis | lavabais | lavaréis |
| 3. lavan | lavaban | lavarán |

| PAST HISTORIC | PERFECT | PLUPERFECT |
|---|---|---|
| 1. lavé | he lavado | había lavado |
| 2. lavaste | has lavado | habías lavado |
| 3. lavó | ha lavado | había lavado |
| 1. lavamos | hemos lavado | habíamos lavado |
| 2. lavasteis | habéis lavado | habíais lavado |
| 3. lavaron | han lavado | habían lavado |

| PAST ANTERIOR | FUTURE PERFECT |
|---|---|
| hube lavado etc | habré lavado etc |

### CONDITIONAL

| PRESENT | PAST | IMPERATIVE |
|---|---|---|
| 1. lavaría | habría lavado | |
| 2. lavarías | habrías lavado | (tú) lava |
| 3. lavaría | habría lavado | (Vd) lave |
| 1. lavaríamos | habríamos lavado | (nosotros) lavemos |
| 2. lavaríais | habríais lavado | (vosotros) lavad |
| 3. lavarían | habrían lavado | (Vds) laven |

### SUBJUNCTIVE

| PRESENT | IMPERFECT | PLUPERFECT |
|---|---|---|
| 1. lave | lav-ara/ase | hubiera lavado |
| 2. laves | lav-aras/ases | hubieras lavado |
| 3. lave | lav-ara/ase | hubiera lavado |
| 1. lavemos | lav-áramos/ásemos | hubiéramos lavado |
| 2. lavéis | lav-arais/aseis | hubierais lavado |
| 3. laven | lav-aran/asen | hubieran lavado |

PERFECT   haya lavado etc

| INFINITIVE | PARTICIPLE |
|---|---|
| PRESENT | PRESENT |
| lavar | lavando |
| PAST | PAST |
| haber lavado | lavado |

# LEER
to read

| PRESENT | IMPERFECT | FUTURE |
|---|---|---|
| 1. leo | leía | leeré |
| 2. lees | leías | leerás |
| 3. lee | leía | leerá |
| 1. leemos | leíamos | leeremos |
| 2. leéis | leíais | leeréis |
| 3. leen | leían | leerán |

| PAST HISTORIC | PERFECT | PLUPERFECT |
|---|---|---|
| 1. leí | he leído | había leído |
| 2. leíste | has leído | habías leído |
| 3. leyó | ha leído | había leído |
| 1. leímos | hemos leído | habíamos leído |
| 2. leísteis | habéis leído | habíais leído |
| 3. leyeron | han leído | habían leído |

| PAST ANTERIOR | FUTURE PERFECT |
|---|---|
| hube leído etc | habré leído etc |

| *CONDITIONAL* | | *IMPERATIVE* |
|---|---|---|
| PRESENT | PAST | |
| 1. leería | habría leído | |
| 2. leerías | habrías leído | (tú) lee |
| 3. leería | habría leído | (Vd) lea |
| 1. leeríamos | habríamos leído | (nosotros) leamos |
| 2. leeríais | habríais leído | (vosotros) leed |
| 3. leerían | habrían leído | (Vds) lean |

| *SUBJUNCTIVE* | | |
|---|---|---|
| PRESENT | IMPERFECT | PLUPERFECT |
| 1. lea | le-yera/yese | hubiera leído |
| 2. leas | le-yeras/yeses | hubieras leído |
| 3. lea | le-yera/yese | hubiera leído |
| 1. leamos | le-yéramos/yésemos | hubiéramos leído |
| 2. leáis | le-yerais/yeseis | hubierais leído |
| 3. lean | le-yeran/yesen | hubieran leído |

| PERFECT | haya leído etc |
|---|---|

| *INFINITIVE* | *PARTICIPLE* |
|---|---|
| PRESENT | PRESENT |
| leer | leyendo |
| PAST | PAST |
| haber leído | leído |

# LUCIR
to shine

| PRESENT | IMPERFECT | FUTURE |
|---|---|---|
| 1. luzco | lucía | luciré |
| 2. luces | lucías | lucirás |
| 3. luce | lucía | lucirá |
| 1. lucimos | lucíamos | luciremos |
| 2. lucís | lucíais | luciréis |
| 3. lucen | lucían | lucirán |

| PAST HISTORIC | PERFECT | PLUPERFECT |
|---|---|---|
| 1. lucí | he lucido | había lucido |
| 2. luciste | has lucido | habías lucido |
| 3. lució | ha lucido | había lucido |
| 1. lucimos | hemos lucido | habíamos lucido |
| 2. lucisteis | habéis lucido | habíais lucido |
| 3. lucieron | han lucido | habían lucido |

| PAST ANTERIOR | FUTURE PERFECT |
|---|---|
| hube lucido etc | habré lucido etc |

## CONDITIONAL

| PRESENT | PAST | IMPERATIVE |
|---|---|---|
| 1. luciría | habría lucido | |
| 2. lucirías | habrías lucido | (tú) luce |
| 3. luciría | habría lucido | (Vd) luzca |
| 1. luciríamos | habríamos lucido | (nosotros) luzcamos |
| 2. luciríais | habríais lucido | (vosotros) lucid |
| 3. lucirían | habrían lucido | (Vds) luzcan |

## SUBJUNCTIVE

| PRESENT | IMPERFECT | PLUPERFECT |
|---|---|---|
| 1. luzca | luc-iera/iese | hubiera lucido |
| 2. luzcas | luc-ieras/ieses | hubieras lucido |
| 3. luzca | luc-iera/iese | hubiera lucido |
| 1. luzcamos | luc-iéramos/iésemos | hubiéramos lucido |
| 2. luzcáis | luc-ierais/ieseis | hubierais lucido |
| 3. luzcan | luc-ieran/iesen | hubieran lucido |

PERFECT   haya lucido etc

| INFINITIVE | PARTICIPLE |
|---|---|
| **PRESENT** | **PRESENT** |
| lucir | luciendo |
| **PAST** | **PAST** |
| haber lucido | lucido |

# LLAMAR
to call

| PRESENT | IMPERFECT | FUTURE |
|---|---|---|
| 1. llamo | llamaba | llamaré |
| 2. llamas | llamabas | llamarás |
| 3. llama | llamaba | llamará |
| 1. llamamos | llamábamos | llamaremos |
| 2. llamáis | llamabais | llamaréis |
| 3. llaman | llamaban | llamarán |

| PAST HISTORIC | PERFECT | PLUPERFECT |
|---|---|---|
| 1. llamé | he llamado | había llamado |
| 2. llamaste | has llamado | habías llamado |
| 3. llamó | ha llamado | había llamado |
| 1. llamamos | hemos llamado | habíamos llamado |
| 2. llamasteis | habéis llamado | habíais llamado |
| 3. llamaron | han llamado | habían llamado |

| PAST ANTERIOR | FUTURE PERFECT |
|---|---|
| hube llamado etc | habré llamado etc |

---

## *CONDITIONAL*

| PRESENT | PAST | *IMPERATIVE* |
|---|---|---|
| 1. llamaría | habría llamado | |
| 2. llamarías | habrías llamado | (tú) llama |
| 3. llamaría | habría llamado | (Vd) llame |
| 1. llamaríamos | habríamos llamado | (nosotros) llamemos |
| 2. llamaríais | habríais llamado | (vosotros) llamad |
| 3. llamarían | habrían llamado | (Vds) llamen |

---

## *SUBJUNCTIVE*

| PRESENT | IMPERFECT | PLUPERFECT |
|---|---|---|
| 1. llame | llam-ara/ase | hubiera llamado |
| 2. llames | llam-aras/ases | hubieras llamado |
| 3. llame | llam-ara/ase | hubiera llamado |
| 1. llamemos | llam-áramos/ásemos | hubiéramos llamado |
| 2. llaméis | llam-arais/aseis | hubierais llamado |
| 3. llamen | llam-aran/asen | hubieran llamado |

**PERFECT**   haya llamado etc

---

| *INFINITIVE* | *PARTICIPLE* |
|---|---|
| **PRESENT** | **PRESENT** |
| llamar | llamando |
| **PAST** | **PAST** |
| haber llamado | llamado |

# 128    **LLEGAR**
to arrive

| **PRESENT** | **IMPERFECT** | **FUTURE** |
|---|---|---|
| 1. llego | llegaba | llegaré |
| 2. llegas | llegabas | llegarás |
| 3. llega | llegaba | llegará |
| 1. llegamos | llegábamos | llegaremos |
| 2. llegáis | llegabais | llegaréis |
| 3. llegan | llegaban | llegarán |

| **PAST HISTORIC** | **PERFECT** | **PLUPERFECT** |
|---|---|---|
| 1. llegué | he llegado | había llegado |
| 2. llegaste | has llegado | habías llegado |
| 3. llegó | ha llegado | había llegado |
| 1. llegamos | hemos llegado | habíamos llegado |
| 2. llegasteis | habéis llegado | habíais llegado |
| 3. llegaron | han llegado | habían llegado |

| **PAST ANTERIOR** | **FUTURE PERFECT** |
|---|---|
| hube llegado etc | habré llegado etc |

| *CONDITIONAL* | | *IMPERATIVE* |
|---|---|---|
| **PRESENT** | **PAST** | |
| 1. llegaría | habría llegado | |
| 2. llegarías | habrías llegado | (tú) llega |
| 3. llegaría | habría llegado | (Vd) llegue |
| 1. llegaríamos | habríamos llegado | (nosotros) lleguemos |
| 2. llegaríais | habríais llegado | (vosotros) llegad |
| 3. llegarían | habrían llegado | (Vds) lleguen |

| *SUBJUNCTIVE* | | |
|---|---|---|
| **PRESENT** | **IMPERFECT** | **PLUPERFECT** |
| 1. llegue | lleg-ara/ase | hubiera llegado |
| 2. llegues | lleg-aras/ases | hubieras llegado |
| 3. llegue | lleg-ara/ase | hubiera llegado |
| 1. lleguemos | lleg-áramos/ásemos | hubiéramos llegado |
| 2. lleguéis | lleg-arais/aseis | hubierais llegado |
| 3. lleguen | lleg-aran/asen | hubieran llegado |

**PERFECT**    haya llegado etc

| *INFINITIVE* | *PARTICIPLE* |
|---|---|
| **PRESENT** | **PRESENT** |
| llegar | llegando |
| **PAST** | **PAST** |
| haber llegado | llegado |

# LLOVER
to rain

| PRESENT | IMPERFECT | FUTURE |
|---|---|---|
| 3. llueve | llovía | lloverá |

| PAST HISTORIC | PERFECT | PLUPERFECT |
|---|---|---|
| 3. llovió | ha llovido | había llovido |

| PAST ANTERIOR | | FUTURE PERFECT |
|---|---|---|
| hubo llovido | | habrá llovido |

| *CONDITIONAL* | | *IMPERATIVE* |
|---|---|---|
| **PRESENT** | **PAST** | |
| 3. llovería | habría llovido | |

| *SUBJUNCTIVE* | | |
|---|---|---|
| **PRESENT** | **IMPERFECT** | **PLUPERFECT** |
| 3. llueva | llov-iera/iese | hubiera llovido |

**PERFECT** haya llovido

| *INFINITIVE* | *PARTICIPLE* |
|---|---|
| **PRESENT** | **PRESENT** |
| llover | lloviendo |
| **PAST** | **PAST** |
| haber llovido | llovido |

**MENTIR**
to lie

| PRESENT | IMPERFECT | FUTURE |
|---|---|---|
| 1. miento | mentía | mentiré |
| 2. mientes | mentías | mentirás |
| 3. miente | mentía | mentirá |
| 1. mentimos | mentíamos | mentiremos |
| 2. mentís | mentíais | mentiréis |
| 3. mienten | mentían | mentirán |

| PAST HISTORIC | PERFECT | PLUPERFECT |
|---|---|---|
| 1. mentí | he mentido | había mentido |
| 2. mentiste | has mentido | habías mentido |
| 3. mintió | ha mentido | había mentido |
| 1. mentimos | hemos mentido | habíamos mentido |
| 2. mentisteis | habéis mentido | habíais mentido |
| 3. mintieron | han mentido | habían mentido |

| PAST ANTERIOR | FUTURE PERFECT |
|---|---|
| hube mentido etc | habré mentido etc |

| *CONDITIONAL* | | *IMPERATIVE* |
|---|---|---|
| **PRESENT** | **PAST** | |
| 1. mentiría | habría mentido | |
| 2. mentirías | habrías mentido | (tú) miente |
| 3. mentiría | habría mentido | (Vd) mienta |
| 1. mentiríamos | habríamos mentido | (nosotros) mintamos |
| 2. mentiríais | habríais mentido | (vosotros) mentid |
| 3. mentirían | habrían mentido | (Vds) mientan |

*SUBJUNCTIVE*

| PRESENT | IMPERFECT | PLUPERFECT |
|---|---|---|
| 1. mienta | mint-iera/iese | hubiera mentido |
| 2. mientas | mint-ieras/ieses | hubieras mentido |
| 3. mienta | mint-iera/iese | hubiera mentido |
| 1. mintamos | mint-iéramos/iésemos | hubiéramos mentido |
| 2. mintáis | mint-ierais/ieseis | hubierais mentido |
| 3. mientan | mint-ieran/iesen | hubieran mentido |

**PERFECT** haya mentido etc

| *INFINITIVE* | *PARTICIPLE* |
|---|---|
| **PRESENT** | **PRESENT** |
| mentir | mintiendo |
| **PAST** | **PAST** |
| haber mentido | mentido |

# MERECER
to deserve

| PRESENT | IMPERFECT | FUTURE |
|---|---|---|
| 1. merezco | merecía | mereceré |
| 2. mereces | merecías | merecerás |
| 3. merece | merecía | merecerá |
| 1. merecemos | merecíamos | mereceremos |
| 2. merecéis | merecíais | mereceréis |
| 3. merecen | merecían | merecerán |

| PAST HISTORIC | PERFECT | PLUPERFECT |
|---|---|---|
| 1. merecí | he merecido | había merecido |
| 2. mereciste | has merecido | habías merecido |
| 3. mereció | ha merecido | había merecido |
| 1. merecimos | hemos merecido | habíamos merecido |
| 2. merecisteis | habéis merecido | habíais merecido |
| 3. merecieron | han merecido | habían merecido |

| PAST ANTERIOR | FUTURE PERFECT |
|---|---|
| hube merecido etc | habré merecido etc |

## CONDITIONAL

| PRESENT | PAST | IMPERATIVE |
|---|---|---|
| 1. merecería | habría merecido | |
| 2. merecerías | habrías merecido | (tú) merece |
| 3. merecería | habría merecido | (Vd) merezca |
| 1. mereceríamos | habríamos merecido | (nosotros) merezcamos |
| 2. mereceríais | habríais merecido | (vosotros) mereced |
| 3. merecerían | habrían merecido | (Vds) merezcan |

## SUBJUNCTIVE

| PRESENT | IMPERFECT | PLUPERFECT |
|---|---|---|
| 1. merezca | merec-iera/iese | hubiera merecido |
| 2. merezcas | merec-ieras/ieses | hubieras merecido |
| 3. merezca | merec-iera/iese | hubiera merecido |
| 1. merezcamos | merec-iéramos/iésemos | hubiéramos merecido |
| 2. merezcáis | merec-ierais/ieseis | hubierais merecido |
| 3. merezcan | merec-ieran/iesen | hubieran merecido |

PERFECT    haya merecido etc

| INFINITIVE | PARTICIPLE |
|---|---|
| **PRESENT** | **PRESENT** |
| merecer | mereciendo |
| **PAST** | **PAST** |
| haber merecido | merecido |

**MORDER**
to bite

| PRESENT | IMPERFECT | FUTURE |
|---|---|---|
| 1. muerdo | mordía | morderé |
| 2. muerdes | mordías | morderás |
| 3. muerde | mordía | morderá |
| 1. mordemos | mordíamos | morderemos |
| 2. mordéis | mordíais | morderéis |
| 3. muerden | mordían | morderán |

| PAST HISTORIC | PERFECT | PLUPERFECT |
|---|---|---|
| 1. mordí | he mordido | había mordido |
| 2. mordiste | has mordido | habías mordido |
| 3. mordió | ha mordido | había mordido |
| 1. mordimos | hemos mordido | habíamos mordido |
| 2. mordisteis | habéis mordido | habíais mordido |
| 3. mordieron | han mordido | habían mordido |

| PAST ANTERIOR | FUTURE PERFECT |
|---|---|
| hube mordido etc | habré mordido etc |

| *CONDITIONAL* | | *IMPERATIVE* |
|---|---|---|
| **PRESENT** | **PAST** | |
| 1. mordería | habría mordido | |
| 2. morderías | habrías mordido | (tú) muerde |
| 3. mordería | habría mordido | (Vd) muerda |
| 1. morderíamos | habríamos mordido | (nosotros) mordamos |
| 2. morderíais | habríais mordido | (vosotros) morded |
| 3. morderían | habrían mordido | (Vds) muerdan |

| *SUBJUNCTIVE* | | |
|---|---|---|
| **PRESENT** | **IMPERFECT** | **PLUPERFECT** |
| 1. muerda | mord-iera/iese | hubiera mordido |
| 2. muerdas | mord-ieras/ieses | hubieras mordido |
| 3. muerda | mord-iera/iese | hubiera mordido |
| 1. mordamos | mord-iéramos/iésemos | hubiéramos mordido |
| 2. mordáis | mord-ierais/ieseis | hubierais mordido |
| 3. muerdan | mord-ieran/iesen | hubieran mordido |

**PERFECT**  haya mordido etc

| *INFINITIVE* | *PARTICIPLE* |
|---|---|
| **PRESENT** | **PRESENT** |
| morder | mordiendo |
| **PAST** | **PAST** |
| haber mordido | mordido |

# MORIR
to die

| PRESENT | IMPERFECT | FUTURE |
|---|---|---|
| 1. muero | moría | moriré |
| 2. mueres | morías | morirás |
| 3. muere | moría | morirá |
| 1. morimos | moríamos | moriremos |
| 2. morís | moríais | moriréis |
| 3. mueren | morían | morirán |

| PAST HISTORIC | PERFECT | PLUPERFECT |
|---|---|---|
| 1. morí | he muerto | había muerto |
| 2. moriste | has muerto | habías muerto |
| 3. murió | ha muerto | había muerto |
| 1. morimos | hemos muerto | habíamos muerto |
| 2. moristeis | habéis muerto | habíais muerto |
| 3. murieron | han muerto | habían muerto |

| PAST ANTERIOR | FUTURE PERFECT |
|---|---|
| hube muerto etc | habré muerto etc |

| *CONDITIONAL* | | *IMPERATIVE* |
|---|---|---|
| **PRESENT** | **PAST** | |
| 1. moriría | habría muerto | |
| 2. morirías | habrías muerto | (tú) muere |
| 3. moriría | habría muerto | (Vd) muera |
| 1. moriríamos | habríamos muerto | (nosotros) muramos |
| 2. moriríais | habríais muerto | (vosotros) morid |
| 3. morirían | habrían muerto | (Vds) mueran |

## *SUBJUNCTIVE*

| PRESENT | IMPERFECT | PLUPERFECT |
|---|---|---|
| 1. muera | mur-iera/iese | hubiera muerto |
| 2. mueras | mur-ieras/ieses | hubieras muerto |
| 3. muera | mur-iera/iese | hubiera muerto |
| 1. muramos | mur-iéramos/iésemos | hubiéramos muerto |
| 2. muráis | mur-ierais/ieseis | hubierais muerto |
| 3. mueran | mur-ieran/iesen | hubieran muerto |

PERFECT    haya muerto etc

| *INFINITIVE* | *PARTICIPLE* |
|---|---|
| **PRESENT** | **PRESENT** |
| morir | muriendo |
| **PAST** | **PAST** |
| haber muerto | muerto |

# 134

**MOVER**
to move

| PRESENT | IMPERFECT | FUTURE |
|---|---|---|
| 1. muevo | movía | moveré |
| 2. mueves | movías | moverás |
| 3. mueve | movía | moverá |
| 1. movemos | movíamos | moveremos |
| 2. movéis | movíais | moveréis |
| 3. mueven | movían | moverán |

| PAST HISTORIC | PERFECT | PLUPERFECT |
|---|---|---|
| 1. moví | he movido | había movido |
| 2. moviste | has movido | habías movido |
| 3. movió | ha movido | había movido |
| 1. movimos | hemos movido | habíamos movido |
| 2. movisteis | habéis movido | habíais movido |
| 3. movieron | han movido | habían movido |

| PAST ANTERIOR | FUTURE PERFECT |
|---|---|
| hube movido etc | habré movido etc |

*CONDITIONAL* / *IMPERATIVE*

| PRESENT | PAST | |
|---|---|---|
| 1. movería | habría movido | |
| 2. moverías | habrías movido | (tú) mueve |
| 3. movería | habría movido | (Vd) mueva |
| 1. moveríamos | habríamos movido | (nosotros) movamos |
| 2. moveríais | habríais movido | (vosotros) moved |
| 3. moverían | habrían movido | (Vds) muevan |

*SUBJUNCTIVE*

| PRESENT | IMPERFECT | PLUPERFECT |
|---|---|---|
| 1. mueva | mov-iera/iese | hubiera movido |
| 2. muevas | mov-ieras/ieses | hubieras movido |
| 3. mueva | mov-iera/iese | hubiera movido |
| 1. movamos | mov-iéramos/iésemos | hubiéramos movido |
| 2. mováis | mov-ierais/ieseis | hubierais movido |
| 3. muevan | mov-ieran/iesen | hubieran movido |

**PERFECT** haya movido etc

*INFINITIVE* / *PARTICIPLE*

| PRESENT | PRESENT |
|---|---|
| mover | moviendo |

| PAST | PAST |
|---|---|
| haber movido | movido |

# NACER
to be born

| PRESENT | IMPERFECT | FUTURE |
|---|---|---|
| 1. nazco | nacía | naceré |
| 2. naces | nacías | nacerás |
| 3. nace | nacía | nacerá |
| 1. nacemos | nacíamos | naceremos |
| 2. nacéis | nacíais | naceréis |
| 3. nacen | nacían | nacerán |

| PAST HISTORIC | PERFECT | PLUPERFECT |
|---|---|---|
| 1. nací | he nacido | había nacido |
| 2. naciste | has nacido | habías nacido |
| 3. nació | ha nacido | había nacido |
| 1. nacimos | hemos nacido | habíamos nacido |
| 2. nacisteis | habéis nacido | habíais nacido |
| 3. nacieron | han nacido | habían nacido |

| PAST ANTERIOR | FUTURE PERFECT |
|---|---|
| hube nacido etc | habré nacido etc |

| *CONDITIONAL* | | *IMPERATIVE* |
|---|---|---|
| PRESENT | PAST | |
| 1. nacería | habría nacido | |
| 2. nacerías | habrías nacido | (tú) nace |
| 3. nacería | habría nacido | (Vd) nazca |
| 1. naceríamos | habríamos nacido | (nosotros) nazcamos |
| 2. naceríais | habríais nacido | (vosotros) naced |
| 3. nacerían | habrían nacido | (Vds) nazcan |

| *SUBJUNCTIVE* | | |
|---|---|---|
| PRESENT | IMPERFECT | PLUPERFECT |
| 1. nazca | nac-iera/iese | hubiera nacido |
| 2. nazcas | nac-ieras/ieses | hubieras nacido |
| 3. nazca | nac-iera/iese | hubiera nacido |
| 1. nazcamos | nac-iéramos/iésemos | hubiéramos nacido |
| 2. nazcáis | nac-ierais/ieseis | hubierais nacido |
| 3. nazcan | nac-ieran/iesen | hubieran nacido |

| PERFECT | haya nacido etc |
|---|---|

| *INFINITIVE* | *PARTICIPLE* |
|---|---|
| PRESENT | PRESENT |
| nacer | naciendo |
| PAST | PAST |
| haber nacido | nacido |

**NADAR**
to swim

| PRESENT | IMPERFECT | FUTURE |
|---|---|---|
| 1. nado | nadaba | nadaré |
| 2. nadas | nadabas | nadarás |
| 3. nada | nadaba | nadará |
| 1. nadamos | nadábamos | nadaremos |
| 2. nadáis | nadabais | nadaréis |
| 3. nadan | nadaban | nadarán |

| PAST HISTORIC | PERFECT | PLUPERFECT |
|---|---|---|
| 1. nadé | he nadado | había nadado |
| 2. nadaste | has nadado | habías nadado |
| 3. nadó | ha nadado | había nadado |
| 1. nadamos | hemos nadado | habíamos nadado |
| 2. nadasteis | habéis nadado | habíais nadado |
| 3. nadaron | han nadado | habían nadado |

| PAST ANTERIOR | FUTURE PERFECT |
|---|---|
| hube nadado etc | habré nadado etc |

| *CONDITIONAL* | | *IMPERATIVE* |
|---|---|---|
| **PRESENT** | **PAST** | |
| 1. nadaría | habría nadado | |
| 2. nadarías | habrías nadado | (tú) nada |
| 3. nadaría | habría nadado | (Vd) nade |
| 1. nadaríamos | habríamos nadado | (nosotros) nademos |
| 2. nadaríais | habríais nadado | (vosotros) nadad |
| 3. nadarían | habrían nadado | (Vds) naden |

| *SUBJUNCTIVE* | | |
|---|---|---|
| **PRESENT** | **IMPERFECT** | **PLUPERFECT** |
| 1. nade | nad-ara/ase | hubiera nadado |
| 2. nades | nad-aras/ases | hubieras nadado |
| 3. nade | nad-ara/ase | hubiera nadado |
| 1. nademos | nad-áramos/ásemos | hubiéramos nadado |
| 2. nadéis | nad-arais/aseis | hubierais nadado |
| 3. naden | nad-aran/asen | hubieran nadado |

**PERFECT**   haya nadado etc

| *INFINITIVE* | *PARTICIPLE* |
|---|---|
| **PRESENT** | **PRESENT** |
| nadar | nadando |
| **PAST** | **PAST** |
| haber nadado | nadado |

# NECESITAR
to need

| PRESENT | IMPERFECT | FUTURE |
|---|---|---|
| 1. necesito | necesitaba | necesitaré |
| 2. necesitas | necesitabas | necesitarás |
| 3. necesita | necesitaba | necesitará |
| 1. necesitamos | necesitábamos | necesitaremos |
| 2. necesitáis | necesitabais | necesitaréis |
| 3. necesitan | necesitaban | necesitarán |

| PAST HISTORIC | PERFECT | PLUPERFECT |
|---|---|---|
| 1. necesité | he necesitado | había necesitado |
| 2. necesitaste | has necesitado | habías necesitado |
| 3. necesitó | ha necesitado | había necesitado |
| 1. necesitamos | hemos necesitado | habíamos necesitado |
| 2. necesitasteis | habéis necesitado | habíais necesitado |
| 3. necesitaron | han necesitado | habían necesitado |

| PAST ANTERIOR | FUTURE PERFECT |
|---|---|
| hube necesitado etc | habré necesitado etc |

## CONDITIONAL

| PRESENT | PAST | IMPERATIVE |
|---|---|---|
| 1. necesitaría | habría necesitado | |
| 2. necesitarías | habrías necesitado | (tú) necesita |
| 3. necesitaría | habría necesitado | (Vd) necesite |
| 1. necesitaríamos | habríamos necesitado | (nosotros) necesitemos |
| 2. necesitaríais | habríais necesitado | (vosotros) necesitad |
| 3. necesitarían | habrían necesitado | (Vds) necesiten |

## SUBJUNCTIVE

| PRESENT | IMPERFECT | PLUPERFECT |
|---|---|---|
| 1. necesite | necesit-ara/ase | hubiera necesitado |
| 2. necesites | necesit-aras/ases | hubieras necesitado |
| 3. necesite | necesit-ara/ase | hubiera necesitado |
| 1. necesitemos | necesit-áramos/ásemos | hubiéramos necesitado |
| 2. necesitéis | necesit-arais/aseis | hubierais necesitado |
| 3. necesiten | necesit-aran/asen | hubieran necesitado |

PERFECT    haya necesitado etc

| INFINITIVE | PARTICIPLE |
|---|---|
| **PRESENT** | **PRESENT** |
| necesitar | necesitando |
| **PAST** | **PAST** |
| haber necesitado | necesitado |

**NEGAR**
to deny

| PRESENT | IMPERFECT | FUTURE |
|---|---|---|
| 1. niego | negaba | negaré |
| 2. niegas | negabas | negarás |
| 3. niega | negaba | negará |
| 1. negamos | negábamos | negaremos |
| 2. negáis | negabais | negaréis |
| 3. niegan | negaban | negarán |

| PAST HISTORIC | PERFECT | PLUPERFECT |
|---|---|---|
| 1. negué | he negado | había negado |
| 2. negaste | has negado | habías negado |
| 3. negó | ha negado | había negado |
| 1. negamos | hemos negado | habíamos negado |
| 2. negasteis | habéis negado | habíais negado |
| 3. negaron | han negado | habían negado |

| PAST ANTERIOR | FUTURE PERFECT |
|---|---|
| hube negado etc | habré negado etc |

| CONDITIONAL | | IMPERATIVE |
|---|---|---|
| PRESENT | PAST | |
| 1. negaría | habría negado | |
| 2. negarías | habrías negado | (tú) niega |
| 3. negaría | habría negado | (Vd) niegue |
| 1. negaríamos | habríamos negado | (nosotros) neguemos |
| 2. negaríais | habríais negado | (vosotros) negad |
| 3. negarían | habrían negado | (Vds) nieguen |

| SUBJUNCTIVE | | |
|---|---|---|
| PRESENT | IMPERFECT | PLUPERFECT |
| 1. niegue | neg-ara/ase | hubiera negado |
| 2. niegues | neg-aras/ases | hubieras negado |
| 3. niegue | neg-ara/ase | hubiera negado |
| 1. neguemos | neg-áramos/ásemos | hubiéramos negado |
| 2. neguéis | neg-arais/aseis | hubierais negado |
| 3. nieguen | neg-aran/asen | hubieran negado |

**PERFECT**   haya negado etc

| INFINITIVE | PARTICIPLE |
|---|---|
| PRESENT | PRESENT |
| negar | negando |
| PAST | PAST |
| haber negado | negado |

# NEVAR
to snow

**139**

| PRESENT | IMPERFECT | FUTURE |
|---|---|---|
| 3. nieva | nevaba | nevará |

| PAST HISTORIC | PERFECT | PLUPERFECT |
|---|---|---|
| 3. nevó | ha nevado | había nevado |

| | PAST ANTERIOR | FUTURE PERFECT |
|---|---|---|
| | hubo nevado | habrá nevado |

| CONDITIONAL | | IMPERATIVE |
|---|---|---|
| PRESENT | PAST | |
| 3. nevaría | habría nevado | |

| SUBJUNCTIVE | | |
|---|---|---|
| PRESENT | IMPERFECT | PLUPERFECT |
| 3. nieve | nev-ara/ase | hubiera nevado |

PERFECT    haya nevado

| INFINITIVE | PARTICIPLE |
|---|---|
| PRESENT | PRESENT |
| nevar | nevando |
| PAST | PAST |
| haber nevado | nevado |

# OBEDECER
to obey

| PRESENT | IMPERFECT | FUTURE |
|---|---|---|
| 1. obedezco | obedecía | obedeceré |
| 2. obedeces | obedecías | obedecerás |
| 3. obedece | obedecía | obedecerá |
| 1. obedecemos | obedecíamos | obedeceremos |
| 2. obedecéis | obedecíais | obedeceréis |
| 3. obedecen | obedecían | obedecerán |

| PAST HISTORIC | PERFECT | PLUPERFECT |
|---|---|---|
| 1. obedecí | he obedecido | había obedecido |
| 2. obedeciste | has obedecido | habías obedecido |
| 3. obedeció | ha obedecido | había obedecido |
| 1. obedecimos | hemos obedecido | habíamos obedecido |
| 2. obedecisteis | habéis obedecido | habíais obedecido |
| 3. obedecieron | han obedecido | habían obedecido |

| PAST ANTERIOR | FUTURE PERFECT |
|---|---|
| hube obedecido etc | habré obedecido etc |

## CONDITIONAL

| PRESENT | PAST |  | IMPERATIVE |
|---|---|---|---|
| 1. obedecería | habría obedecido | | |
| 2. obedecerías | habrías obedecido | | (tú) obedece |
| 3. obedecería | habría obedecido | | (Vd) obedezca |
| 1. obedeceríamos | habríamos obedecido | | (nosotros) obedezcamos |
| 2. obedeceríais | habríais obedecido | | (vosotros) obedeced |
| 3. obedecerían | habrían obedecido | | (Vds) obedezcan |

## SUBJUNCTIVE

| PRESENT | IMPERFECT | PLUPERFECT |
|---|---|---|
| 1. obedezca | obedec-iera/iese | hubiera obedecido |
| 2. obedezcas | obedec-ieras/ieses | hubieras obedecido |
| 3. obedezca | obedec-iera/iese | hubiera obedecido |
| 1. obedezcamos | obedec-iéramos/iésemos | hubiéramos obedecido |
| 2. obedezcáis | obedec-ierais/ieseis | hubierais obedecido |
| 3. obedezcan | obedec-ieran/iesen | hubieran obedecido |

PERFECT    haya obedecido etc

| INFINITIVE | PARTICIPLE |
|---|---|
| PRESENT | PRESENT |
| obedecer | obedeciendo |
| PAST | PAST |
| haber obedecido | obedecido |

## OBLIGAR
to oblige, to force

| PRESENT | IMPERFECT | FUTURE |
|---|---|---|
| 1. obligo | obligaba | obligaré |
| 2. obligas | obligabas | obligarás |
| 3. obliga | obligaba | obligará |
| 1. obligamos | obligábamos | obligaremos |
| 2. obligáis | obligabais | obligaréis |
| 3. obligan | obligaban | obligarán |

| PAST HISTORIC | PERFECT | PLUPERFECT |
|---|---|---|
| 1. obligué | he obligado | había obligado |
| 2. obligaste | has obligado | habías obligado |
| 3. obligó | ha obligado | había obligado |
| 1. obligamos | hemos obligado | habíamos obligado |
| 2. obligasteis | habéis obligado | habíais obligado |
| 3. obligaron | han obligado | habían obligado |

| PAST ANTERIOR | FUTURE PERFECT |
|---|---|
| hube obligado etc | habré obligado etc |

### CONDITIONAL

| PRESENT | PAST | IMPERATIVE |
|---|---|---|
| 1. obligaría | habría obligado | |
| 2. obligarías | habrías obligado | (tú) obliga |
| 3. obligaría | habría obligado | (Vd) obligue |
| 1. obligaríamos | habríamos obligado | (nosotros) obliguemos |
| 2. obligaríais | habríais obligado | (vosotros) obligad |
| 3. obligarían | habrían obligado | (Vds) obliguen |

### SUBJUNCTIVE

| PRESENT | IMPERFECT | PLUPERFECT |
|---|---|---|
| 1. obligue | oblig-ara/ase | hubiera obligado |
| 2. obligues | oblig-aras/ases | hubieras obligado |
| 3. obligue | oblig-ara/ase | hubiera obligado |
| 1. obliguemos | oblig-áramos/ásemos | hubiéramos obligado |
| 2. obliguéis | oblig-arais/aseis | hubierais obligado |
| 3. obliguen | oblig-aran/asen | hubieran obligado |

PERFECT   haya obligado etc

| INFINITIVE | PARTICIPLE |
|---|---|
| **PRESENT** | **PRESENT** |
| obligar | obligando |
| **PAST** | **PAST** |
| haber obligado | obligado |

# OFRECER
to offer

| PRESENT | IMPERFECT | FUTURE |
|---|---|---|
| 1. ofrezco | ofrecía | ofreceré |
| 2. ofreces | ofrecías | ofrecerás |
| 3. ofrece | ofrecía | ofrecerá |
| 1. ofrecemos | ofrecíamos | ofreceremos |
| 2. ofrecéis | ofrecíais | ofreceréis |
| 3. ofrecen | ofrecían | ofrecerán |

| PAST HISTORIC | PERFECT | PLUPERFECT |
|---|---|---|
| 1. ofrecí | he ofrecido | había ofrecido |
| 2. ofreciste | has ofrecido | habías ofrecido |
| 3. ofreció | ha ofrecido | había ofrecido |
| 1. ofrecimos | hemos ofrecido | habíamos ofrecido |
| 2. ofrecisteis | habéis ofrecido | habíais ofrecido |
| 3. ofrecieron | han ofrecido | habían ofrecido |

| PAST ANTERIOR | FUTURE PERFECT |
|---|---|
| hube ofrecido etc | habré ofrecido etc |

## CONDITIONAL

| PRESENT | PAST | IMPERATIVE |
|---|---|---|
| 1. ofrecería | habría ofrecido | |
| 2. ofrecerías | habrías ofrecido | (tú) ofrece |
| 3. ofrecería | habría ofrecido | (Vd) ofrezca |
| 1. ofreceríamos | habríamos ofrecido | (nosotros) ofrezcamos |
| 2. ofreceríais | habríais ofrecido | (vosotros) ofreced |
| 3. ofrecerían | habrían ofrecido | (Vds) ofrezcan |

## SUBJUNCTIVE

| PRESENT | IMPERFECT | PLUPERFECT |
|---|---|---|
| 1. ofrezca | ofrec-iera/iese | hubiera ofrecido |
| 2. ofrezcas | ofrec-ieras/ieses | hubieras ofrecido |
| 3. ofrezca | ofrec-iera/iese | hubiera ofrecido |
| 1. ofrezcamos | ofrec-iéramos/iésemos | hubiéramos ofrecido |
| 2. ofrezcáis | ofrec-ierais/ieseis | hubierais ofrecido |
| 3. ofrezcan | ofrec-ieran/iesen | hubieran ofrecido |

| PERFECT | haya ofrecido etc |
|---|---|

| INFINITIVE | PARTICIPLE |
|---|---|
| **PRESENT** | **PRESENT** |
| ofrecer | ofreciendo |
| **PAST** | **PAST** |
| haber ofrecido | ofrecido |

| PRESENT | IMPERFECT | FUTURE |
|---|---|---|
| 1. oigo | oía | oiré |
| 2. oyes | oías | oirás |
| 3. oye | oía | oirá |
| 1. oímos | oíamos | oiremos |
| 2. oís | oíais | oiréis |
| 3. oyen | oían | oirán |

| PAST HISTORIC | PERFECT | PLUPERFECT |
|---|---|---|
| 1. oí | he oído | había oído |
| 2. oíste | has oído | habías oído |
| 3. oyó | ha oído | había oído |
| 1. oímos | hemos oído | habíamos oído |
| 2. oísteis | habéis oído | habíais oído |
| 3. oyeron | han oído | habían oído |

| PAST ANTERIOR | FUTURE PERFECT |
|---|---|
| hube oído etc | habré oído etc |

| *CONDITIONAL* | | *IMPERATIVE* |
|---|---|---|
| **PRESENT** | **PAST** | |
| 1. oiría | habría oído | |
| 2. oirías | habrías oído | (tú) oye |
| 3. oiría | habría oído | (Vd) oiga |
| 1. oiríamos | habríamos oído | (nosotros) oigamos |
| 2. oiríais | habríais oído | (vosotros) oíd |
| 3. oirían | habrían oído | (Vds) oigan |

| *SUBJUNCTIVE* | | |
|---|---|---|
| **PRESENT** | **IMPERFECT** | **PLUPERFECT** |
| 1. oiga | o-yera/yese | hubiera oído |
| 2. oigas | o-yeras/yeses | hubieras oído |
| 3. oiga | o-yera/yese | hubiera oído |
| 1. oigamos | o-yéramos/yésemos | hubiéramos oído |
| 2. oigáis | o-yerais/yeseis | hubierais oído |
| 3. oigan | o-yeran/yesen | hubieran oído |

**PERFECT**   haya oído etc

| *INFINITIVE* | *PARTICIPLE* |
|---|---|
| **PRESENT** | **PRESENT** |
| oír | oyendo |
| **PAST** | **PAST** |
| haber oído | oído |

**OLER**
to smell

| PRESENT | IMPERFECT | FUTURE |
|---|---|---|
| 1. huelo | olía | oleré |
| 2. hueles | olías | olerás |
| 3. huele | olía | olerá |
| 1. olemos | olíamos | oleremos |
| 2. oléis | olíais | oleréis |
| 3. huelen | olían | olerán |

| PAST HISTORIC | PERFECT | PLUPERFECT |
|---|---|---|
| 1. olí | he olido | había olido |
| 2. oliste | has olido | habías olido |
| 3. olió | ha olido | había olido |
| 1. olimos | hemos olido | habíamos olido |
| 2. olisteis | habéis olido | habíais olido |
| 3. olieron | han olido | habían olido |

| PAST ANTERIOR | FUTURE PERFECT |
|---|---|
| hube olido etc | habré olido etc |

| *CONDITIONAL* | | *IMPERATIVE* |
|---|---|---|
| PRESENT | PAST | |
| 1. olería | habría olido | |
| 2. olerías | habrías olido | (tú) huele |
| 3. olería | habría olido | (Vd) huela |
| 1. oleríamos | habríamos olido | (nosotros) olamos |
| 2. oleríais | habríais olido | (vosotros) oled |
| 3. olerían | habrían olido | (Vds) huelan |

| *SUBJUNCTIVE* | | |
|---|---|---|
| PRESENT | IMPERFECT | PLUPERFECT |
| 1. huela | ol-iera/iese | hubiera olido |
| 2. huelas | ol-ieras/ieses | hubieras olido |
| 3. huela | ol-iera/iese | hubiera olido |
| 1. olamos | ol-iéramos/iésemos | hubiéramos olido |
| 2. oláis | ol-ierais/ieseis | hubierais olido |
| 3. huelan | ol-ieran/iesen | hubieran olido |

| PERFECT | haya olido etc |
|---|---|

| *INFINITIVE* | *PARTICIPLE* |
|---|---|
| PRESENT | PRESENT |
| oler | oliendo |
| PAST | PAST |
| haber olido | olido |

# PAGAR
to pay

| PRESENT | IMPERFECT | FUTURE |
|---|---|---|
| 1. pago | pagaba | pagaré |
| 2. pagas | pagabas | pagarás |
| 3. paga | pagaba | pagará |
| 1. pagamos | pagábamos | pagaremos |
| 2. pagáis | pagabais | pagaréis |
| 3. pagan | pagaban | pagarán |

| PAST HISTORIC | PERFECT | PLUPERFECT |
|---|---|---|
| 1. pagué | he pagado | había pagado |
| 2. pagaste | has pagado | habías pagado |
| 3. pagó | ha pagado | había pagado |
| 1. pagamos | hemos pagado | habíamos pagado |
| 2. pagasteis | habéis pagado | habíais pagado |
| 3. pagaron | han pagado | habían pagado |

| PAST ANTERIOR | FUTURE PERFECT |
|---|---|
| hube pagado etc | habré pagado etc |

| *CONDITIONAL* | | *IMPERATIVE* |
|---|---|---|
| **PRESENT** | **PAST** | |
| 1. pagaría | habría pagado | |
| 2. pagarías | habrías pagado | (tú) paga |
| 3. pagaría | habría pagado | (Vd) pague |
| 1. pagaríamos | habríamos pagado | (nosotros) paguemos |
| 2. pagaríais | habríais pagado | (vosotros) pagad |
| 3. pagarían | habrían pagado | (Vds) paguen |

| *SUBJUNCTIVE* | | |
|---|---|---|
| **PRESENT** | **IMPERFECT** | **PLUPERFECT** |
| 1. pague | pag-ara/ase | hubiera pagado |
| 2. pagues | pag-aras/ases | hubieras pagado |
| 3. pague | pag-ara/ase | hubiera pagado |
| 1. paguemos | pag-áramos/ásemos | hubiéramos pagado |
| 2. paguéis | pag-arais/aseis | hubierais pagado |
| 3. paguen | pag-aran/asen | hubieran pagado |

**PERFECT**   haya pagado etc

| *INFINITIVE* | *PARTICIPLE* |
|---|---|
| **PRESENT** | **PRESENT** |
| pagar | pagando |
| **PAST** | **PAST** |
| haber pagado | pagado |

# PARECER
to seem

| PRESENT | IMPERFECT | FUTURE |
|---|---|---|
| 1. parezco | parecía | pareceré |
| 2. pareces | parecías | parecerás |
| 3. parece | parecía | parecerá |
| 1. parecemos | parecíamos | pareceremos |
| 2. parecéis | parecíais | pareceréis |
| 3. parecen | parecían | parecerán |

| PAST HISTORIC | PERFECT | PLUPERFECT |
|---|---|---|
| 1. parecí | he parecido | había parecido |
| 2. pareciste | has parecido | habías parecido |
| 3. pareció | ha parecido | había parecido |
| 1. parecimos | hemos parecido | habíamos parecido |
| 2. parecisteis | habéis parecido | habíais parecido |
| 3. parecieron | han parecido | habían parecido |

| PAST ANTERIOR | FUTURE PERFECT |
|---|---|
| hube parecido etc | habré parecido etc |

| *CONDITIONAL* | | *IMPERATIVE* |
|---|---|---|
| **PRESENT** | **PAST** | |
| 1. parecería | habría parecido | |
| 2. parecerías | habrías parecido | (tú) parece |
| 3. parecería | habría parecido | (Vd) parezca |
| 1. pareceríamos | habríamos parecido | (nosotros) parezcamos |
| 2. pareceríais | habríais parecido | (vosotros) pareced |
| 3. parecerían | habrían parecido | (Vds) parezcan |

## *SUBJUNCTIVE*

| PRESENT | IMPERFECT | PLUPERFECT |
|---|---|---|
| 1. parezca | parec-iera/iese | hubiera parecido |
| 2. parezcas | parec-ieras/ieses | hubieras parecido |
| 3. parezca | parec-iera/iese | hubiera parecido |
| 1. parezcamos | parec-iéramos/iésemos | hubiéramos parecido |
| 2. parezcáis | parec-ierais/ieseis | hubierais parecido |
| 3. parezcan | parec-ieran/iesen | hubieran parecido |

**PERFECT**   haya parecido etc

| *INFINITIVE* | *PARTICIPLE* |
|---|---|
| **PRESENT** | **PRESENT** |
| parecer | pareciendo |
| **PAST** | **PAST** |
| haber parecido | parecido |

| **PRESENT** | **IMPERFECT** | **FUTURE** |
|---|---|---|
| 1. paseo | paseaba | pasearé |
| 2. paseas | paseabas | pasearás |
| 3. pasea | paseaba | paseará |
| 1. paseamos | paseábamos | pasearemos |
| 2. paseáis | paseabais | pasearéis |
| 3. pasean | paseaban | pasearán |

| **PAST HISTORIC** | **PERFECT** | **PLUPERFECT** |
|---|---|---|
| 1. paseé | he paseado | había paseado |
| 2. paseaste | has paseado | habías paseado |
| 3. paseó | ha paseado | había paseado |
| 1. paseamos | hemos paseado | habíamos paseado |
| 2. paseasteis | habéis paseado | habíais paseado |
| 3. pasearon | han paseado | habían paseado |

| **PAST ANTERIOR** | **FUTURE PERFECT** |
|---|---|
| hube paseado etc | habré paseado etc |

| *CONDITIONAL* | | *IMPERATIVE* |
|---|---|---|
| **PRESENT** | **PAST** | |
| 1. pasearía | habría paseado | |
| 2. pasearías | habrías paseado | (tú) pasea |
| 3. pasearía | habría paseado | (Vd) pasee |
| 1. pasearíamos | habríamos paseado | (nosotros) paseemos |
| 2. pasearíais | habríais paseado | (vosotros) pasead |
| 3. pasearían | habrían paseado | (Vds) paseen |

| *SUBJUNCTIVE* | | |
|---|---|---|
| **PRESENT** | **IMPERFECT** | **PLUPERFECT** |
| 1. pasee | pase-ara/ase | hubiera paseado |
| 2. pasees | pase-aras/ases | hubieras paseado |
| 3. pasee | pase-ara/ase | hubiera paseado |
| 1. paseemos | pase-áramos/ásemos | hubiéramos paseado |
| 2. paseéis | pase-arais/aseis | hubierais paseado |
| 3. paseen | pase-aran/asen | hubieran paseado |

**PERFECT**   haya paseado etc

| *INFINITIVE* | *PARTICIPLE* |
|---|---|
| **PRESENT** | **PRESENT** |
| pasear | paseando |
| **PAST** | **PAST** |
| haber paseado | paseado |

# PEDIR
to ask for

| **PRESENT** | **IMPERFECT** | **FUTURE** |
|---|---|---|
| 1. pido | pedía | pediré |
| 2. pides | pedías | pedirás |
| 3. pide | pedía | pedirá |
| 1. pedimos | pedíamos | pediremos |
| 2. pedís | pedíais | pediréis |
| 3. piden | pedían | pedirán |

| **PAST HISTORIC** | **PERFECT** | **PLUPERFECT** |
|---|---|---|
| 1. pedí | he pedido | había pedido |
| 2. pediste | has pedido | habías pedido |
| 3. pidió | ha pedido | había pedido |
| 1. pedimos | hemos pedido | habíamos pedido |
| 2. pedisteis | habéis pedido | habíais pedido |
| 3. pidieron | han pedido | habían pedido |

| **PAST ANTERIOR** | **FUTURE PERFECT** |
|---|---|
| hube pedido etc | habré pedido etc |

| *CONDITIONAL* | | *IMPERATIVE* |
|---|---|---|
| **PRESENT** | **PAST** | |
| 1. pediría | habría pedido | |
| 2. pedirías | habrías pedido | (tú) pide |
| 3. pediría | habría pedido | (Vd) pida |
| 1. pediríamos | habríamos pedido | (nosotros) pidamos |
| 2. pediríais | habríais pedido | (vosotros) pedid |
| 3. pedirían | habrían pedido | (Vds) pidan |

| *SUBJUNCTIVE* | | |
|---|---|---|
| **PRESENT** | **IMPERFECT** | **PLUPERFECT** |
| 1. pida | pid-iera/iese | hubiera pedido |
| 2. pidas | pid-ieras/ieses | hubieras pedido |
| 3. pida | pid-iera/iese | hubiera pedido |
| 1. pidamos | pid-iéramos/iésemos | hubiéramos pedido |
| 2. pidáis | pid-ierais/ieseis | hubierais pedido |
| 3. pidan | pid-ieran/iesen | hubieran pedido |

**PERFECT**    haya pedido etc

| *INFINITIVE* | *PARTICIPLE* |
|---|---|
| **PRESENT** | **PRESENT** |
| pedir | pidiendo |
| **PAST** | **PAST** |
| haber pedido | pedido |

| PRESENT | IMPERFECT | FUTURE |
|---|---|---|
| 1. pienso | pensaba | pensaré |
| 2. piensas | pensabas | pensarás |
| 3. piensa | pensaba | pensará |
| 1. pensamos | pensábamos | pensaremos |
| 2. pensáis | pensabais | pensaréis |
| 3. piensan | pensaban | pensarán |

| PAST HISTORIC | PERFECT | PLUPERFECT |
|---|---|---|
| 1. pensé | he pensado | había pensado |
| 2. pensaste | has pensado | habías pensado |
| 3. pensó | ha pensado | había pensado |
| 1. pensamos | hemos pensado | habíamos pensado |
| 2. pensasteis | habéis pensado | habíais pensado |
| 3. pensaron | han pensado | habían pensado |

| PAST ANTERIOR | FUTURE PERFECT |
|---|---|
| hube pensado etc | habré pensado etc |

| *CONDITIONAL* | | *IMPERATIVE* |
|---|---|---|
| PRESENT | PAST | |
| 1. pensaría | habría pensado | |
| 2. pensarías | habrías pensado | (tú) piensa |
| 3. pensaría | habría pensado | (Vd) piense |
| 1. pensaríamos | habríamos pensado | (nosotros) pensemos |
| 2. pensaríais | habríais pensado | (vosotros) pensad |
| 3. pensarían | habrían pensado | (Vds) piensen |

| *SUBJUNCTIVE* | | |
|---|---|---|
| PRESENT | IMPERFECT | PLUPERFECT |
| 1. piense | pens-ara/ase | hubiera pensado |
| 2. pienses | pens-aras/ases | hubieras pensado |
| 3. piense | pens-ara/ase | hubiera pensado |
| 1. pensemos | pens-áramos/ásemos | hubiéramos pensado |
| 2. penséis | pens-arais/aseis | hubierais pensado |
| 3. piensen | pens-aran/asen | hubieran pensado |

PERFECT   haya pensado etc

| *INFINITIVE* | *PARTICIPLE* |
|---|---|
| PRESENT | PRESENT |
| pensar | pensando |
| PAST | PAST |
| haber pensado | pensado |

# 150 PERDER
to lose

| PRESENT | IMPERFECT | FUTURE |
|---|---|---|
| 1. pierdo | perdía | perderé |
| 2. pierdes | perdías | perderás |
| 3. pierde | perdía | perderá |
| 1. perdemos | perdíamos | perderemos |
| 2. perdéis | perdíais | perderéis |
| 3. pierden | perdían | perderán |

| PAST HISTORIC | PERFECT | PLUPERFECT |
|---|---|---|
| 1. perdí | he perdido | había perdido |
| 2. perdiste | has perdido | habías perdido |
| 3. perdió | ha perdido | había perdido |
| 1. perdimos | hemos perdido | habíamos perdido |
| 2. perdisteis | habéis perdido | habíais perdido |
| 3. perdieron | han perdido | habían perdido |

| PAST ANTERIOR | FUTURE PERFECT |
|---|---|
| hube perdido etc | habré perdido etc |

## CONDITIONAL

| PRESENT | PAST | IMPERATIVE |
|---|---|---|
| 1. perdería | habría perdido | |
| 2. perderías | habrías perdido | (tú) pierde |
| 3. perdería | habría perdido | (Vd) pierda |
| 1. perderíamos | habríamos perdido | (nosotros) perdamos |
| 2. perderíais | habríais perdido | (vosotros) perded |
| 3. perderían | habrían perdido | (Vds) pierdan |

## SUBJUNCTIVE

| PRESENT | IMPERFECT | PLUPERFECT |
|---|---|---|
| 1. pierda | perd-iera/iese | hubiera perdido |
| 2. pierdas | perd-ieras/ieses | hubieras perdido |
| 3. pierda | perd-iera/iese | hubiera perdido |
| 1. perdamos | perd-iéramos/iésemos | hubiéramos perdido |
| 2. perdáis | perd-ierais/ieseis | hubierais perdido |
| 3. pierdan | perd-ieran/iesen | hubieran perdido |

**PERFECT**  haya perdido etc

| INFINITIVE | PARTICIPLE |
|---|---|
| **PRESENT** | **PRESENT** |
| perder | perdiendo |
| **PAST** | **PAST** |
| haber perdido | perdido |

| PRESENT | IMPERFECT | FUTURE |
|---|---|---|
| 1. pertenezco | pertenecía | perteneceré |
| 2. perteneces | pertenecías | pertenecerás |
| 3. pertenece | pertenecía | pertenecerá |
| 1. pertenecemos | pertenecíamos | perteneceremos |
| 2. pertenecéis | pertenecíais | perteneceréis |
| 3. pertenecen | pertenecían | pertenecerán |

| PAST HISTORIC | PERFECT | PLUPERFECT |
|---|---|---|
| 1. pertenecí | he pertenecido | había pertenecido |
| 2. perteneciste | has pertenecido | habías pertenecido |
| 3. perteneció | ha pertenecido | había pertenecido |
| 1. pertenecimos | hemos pertenecido | habíamos pertenecido |
| 2. pertenecisteis | habéis pertenecido | habíais pertenecido |
| 3. pertenecieron | han pertenecido | habían pertenecido |

| PAST ANTERIOR | FUTURE PERFECT |
|---|---|
| hube pertenecido etc | habré pertenecido etc |

## CONDITIONAL

## IMPERATIVE

| PRESENT | PAST | |
|---|---|---|
| 1. pertenecería | habría pertenecido | |
| 2. pertenecerías | habrías pertenecido | (tú) pertenece |
| 3. pertenecería | habría pertenecido | (Vd) pertenezca |
| 1. perteneceríamos | habríamos pertenecido | (nosotros) pertenezcamos |
| 2. perteneceríais | habríais pertenecido | (vosotros) perteneced |
| 3. pertenecerían | habrían pertenecido | (Vds) pertenezcan |

## SUBJUNCTIVE

| PRESENT | IMPERFECT | PLUPERFECT |
|---|---|---|
| 1. pertenezca | pertenec-iera/iese | hubiera pertenecido |
| 2. pertenezcas | pertenec-ieras/ieses | hubieras pertenecido |
| 3. pertenezca | pertenec-iera/iese | hubiera pertenecido |
| 1. pertenezcamos | pertenec-iéramos/iésemos | hubiéramos pertenecido |
| 2. pertenezcáis | pertenec-ierais/ieseis | hubierais pertenecido |
| 3. pertenezcan | pertenec-ieran/iesen | hubieran pertenecido |

**PERFECT**    haya pertenecido etc

| INFINITIVE | PARTICIPLE |
|---|---|
| PRESENT | PRESENT |
| pertenecer | perteneciendo |
| PAST | PAST |
| haber pertenecido | pertenecido |

**PODER**
to be able

| PRESENT | IMPERFECT | FUTURE |
|---|---|---|
| 1. puedo | podía | podré |
| 2. puedes | podías | podrás |
| 3. puede | podía | podrá |
| 1. podemos | podíamos | podremos |
| 2. podéis | podíais | podréis |
| 3. pueden | podían | podrán |

| PAST HISTORIC | PERFECT | PLUPERFECT |
|---|---|---|
| 1. pude | he podido | había podido |
| 2. pudiste | has podido | habías podido |
| 3. pudo | ha podido | había podido |
| 1. pudimos | hemos podido | habíamos podido |
| 2. pudisteis | habéis podido | habíais podido |
| 3. pudieron | han podido | habían podido |

| PAST ANTERIOR | FUTURE PERFECT |
|---|---|
| hube podido etc | habré podido etc |

| CONDITIONAL | | IMPERATIVE |
|---|---|---|
| **PRESENT** | **PAST** | |
| 1. podría | habría podido | |
| 2. podrías | habrías podido | (tú) puede |
| 3. podría | habría podido | (Vd) pueda |
| 1. podríamos | habríamos podido | (nosotros) podamos |
| 2. podríais | habríais podido | (vosotros) poded |
| 3. podrían | habrían podido | (Vds) puedan |

### SUBJUNCTIVE

| PRESENT | IMPERFECT | PLUPERFECT |
|---|---|---|
| 1. pueda | pud-iera/iese | hubiera podido |
| 2. puedas | pud-ieras/ieses | hubieras podido |
| 3. pueda | pud-iera/iese | hubiera podido |
| 1. podamos | pud-iéramos/iésemos | hubiéramos podido |
| 2. podáis | pud-ierais/ieseis | hubierais podido |
| 3. puedan | pud-ieran/iesen | hubieran podido |

**PERFECT**   haya podido etc

| INFINITIVE | PARTICIPLE |
|---|---|
| **PRESENT** | **PRESENT** |
| poder | pudiendo |
| **PAST** | **PAST** |
| haber podido | podido |

to put

| PRESENT | IMPERFECT | FUTURE |
|---|---|---|
| 1. pongo | ponía | pondré |
| 2. pones | ponías | pondrás |
| 3. pone | ponía | pondrá |
| 1. ponemos | poníamos | pondremos |
| 2. ponéis | poníais | pondréis |
| 3. ponen | ponían | pondrán |

| PAST HISTORIC | PERFECT | PLUPERFECT |
|---|---|---|
| 1. puse | he puesto | había puesto |
| 2. pusiste | has puesto | habías puesto |
| 3. puso | ha puesto | había puesto |
| 1. pusimos | hemos puesto | habíamos puesto |
| 2. pusisteis | habéis puesto | habíais puesto |
| 3. pusieron | han puesto | habían puesto |

| PAST ANTERIOR | FUTURE PERFECT |
|---|---|
| hube puesto etc | habré puesto etc |

| *CONDITIONAL* | | *IMPERATIVE* |
|---|---|---|
| **PRESENT** | **PAST** | |
| 1. pondría | habría puesto | |
| 2. pondrías | habrías puesto | (tú) pon |
| 3. pondría | habría puesto | (Vd) ponga |
| 1. pondríamos | habríamos puesto | (nosotros) pongamos |
| 2. pondríais | habríais puesto | (vosotros) poned |
| 3. pondrían | habrían puesto | (Vds) pongan |

*SUBJUNCTIVE*

| PRESENT | IMPERFECT | PLUPERFECT |
|---|---|---|
| 1. ponga | pus-iera/iese | hubiera puesto |
| 2. pongas | pus-ieras/ieses | hubieras puesto |
| 3. ponga | pus-iera/iese | hubiera puesto |
| 1. pongamos | pus-iéramos/iésemos | hubiéramos puesto |
| 2. pongáis | pus-ierais/ieseis | hubierais puesto |
| 3. pongan | pus-ieran/iesen | hubieran puesto |

**PERFECT**   haya puesto etc

| *INFINITIVE* | *PARTICIPLE* |
|---|---|
| **PRESENT** | **PRESENT** |
| poner | poniendo |
| **PAST** | **PAST** |
| haber puesto | puesto |

# 154 PREFERIR
to prefer

| PRESENT | IMPERFECT | FUTURE |
|---|---|---|
| 1. prefiero | prefería | preferiré |
| 2. prefieres | preferías | preferirás |
| 3. prefiere | prefería | preferirá |
| 1. preferimos | preferíamos | preferiremos |
| 2. preferís | preferíais | preferiréis |
| 3. prefieren | preferían | preferirán |

| PAST HISTORIC | PERFECT | PLUPERFECT |
|---|---|---|
| 1. preferí | he preferido | había preferido |
| 2. preferiste | has preferido | habías preferido |
| 3. prefirió | ha preferido | había preferido |
| 1. preferimos | hemos preferido | habíamos preferido |
| 2. preferisteis | habéis preferido | habíais preferido |
| 3. prefirieron | han preferido | habían preferido |

| PAST ANTERIOR | FUTURE PERFECT |
|---|---|
| hube preferido etc | habré preferido etc |

| *CONDITIONAL* | | *IMPERATIVE* |
|---|---|---|
| PRESENT | PAST | |
| 1. preferiría | habría preferido | |
| 2. preferirías | habrías preferido | (tú) prefiere |
| 3. preferiría | habría preferido | (Vd) prefiera |
| 1. preferiríamos | habríamos preferido | (nosotros) prefiramos |
| 2. preferiríais | habríais preferido | (vosotros) preferid |
| 3. preferirían | habrían preferido | (Vds) prefieran |

## *SUBJUNCTIVE*

| PRESENT | IMPERFECT | PLUPERFECT |
|---|---|---|
| 1. prefiera | prefir-iera/iese | hubiera preferido |
| 2. prefieras | prefir-ieras/ieses | hubieras preferido |
| 3. prefiera | prefir-iera/iese | hubiera preferido |
| 1. prefiramos | prefir-iéramos/iésemos | hubiéramos preferido |
| 2. prefiráis | prefir-ierais/ieseis | hubierais preferido |
| 3. prefieran | prefir-ieran/iesen | hubieran preferido |

PERFECT   haya preferido etc

| *INFINITIVE* | *PARTICIPLE* |
|---|---|
| PRESENT | PRESENT |
| preferir | prefiriendo |
| PAST | PAST |
| haber preferido | preferido |

to try, to taste

| PRESENT | IMPERFECT | FUTURE |
|---|---|---|
| 1. pruebo | probaba | probaré |
| 2. pruebas | probabas | probarás |
| 3. prueba | probaba | probará |
| 1. probamos | probábamos | probaremos |
| 2. probáis | probabais | probaréis |
| 3. prueban | probaban | probarán |

| PAST HISTORIC | PERFECT | PLUPERFECT |
|---|---|---|
| 1. probé | he probado | había probado |
| 2. probaste | has probado | habías probado |
| 3. probó | ha probado | había probado |
| 1. probamos | hemos probado | habíamos probado |
| 2. probasteis | habéis probado | habíais probado |
| 3. probaron | han probado | habían probado |

| PAST ANTERIOR | FUTURE PERFECT |
|---|---|
| hube probado etc | habré probado etc |

| *CONDITIONAL* | | *IMPERATIVE* |
|---|---|---|
| **PRESENT** | **PAST** | |
| 1. probaría | habría probado | |
| 2. probarías | habrías probado | (tú) prueba |
| 3. probaría | habría probado | (Vd) pruebe |
| 1. probaríamos | habríamos probado | (nosotros) probemos |
| 2. probaríais | habríais probado | (vosotros) probad |
| 3. probarían | habrían probado | (Vds) prueben |

| *SUBJUNCTIVE* | | |
|---|---|---|
| **PRESENT** | **IMPERFECT** | **PLUPERFECT** |
| 1. pruebe | prob-ara/ase | hubiera probado |
| 2. pruebes | prob-aras/ases | hubieras probado |
| 3. pruebe | prob-ara/ase | hubiera probado |
| 1. probemos | prob-áramos/ásemos | hubiéramos probado |
| 2. probéis | prob-arais/aseis | hubierais probado |
| 3. prueben | prob-aran/asen | hubieran probado |

| PERFECT | haya probado etc |
|---|---|

| *INFINITIVE* | *PARTICIPLE* |
|---|---|
| **PRESENT** | **PRESENT** |
| probar | probando |
| **PAST** | **PAST** |
| haber probado | probado |

**PROHIBIR**
to forbid

| PRESENT | IMPERFECT | FUTURE |
|---|---|---|
| 1. prohíbo | prohibía | prohibiré |
| 2. prohíbes | prohibías | prohibirás |
| 3. prohíbe | prohibía | prohibirá |
| 1. prohibimos | prohibíamos | prohibiremos |
| 2. prohibís | prohibíais | prohibiréis |
| 3. prohíben | prohibían | prohibirán |

| PAST HISTORIC | PERFECT | PLUPERFECT |
|---|---|---|
| 1. prohibí | he prohibido | había prohibido |
| 2. prohibiste | has prohibido | habías prohibido |
| 3. prohibió | ha prohibido | había prohibido |
| 1. prohibimos | hemos prohibido | habíamos prohibido |
| 2. prohibisteis | habéis prohibido | habíais prohibido |
| 3. prohibieron | han prohibido | habían prohibido |

| PAST ANTERIOR | FUTURE PERFECT |
|---|---|
| hube prohibido etc | habré prohibido etc |

| *CONDITIONAL* | | *IMPERATIVE* |
|---|---|---|
| **PRESENT** | **PAST** | |
| 1. prohibiría | habría prohibido | |
| 2. prohibirías | habrías prohibido | (tú) prohíbe |
| 3. prohibiría | habría prohibido | (Vd) prohíba |
| 1. prohibiríamos | habríamos prohibido | (nosotros) prohibamos |
| 2. prohibiríais | habíais prohibido | (vosotros) prohibid |
| 3. prohibirían | habrían prohibido | (Vds) prohíban |

## *SUBJUNCTIVE*

| PRESENT | IMPERFECT | PLUPERFECT |
|---|---|---|
| 1. prohíba | prohib-iera/iese | hubiera prohibido |
| 2. prohíbas | prohib-ieras/ieses | hubieras prohibido |
| 3. prohíba | prohib-iera/iese | hubiera prohibido |
| 1. prohibamos | prohib-iéramos/iésemos | hubiéramos prohibido |
| 2. prohibáis | prohib-ierais/ieseis | hubierais prohibido |
| 3. prohíban | prohib-ieran/iesen | hubieran prohibido |

**PERFECT**    haya prohibido etc

| *INFINITIVE* | *PARTICIPLE* |
|---|---|
| **PRESENT** | **PRESENT** |
| prohibir | prohibiendo |
| **PAST** | **PAST** |
| haber prohibido | prohibido |

# PROTEGER
to protect

| PRESENT | IMPERFECT | FUTURE |
|---|---|---|
| 1. protejo | protegía | protegeré |
| 2. proteges | protegías | protegerás |
| 3. protege | protegía | protegerá |
| 1. protegemos | protegíamos | protegeremos |
| 2. protegéis | protegíais | protegeréis |
| 3. protegen | protegían | protegerán |

| PAST HISTORIC | PERFECT | PLUPERFECT |
|---|---|---|
| 1. protegí | he protegido | había protegido |
| 2. protegiste | has protegido | habías protegido |
| 3. protegió | ha protegido | había protegido |
| 1. protegimos | hemos protegido | habíamos protegido |
| 2. protegisteis | habéis protegido | habíais protegido |
| 3. protegieron | han protegido | habían protegido |

| PAST ANTERIOR | FUTURE PERFECT |
|---|---|
| hube protegido etc | habré protegido etc |

## CONDITIONAL

| PRESENT | PAST | IMPERATIVE |
|---|---|---|
| 1. protegería | habría protegido | |
| 2. protegerías | habrías protegido | (tú) protege |
| 3. protegería | habría protegido | (Vd) proteja |
| 1. protegeríamos | habríamos protegido | (nosotros) protejamos |
| 2. protegeríais | habríais protegido | (vosotros) proteged |
| 3. protegerían | habrían protegido | (Vds) protejan |

## SUBJUNCTIVE

| PRESENT | IMPERFECT | PLUPERFECT |
|---|---|---|
| 1. proteja | proteg-iera/iese | hubiera protegido |
| 2. protejas | proteg-ieras/ieses | hubieras protegido |
| 3. proteja | proteg-iera/iese | hubiera protegido |
| 1. protejamos | proteg-iéramos/iésemos | hubiéramos protegido |
| 2. protejáis | proteg-ierais/ieseis | hubierais protegido |
| 3. protejan | proteg-ieran/iesen | hubieran protegido |

PERFECT    haya protegido etc

| INFINITIVE | PARTICIPLE |
|---|---|
| **PRESENT** | **PRESENT** |
| proteger | protegiendo |
| **PAST** | **PAST** |
| haber protegido | protegido |

# 158 PUDRIR
to rot

| PRESENT | IMPERFECT | FUTURE |
|---|---|---|
| 1. pudro | pudría | pudriré |
| 2. pudres | pudrías | pudrirás |
| 3. pudre | pudría | pudrirá |
| 1. pudrimos | pudríamos | pudriremos |
| 2. pudrís | pudríais | pudriréis |
| 3. pudren | pudrían | pudrirán |

| PAST HISTORIC | PERFECT | PLUPERFECT |
|---|---|---|
| 1. pudrí | he podrido | había podrido |
| 2. pudriste | has podrido | habías podrido |
| 3. pudrió | ha podrido | había podrido |
| 1. pudrimos | hemos podrido | habíamos podrido |
| 2. pudristeis | habéis podrido | habíais podrido |
| 3. pudrieron | han podrido | habían podrido |

| PAST ANTERIOR | FUTURE PERFECT |
|---|---|
| hube podrido etc | habré podrido etc |

## CONDITIONAL

| PRESENT | PAST | IMPERATIVE |
|---|---|---|
| 1. pudriría | habría podrido | |
| 2. pudrirías | habrías podrido | (tú) pudre |
| 3. pudriría | habría podrido | (Vd) pudra |
| 1. pudriríamos | habríamos podrido | (nosotros) pudramos |
| 2. pudriríais | habríais podrido | (vosotros) pudrid |
| 3. pudrirían | habrían podrido | (Vds) pudran |

## SUBJUNCTIVE

| PRESENT | IMPERFECT | PLUPERFECT |
|---|---|---|
| 1. pudra | pudr-iera/iese | hubiera podrido |
| 2. pudras | pudr-ieras/ieses | hubieras podrido |
| 3. pudra | pudr-iera/iese | hubiera podrido |
| 1. pudramos | pudr-iéramos/iésemos | hubiéramos podrido |
| 2. pudráis | pudr-ierais/ieseis | hubierais podrido |
| 3. pudran | pudr-ieran/iesen | hubieran podrido |

PERFECT   haya podrido etc

## INFINITIVE

| PRESENT | PARTICIPLE PRESENT |
|---|---|
| pudrir | pudriendo |

| PAST | PAST |
|---|---|
| haber podrido | podrido |

# QUERER
to want, to love

| PRESENT | IMPERFECT | FUTURE |
|---|---|---|
| 1. quiero | quería | querré |
| 2. quieres | querías | querrás |
| 3. quiere | quería | querrá |
| 1. queremos | queríamos | querremos |
| 2. queréis | queríais | querréis |
| 3. quieren | querían | querrán |

| PAST HISTORIC | PERFECT | PLUPERFECT |
|---|---|---|
| 1. quise | he querido | había querido |
| 2. quisiste | has querido | habías querido |
| 3. quiso | ha querido | había querido |
| 1. quisimos | hemos querido | habíamos querido |
| 2. quisisteis | habéis querido | habíais querido |
| 3. quisieron | han querido | habían querido |

| PAST ANTERIOR | FUTURE PERFECT |
|---|---|
| hube querido etc | habré querido etc |

## CONDITIONAL

| PRESENT | PAST | IMPERATIVE |
|---|---|---|
| 1. querría | habría querido | |
| 2. querrías | habrías querido | (tú) quiere |
| 3. querría | habría querido | (Vd) quiera |
| 1. querríamos | habríamos querido | (nosotros) queramos |
| 2. querríais | habríais querido | (vosotros) quered |
| 3. querrían | habrían querido | (Vds) quieran |

## SUBJUNCTIVE

| PRESENT | IMPERFECT | PLUPERFECT |
|---|---|---|
| 1. quiera | quis-iera/iese | hubiera querido |
| 2. quieras | quis-ieras/ieses | hubieras querido |
| 3. quiera | quis-iera/iese | hubiera querido |
| 1. queramos | quis-iéramos/iésemos | hubiéramos querido |
| 2. queráis | quis-ierais/ieseis | hubierais querido |
| 3. quieran | quis-ieran/iesen | hubieran querido |

PERFECT   haya querido etc

| INFINITIVE | PARTICIPLE |
|---|---|
| **PRESENT** | **PRESENT** |
| querer | queriendo |
| **PAST** | **PAST** |
| haber querido | querido |

# RECIBIR
to receive

| PRESENT | IMPERFECT | FUTURE |
|---|---|---|
| 1. recibo | recibía | recibiré |
| 2. recibes | recibías | recibirás |
| 3. recibe | recibía | recibirá |
| 1. recibimos | recibíamos | recibiremos |
| 2. recibís | recibíais | recibiréis |
| 3. reciben | recibían | recibirán |

| PAST HISTORIC | PERFECT | PLUPERFECT |
|---|---|---|
| 1. recibí | he recibido | había recibido |
| 2. recibiste | has recibido | habías recibido |
| 3. recibió | ha recibido | había recibido |
| 1. recibimos | hemos recibido | habíamos recibido |
| 2. recibisteis | habéis recibido | habíais recibido |
| 3. recibieron | han recibido | habían recibido |

| PAST ANTERIOR | FUTURE PERFECT |
|---|---|
| hube recibido etc | habré recibido etc |

| CONDITIONAL | | IMPERATIVE |
|---|---|---|
| PRESENT | PAST | |
| 1. recibiría | habría recibido | |
| 2. recibirías | habrías recibido | (tú) recibe |
| 3. recibiría | habría recibido | (Vd) reciba |
| 1. recibiríamos | habríamos recibido | (nosotros) recibamos |
| 2. recibiríais | habríais recibido | (vosotros) recibid |
| 3. recibirían | habrían recibido | (Vds) reciban |

## SUBJUNCTIVE

| PRESENT | IMPERFECT | PLUPERFECT |
|---|---|---|
| 1. reciba | recib-iera/iese | hubiera recibido |
| 2. recibas | recib-ieras/ieses | hubieras recibido |
| 3. reciba | recib-iera/iese | hubiera recibido |
| 1. recibamos | recib-iéramos/iésemos | hubiéramos recibido |
| 2. recibáis | recib-ierais/ieseis | hubierais recibido |
| 3. reciban | recib-ieran/iesen | hubieran recibido |

PERFECT   haya recibido etc

| INFINITIVE | PARTICIPLE |
|---|---|
| PRESENT | PRESENT |
| recibir | recibiendo |
| PAST | PAST |
| haber recibido | recibido |

| **PRESENT** | **IMPERFECT** | **FUTURE** |
|---|---|---|
| 1. recuerdo | recordaba | recordaré |
| 2. recuerdas | recordabas | recordarás |
| 3. recuerda | recordaba | recordará |
| 1. recordamos | recordábamos | recordaremos |
| 2. recordáis | recordabais | recordaréis |
| 3. recuerdan | recordaban | recordarán |

| **PAST HISTORIC** | **PERFECT** | **PLUPERFECT** |
|---|---|---|
| 1. recordé | he recordado | había recordado |
| 2. recordaste | has recordado | habías recordado |
| 3. recordó | ha recordado | había recordado |
| 1. recordamos | hemos recordado | habíamos recordado |
| 2. recordasteis | habéis recordado | habíais recordado |
| 3. recordaron | han recordado | habían recordado |

| **PAST ANTERIOR** | **FUTURE PERFECT** |
|---|---|
| hube recordado etc | habré recordado etc |

| *CONDITIONAL* | | *IMPERATIVE* |
|---|---|---|
| **PRESENT** | **PAST** | |
| 1. recordaría | habría recordado | |
| 2. recordarías | habrías recordado | (tú) recuerda |
| 3. recordaría | habría recordado | (Vd) recuerde |
| 1. recordaríamos | habríamos recordado | (nosotros) recordemos |
| 2. recordaríais | habríais recordado | (vosotros) recordad |
| 3. recordarían | habrían recordado | (Vds) recuerden |

| *SUBJUNCTIVE* | | |
|---|---|---|
| **PRESENT** | **IMPERFECT** | **PLUPERFECT** |
| 1. recuerde | record-ara/ase | hubiera recordado |
| 2. recuerdes | record-aras/ases | hubieras recordado |
| 3. recuerde | record-ara/ase | hubiera recordado |
| 1. recordemos | record-áramos/ásemos | hubiéramos recordado |
| 2. recordéis | record-arais/aseis | hubierais recordado |
| 3. recuerden | record-aran/asen | hubieran recordado |

**PERFECT**    haya recordado etc

| *INFINITIVE* | *PARTICIPLE* |
|---|---|
| **PRESENT** | **PRESENT** |
| recordar | recordando |
| **PAST** | **PAST** |
| haber recordado | recordado |

**REDUCIR**
to reduce

| PRESENT | IMPERFECT | FUTURE |
|---|---|---|
| 1. reduzco | reducía | reduciré |
| 2. reduces | reducías | reducirás |
| 3. reduce | reducía | reducirá |
| 1. reducimos | reducíamos | reduciremos |
| 2. reducís | reducíais | reduciréis |
| 3. reducen | reducían | reducirán |

| PAST HISTORIC | PERFECT | PLUPERFECT |
|---|---|---|
| 1. reduje | he reducido | había reducido |
| 2. redujiste | has reducido | habías reducido |
| 3. redujo | ha reducido | había reducido |
| 1. redujimos | hemos reducido | habíamos reducido |
| 2. redujisteis | habéis reducido | habíais reducido |
| 3. redujeron | han reducido | habían reducido |

| PAST ANTERIOR | FUTURE PERFECT |
|---|---|
| hube reducido etc | habré reducido etc |

| *CONDITIONAL* | | *IMPERATIVE* |
|---|---|---|
| **PRESENT** | **PAST** | |
| 1. reduciría | habría reducido | |
| 2. reducirías | habrías reducido | (tú) reduce |
| 3. reduciría | habría reducido | (Vd) reduzca |
| 1. reduciríamos | habríamos reducido | (nosotros) reduzcamos |
| 2. reduciríais | habríais reducido | (vosotros) reducid |
| 3. reducirían | habrían reducido | (Vds) reduzcan |

| *SUBJUNCTIVE* | | |
|---|---|---|
| **PRESENT** | **IMPERFECT** | **PLUPERFECT** |
| 1. reduzca | reduj-era/ese | hubiera reducido |
| 2. reduzcas | reduj-eras/eses | hubieras reducido |
| 3. reduzca | reduj-era/ese | hubiera reducido |
| 1. reduzcamos | reduj-éramos/ésemos | hubiéramos reducido |
| 2. reduzcáis | reduj-erais/eseis | hubierais reducido |
| 3. reduzcan | reduj-eran/esen | hubieran reducido |

**PERFECT**  haya reducido etc

| *INFINITIVE* | *PARTICIPLE* |
|---|---|
| **PRESENT** | **PRESENT** |
| reducir | reduciendo |
| **PAST** | **PAST** |
| haber reducido | reducido |

| PRESENT | IMPERFECT | FUTURE |
|---|---|---|
| 1. regalo | regalaba | regalaré |
| 2. regalas | regalabas | regalarás |
| 3. regala | regalaba | regalará |
| 1. regalamos | regalábamos | regalaremos |
| 2. regaláis | regalabais | regalaréis |
| 3. regalan | regalaban | regalarán |

| PAST HISTORIC | PERFECT | PLUPERFECT |
|---|---|---|
| 1. regalé | he regalado | había regalado |
| 2. regalaste | has regalado | habías regalado |
| 3. regaló | ha regalado | había regalado |
| 1. regalamos | hemos regalado | habíamos regalado |
| 2. regalasteis | habéis regalado | habíais regalado |
| 3. regalaron | han regalado | habían regalado |

| PAST ANTERIOR | FUTURE PERFECT |
|---|---|
| hube regalado etc | habré regalado etc |

## *CONDITIONAL*

| PRESENT | PAST | *IMPERATIVE* |
|---|---|---|
| 1. regalaría | habría regalado | |
| 2. regalarías | habrías regalado | (tú) regala |
| 3. regalaría | habría regalado | (Vd) regale |
| 1. regalaríamos | habríamos regalado | (nosotros) regalemos |
| 2. regalaríais | habríais regalado | (vosotros) regalad |
| 3. regalarían | habrían regalado | (Vds) regalen |

## *SUBJUNCTIVE*

| PRESENT | IMPERFECT | PLUPERFECT |
|---|---|---|
| 1. regale | regal-ara/ase | hubiera regalado |
| 2. regales | regal-aras/ases | hubieras regalado |
| 3. regale | regal-ara/ase | hubiera regalado |
| 1. regalemos | regal-áramos/ásemos | hubiéramos regalado |
| 2. regaléis | regal-arais/aseis | hubierais regalado |
| 3. regalen | regal-aran/asen | hubieran regalado |

**PERFECT**   haya regalado etc

| *INFINITIVE* | *PARTICIPLE* |
|---|---|
| **PRESENT** | **PRESENT** |
| regalar | regalando |
| **PAST** | **PAST** |
| haber regalado | regalado |

# REHUIR
to shun, to avoid

| PRESENT | IMPERFECT | FUTURE |
|---|---|---|
| 1. rehúyo | rehuía | rehuiré |
| 2. rehúyes | rehuías | rehuirás |
| 3. rehúye | rehuía | rehuirá |
| 1. rehuimos | rehuíamos | rehuiremos |
| 2. rehuís | rehuíais | rehuiréis |
| 3. rehúyen | rehuían | rehuirán |

| PAST HISTORIC | PERFECT | PLUPERFECT |
|---|---|---|
| 1. rehuí | he rehuido | había rehuido |
| 2. rehuiste | has rehuido | habías rehuido |
| 3. rehuyó | ha rehuido | había rehuido |
| 1. rehuimos | hemos rehuido | habíamos rehuido |
| 2. rehuisteis | habéis rehuido | habíais rehuido |
| 3. rehuyeron | han rehuido | habían rehuido |

| PAST ANTERIOR | FUTURE PERFECT |
|---|---|
| hube rehuido etc | habré rehuido etc |

## CONDITIONAL

| PRESENT | PAST | IMPERATIVE |
|---|---|---|
| 1. rehuiría | habría rehuido | |
| 2. rehuirías | habrías rehuido | (tú) rehúye |
| 3. rehuiría | habría rehuido | (Vd) rehúya |
| 1. rehuiríamos | habríamos rehuido | (nosotros) rehuyamos |
| 2. rehuiríais | habríais rehuido | (vosotros) rehuid |
| 3. rehuirían | habrían rehuido | (Vds) rehúyan |

## SUBJUNCTIVE

| PRESENT | IMPERFECT | PLUPERFECT |
|---|---|---|
| 1. rehúya | rehu-yera/yese | hubiera rehuido |
| 2. rehúyas | rehu-yeras/yeses | hubieras rehuido |
| 3. rehúya | rehu-yera/yese | hubiera rehuido |
| 1. rehuyamos | rehu-yéramos/yésemos | hubiéramos rehuido |
| 2. rehuyáis | rehu-yerais/yeseis | hubierais rehuido |
| 3. rehúyan | rehu-yeran/yesen | hubieran rehuido |

PERFECT    haya rehuido etc

| INFINITIVE | PARTICIPLE |
|---|---|
| **PRESENT** | **PRESENT** |
| rehuir | rehuyendo |
| **PAST** | **PAST** |
| haber rehuido | rehuido |

# REHUSAR
to refuse

| PRESENT | IMPERFECT | FUTURE |
|---|---|---|
| 1. rehúso | rehusaba | rehusaré |
| 2. rehúsas | rehusabas | rehusarás |
| 3. rehúsa | rehusaba | rehusará |
| 1. rehusamos | rehusábamos | rehusaremos |
| 2. rehusáis | rehusabais | rehusaréis |
| 3. rehúsan | rehusaban | rehusarán |

| PAST HISTORIC | PERFECT | PLUPERFECT |
|---|---|---|
| 1. rehusé | he rehusado | había rehusado |
| 2. rehusaste | has rehusado | habías rehusado |
| 3. rehusó | ha rehusado | había rehusado |
| 1. rehusamos | hemos rehusado | habíamos rehusado |
| 2. rehusasteis | habéis rehusado | habíais rehusado |
| 3. rehusaron | han rehusado | habían rehusado |

| PAST ANTERIOR | FUTURE PERFECT |
|---|---|
| hube rehusado etc | habré rehusado etc |

| *CONDITIONAL* | | *IMPERATIVE* |
|---|---|---|
| **PRESENT** | **PAST** | |
| 1. rehusaría | habría rehusado | |
| 2. rehusarías | habrías rehusado | (tú) rehúsa |
| 3. rehusaría | habría rehusado | (Vd) rehúse |
| 1. rehusaríamos | habríamos rehusado | (nosotros) rehusemos |
| 2. rehusaríais | habríais rehusado | (vosotros) rehusad |
| 3. rehusarían | habrían rehusado | (Vds) rehúsen |

## *SUBJUNCTIVE*

| PRESENT | IMPERFECT | PLUPERFECT |
|---|---|---|
| 1. rehúse | rehus-ara/ase | hubiera rehusado |
| 2. rehúses | rehus-aras/ases | hubieras rehusado |
| 3. rehúse | rehus-ara/ase | hubiera rehusado |
| 1. rehusemos | rehus-áramos/ásemos | hubiéramos rehusado |
| 2. rehuséis | rehus-arais/aseis | hubierais rehusado |
| 3. rehúsen | rehus-aran/asen | hubieran rehusado |

**PERFECT**   haya rehusado etc

| *INFINITIVE* | *PARTICIPLE* |
|---|---|
| **PRESENT** | **PRESENT** |
| rehusar | rehusando |
| **PAST** | **PAST** |
| haber rehusado | rehusado |

**REIR**
to laugh

| PRESENT | IMPERFECT | FUTURE |
|---|---|---|
| 1. río | reía | reiré |
| 2. ríes | reías | reirás |
| 3. ríe | reía | reirá |
| 1. reímos | reíamos | reiremos |
| 2. reís | reíais | reiréis |
| 3. ríen | reían | reirán |

| PAST HISTORIC | PERFECT | PLUPERFECT |
|---|---|---|
| 1. reí | he reído | había reído |
| 2. reíste | has reído | habías reído |
| 3. rió | ha reído | había reído |
| 1. reímos | hemos reído | habíamos reído |
| 2. reísteis | habéis reído | habíais reído |
| 3. rieron | han reído | habían reído |

| PAST ANTERIOR | FUTURE PERFECT |
|---|---|
| hube reído etc | habré reído etc |

| *CONDITIONAL* | | *IMPERATIVE* |
|---|---|---|
| **PRESENT** | **PAST** | |
| 1. reiría | habría reído | |
| 2. reirías | habrías reído | (tú) ríe |
| 3. reiría | habría reído | (Vd) ría |
| 1. reiríamos | habríamos reído | (nosotros) riamos |
| 2. reiríais | habríais reído | (vosotros) reíd |
| 3. reirían | habrían reído | (Vds) rían |

| *SUBJUNCTIVE* | | |
|---|---|---|
| **PRESENT** | **IMPERFECT** | **PLUPERFECT** |
| 1. ría | ri-era/ese | hubiera reído |
| 2. rías | ri-eras/eses | hubieras reído |
| 3. ría | ri-era/ese | hubiera reído |
| 1. riamos | ri-éramos/ésemos | hubiéramos reído |
| 2. riáis | ri-erais/eseis | hubierais reído |
| 3. rían | ri-eran/esen | hubieran reído |

**PERFECT**  haya reído etc

| *INFINITIVE* | *PARTICIPLE* |
|---|---|
| **PRESENT** | **PRESENT** |
| reír | riendo |
| **PAST** | **PAST** |
| haber reído | reído |

| PRESENT | IMPERFECT | FUTURE |
|---|---|---|
| 1. renuevo | renovaba | renovaré |
| 2. renuevas | renovabas | renovarás |
| 3. renueva | renovaba | renovará |
| 1. renovamos | renovábamos | renovaremos |
| 2. renováis | renovabais | renovaréis |
| 3. renuevan | renovaban | renovarán |

| PAST HISTORIC | PERFECT | PLUPERFECT |
|---|---|---|
| 1. renové | he renovado | había renovado |
| 2. renovaste | has renovado | habías renovado |
| 3. renovó | ha renovado | había renovado |
| 1. renovamos | hemos renovado | habíamos renovado |
| 2. renovasteis | habéis renovado | habíais renovado |
| 3. renovaron | han renovado | habían renovado |

| PAST ANTERIOR | FUTURE PERFECT |
|---|---|
| hube renovado etc | habré renovado etc |

| *CONDITIONAL* | | *IMPERATIVE* |
|---|---|---|
| **PRESENT** | **PAST** | |
| 1. renovaría | habría renovado | |
| 2. renovarías | habrías renovado | (tú) renueva |
| 3. renovaría | habría renovado | (Vd) renueve |
| 1. renovaríamos | habríamos renovado | (nosotros) renovemos |
| 2. renovaríais | habríais renovado | (vosotros) renovad |
| 3. renovarían | habrían renovado | (Vds) renueven |

| *SUBJUNCTIVE* | | |
|---|---|---|
| **PRESENT** | **IMPERFECT** | **PLUPERFECT** |
| 1. renueve | renov-ara/ase | hubiera renovado |
| 2. renueves | renov-aras/ases | hubieras renovado |
| 3. renueve | renov-ara/ase | hubiera renovado |
| 1. renovemos | renov-áramos/ásemos | hubiéramos renovado |
| 2. renovéis | renov-arais/aseis | hubierais renovado |
| 3. renueven | renov-aran/asen | hubieran renovado |

**PERFECT** haya renovado etc

| *INFINITIVE* | *PARTICIPLE* |
|---|---|
| **PRESENT** | **PRESENT** |
| renovar | renovando |
| **PAST** | **PAST** |
| haber renovado | renovado |

# 168 REÑIR
to scold

| PRESENT | IMPERFECT | FUTURE |
|---|---|---|
| 1. riño | reñía | reñiré |
| 2. riñes | reñías | reñirás |
| 3. riñe | reñía | reñirá |
| 1. reñimos | reñíamos | reñiremos |
| 2. reñís | reñíais | reñiréis |
| 3. riñen | reñían | reñirán |

| PAST HISTORIC | PERFECT | PLUPERFECT |
|---|---|---|
| 1. reñí | he reñido | había reñido |
| 2. reñiste | has reñido | habías reñido |
| 3. riñó | ha reñido | había reñido |
| 1. reñimos | hemos reñido | habíamos reñido |
| 2. reñisteis | habéis reñido | habíais reñido |
| 3. riñeron | han reñido | habían reñido |

| PAST ANTERIOR | FUTURE PERFECT |
|---|---|
| hube reñido etc | habré reñido etc |

## CONDITIONAL

| PRESENT | PAST | IMPERATIVE |
|---|---|---|
| 1. reñiría | habría reñido | |
| 2. reñirías | habrías reñido | (tú) riñe |
| 3. reñiría | habría reñido | (Vd) riña |
| 1. reñiríamos | habríamos reñido | (nosotros) riñamos |
| 2. reñiríais | habríais reñido | (vosotros) reñid |
| 3. reñirían | habrían reñido | (Vds) riñan |

## SUBJUNCTIVE

| PRESENT | IMPERFECT | PLUPERFECT |
|---|---|---|
| 1. riña | riñ-era/ese | hubiera reñido |
| 2. riñas | riñ-eras/eses | hubieras reñido |
| 3. riña | riñ-era/ese | hubiera reñido |
| 1. riñamos | riñ-éramos/ésemos | hubiéramos reñido |
| 2. riñáis | riñ-erais/eseis | hubierais reñido |
| 3. riñan | riñ-eran/esen | hubieran reñido |

PERFECT   haya reñido etc

## INFINITIVE

| PRESENT | PARTICIPLE PRESENT |
|---|---|
| reñir | riñendo |

| PAST | PAST |
|---|---|
| haber reñido | reñido |

| PRESENT | IMPERFECT | FUTURE |
|---|---|---|
| 1. repito | repetía | repetiré |
| 2. repites | repetías | repetirás |
| 3. repite | repetía | repetirá |
| 1. repetimos | repetíamos | repetiremos |
| 2. repetís | repetíais | repetiréis |
| 3. repiten | repetían | repetirán |

| PAST HISTORIC | PERFECT | PLUPERFECT |
|---|---|---|
| 1. repetí | he repetido | había repetido |
| 2. repetiste | has repetido | habías repetido |
| 3. repitió | ha repetido | había repetido |
| 1. repetimos | hemos repetido | habíamos repetido |
| 2. repetisteis | habéis repetido | habíais repetido |
| 3. repitieron | han repetido | habían repetido |

| PAST ANTERIOR | FUTURE PERFECT |
|---|---|
| hube repetido etc | habré repetido etc |

| *CONDITIONAL* | | *IMPERATIVE* |
|---|---|---|
| **PRESENT** | **PAST** | |
| 1. repetiría | habría repetido | |
| 2. repetirías | habrías repetido | (tú) repite |
| 3. repetiría | habría repetido | (Vd) repita |
| 1. repetiríamos | habríamos repetido | (nosotros) repitamos |
| 2. repetiríais | habríais repetido | (vosotros) repetid |
| 3. repetirían | habrían repetido | (Vds) repitan |

| *SUBJUNCTIVE* | | |
|---|---|---|
| **PRESENT** | **IMPERFECT** | **PLUPERFECT** |
| 1. repita | repit-iera/iese | hubiera repetido |
| 2. repitas | repit-ieras/ieses | hubieras repetido |
| 3. repita | repit-iera/iese | hubiera repetido |
| 1. repitamos | repit-iéramos/iésemos | hubiéramos repetido |
| 2. repitáis | repit-ierais/ieseis | hubierais repetido |
| 3. repitan | repit-ieran/iesen | hubieran repetido |

**PERFECT**   haya repetido etc

| *INFINITIVE* | *PARTICIPLE* |
|---|---|
| **PRESENT** | **PRESENT** |
| repetir | repitiendo |
| **PAST** | **PAST** |
| haber repetido | repetido |

| PRESENT | IMPERFECT | FUTURE |
|---|---|---|
| 1. roo/roigo/royo | roía | roeré |
| 2. roes | roías | roerás |
| 3. roe | roía | roerá |
| 1. roemos | roíamos | roeremos |
| 2. roéis | roíais | roeréis |
| 3. roen | roían | roerán |

| PAST HISTORIC | PERFECT | PLUPERFECT |
|---|---|---|
| 1. roí | he roído | había roído |
| 2. roíste | has roído | habías roído |
| 3. royó | ha roído | había roído |
| 1. roímos | hemos roído | habíamos roído |
| 2. roísteis | habéis roído | habíais roído |
| 3. royeron | han roído | habían roído |

| PAST ANTERIOR | FUTURE PERFECT |
|---|---|
| hube roído etc | habré roído etc |

| *CONDITIONAL* | | *IMPERATIVE* |
|---|---|---|
| **PRESENT** | **PAST** | |
| 1. roería | habría roído | |
| 2. roerías | habrías roído | (tú) roe |
| 3. roería | habría roído | (Vd) roa |
| 1. roeríamos | habríamos roído | (nosotros) roamos |
| 2. roeríais | habríais roído | (vosotros) roed |
| 3. roerían | habrían roído | (Vds) roan |

| *SUBJUNCTIVE* | | |
|---|---|---|
| **PRESENT** | **IMPERFECT** | **PLUPERFECT** |
| 1. roa/roiga/roya | ro-yera/yese | hubiera roído |
| 2. roas | ro-yeras/yeses | hubieras roído |
| 3. roa | ro-yera/yese | hubiera roído |
| 1. roamos | ro-yéramos/yésemos | hubiéramos roído |
| 2. roáis | ro-yerais/yeseis | hubierais roído |
| 3. roan | ro-yeran/yesen | hubieran roído |

**PERFECT** haya roído etc

| *INFINITIVE* | *PARTICIPLE* |
|---|---|
| **PRESENT** | **PRESENT** |
| roer | royendo |
| **PAST** | **PAST** |
| haber roído | roído |

to beg

| PRESENT | IMPERFECT | FUTURE |
|---|---|---|
| 1. ruego | rogaba | rogaré |
| 2. ruegas | rogabas | rogarás |
| 3. ruega | rogaba | rogará |
| 1. rogamos | rogábamos | rogaremos |
| 2. rogáis | rogabais | rogaréis |
| 3. ruegan | rogaban | rogarán |

| PAST HISTORIC | PERFECT | PLUPERFECT |
|---|---|---|
| 1. rogué | he rogado | había rogado |
| 2. rogaste | has rogado | habías rogado |
| 3. rogó | ha rogado | había rogado |
| 1. rogamos | hemos rogado | habíamos rogado |
| 2. rogasteis | habéis rogado | habíais rogado |
| 3. rogaron | han rogado | habían rogado |

| PAST ANTERIOR | FUTURE PERFECT |
|---|---|
| hube rogado etc | habré rogado etc |

| *CONDITIONAL* | | *IMPERATIVE* |
|---|---|---|
| **PRESENT** | **PAST** | |
| 1. rogaría | habría rogado | |
| 2. rogarías | habrías rogado | (tú) ruega |
| 3. rogaría | habría rogado | (Vd) ruegue |
| 1. rogaríamos | habríamos rogado | (nosotros) roguemos |
| 2. rogaríais | habríais rogado | (vosotros) rogad |
| 3. rogarían | habrían rogado | (Vds) rueguen |

| *SUBJUNCTIVE* | | |
|---|---|---|
| **PRESENT** | **IMPERFECT** | **PLUPERFECT** |
| 1. ruegue | rog-ara/ase | hubiera rogado |
| 2. ruegues | rog-aras/ases | hubieras rogado |
| 3. ruegue | rog-ara/ase | hubiera rogado |
| 1. roguemos | rog-áramos/ásemos | hubiéramos rogado |
| 2. roguéis | rog-arais/aseis | hubierais rogado |
| 3. rueguen | rog-aran/asen | hubieran rogado |

| PERFECT | haya rogado etc |
|---|---|

| *INFINITIVE* | *PARTICIPLE* |
|---|---|
| **PRESENT** | **PRESENT** |
| rogar | rogando |
| **PAST** | **PAST** |
| haber rogado | rogado |

**ROMPER**
to break

| PRESENT | IMPERFECT | FUTURE |
|---|---|---|
| 1. rompo | rompía | romperé |
| 2. rompes | rompías | romperás |
| 3. rompe | rompía | romperá |
| 1. rompemos | rompíamos | romperemos |
| 2. rompéis | rompíais | romperéis |
| 3. rompen | rompían | romperán |

| PAST HISTORIC | PERFECT | PLUPERFECT |
|---|---|---|
| 1. rompí | he roto | había roto |
| 2. rompiste | has roto | habías roto |
| 3. rompió | ha roto | había roto |
| 1. rompimos | hemos roto | habíamos roto |
| 2. rompisteis | habéis roto | habíais roto |
| 3. rompieron | han roto | habían roto |

| PAST ANTERIOR | FUTURE PERFECT |
|---|---|
| hube roto etc | habré roto etc |

| *CONDITIONAL* | | *IMPERATIVE* |
|---|---|---|
| **PRESENT** | **PAST** | |
| 1. rompería | habría roto | |
| 2. romperías | habrías roto | (tú) rompe |
| 3. rompería | habría roto | (Vd) rompa |
| 1. romperíamos | habríamos roto | (nosotros) rompamos |
| 2. romperíais | habríais roto | (vosotros) romped |
| 3. romperían | habrían roto | (Vds) rompan |

*SUBJUNCTIVE*

| PRESENT | IMPERFECT | PLUPERFECT |
|---|---|---|
| 1. rompa | romp-iera/iese | hubiera roto |
| 2. rompas | romp-ieras/ieses | hubieras roto |
| 3. rompa | romp-iera/iese | hubiera roto |
| 1. rompamos | romp-iéramos/iésemos | hubiéramos roto |
| 2. rompáis | romp-ierais/ieseis | hubierais roto |
| 3. rompan | romp-ieran/iesen | hubieran roto |

**PERFECT**   haya roto etc

| *INFINITIVE* | *PARTICIPLE* |
|---|---|
| **PRESENT** | **PRESENT** |
| romper | rompiendo |
| **PAST** | **PAST** |
| haber roto | roto |

# SABER
to know

| PRESENT | IMPERFECT | FUTURE |
|---|---|---|
| 1. sé | sabía | sabré |
| 2. sabes | sabías | sabrás |
| 3. sabe | sabía | sabrá |
| 1. sabemos | sabíamos | sabremos |
| 2. sabéis | sabíais | sabréis |
| 3. saben | sabían | sabrán |

| PAST HISTORIC | PERFECT | PLUPERFECT |
|---|---|---|
| 1. supe | he sabido | había sabido |
| 2. supiste | has sabido | habías sabido |
| 3. supo | ha sabido | había sabido |
| 1. supimos | hemos sabido | habíamos sabido |
| 2. supisteis | habéis sabido | habíais sabido |
| 3. supieron | han sabido | habían sabido |

| PAST ANTERIOR | FUTURE PERFECT |
|---|---|
| hube sabido etc | habré sabido etc |

## CONDITIONAL

| PRESENT | PAST | IMPERATIVE |
|---|---|---|
| 1. sabría | habría sabido | |
| 2. sabrías | habrías sabido | (tú) sabe |
| 3. sabría | habría sabido | (Vd) sepa |
| 1. sabríamos | habríamos sabido | (nosotros) sepamos |
| 2. sabríais | habríais sabido | (vosotros) sabed |
| 3. sabrían | habrían sabido | (Vds) sepan |

## SUBJUNCTIVE

| PRESENT | IMPERFECT | PLUPERFECT |
|---|---|---|
| 1. sepa | sup-iera/iese | hubiera sabido |
| 2. sepas | sup-ieras/ieses | hubieras sabido |
| 3. sepa | sup-iera/iese | hubiera sabido |
| 1. sepamos | sup-iéramos/iésemos | hubiéramos sabido |
| 2. sepáis | sup-ierais/ieseis | hubierais sabido |
| 3. sepan | sup-ieran/iesen | hubieran sabido |

PERFECT   haya sabido etc

| INFINITIVE | PARTICIPLE |
|---|---|
| PRESENT | PRESENT |
| saber | sabiendo |
| PAST | PAST |
| haber sabido | sabido |

**SACAR**
to take out

| PRESENT | IMPERFECT | FUTURE |
|---|---|---|
| 1. saco | sacaba | sacaré |
| 2. sacas | sacabas | sacarás |
| 3. saca | sacaba | sacará |
| 1. sacamos | sacábamos | sacaremos |
| 2. sacáis | sacabais | sacaréis |
| 3. sacan | sacaban | sacarán |

| PAST HISTORIC | PERFECT | PLUPERFECT |
|---|---|---|
| 1. saqué | he sacado | había sacado |
| 2. sacaste | has sacado | habías sacado |
| 3. sacó | ha sacado | había sacado |
| 1. sacamos | hemos sacado | habíamos sacado |
| 2. sacasteis | habéis sacado | habíais sacado |
| 3. sacaron | han sacado | habían sacado |

| PAST ANTERIOR | FUTURE PERFECT |
|---|---|
| hube sacado etc | habré sacado etc |

| *CONDITIONAL* | | *IMPERATIVE* |
|---|---|---|
| **PRESENT** | **PAST** | |
| 1. sacaría | habría sacado | |
| 2. sacarías | habrías sacado | (tú) saca |
| 3. sacaría | habría sacado | (Vd) saque |
| 1. sacaríamos | habríamos sacado | (nosotros) saquemos |
| 2. sacaríais | habríais sacado | (vosotros) sacad |
| 3. sacarían | habrían sacado | (Vds) saquen |

| *SUBJUNCTIVE* | | |
|---|---|---|
| **PRESENT** | **IMPERFECT** | **PLUPERFECT** |
| 1. saque | sac-ara/ase | hubiera sacado |
| 2. saques | sac-aras/ases | hubieras sacado |
| 3. saque | sac-ara/ase | hubiera sacado |
| 1. saquemos | sac-áramos/ásemos | hubiéramos sacado |
| 2. saquéis | sac-arais/aseis | hubierais sacado |
| 3. saquen | sac-aran/asen | hubieran sacado |

**PERFECT**   haya sacado etc

| *INFINITIVE* | *PARTICIPLE* |
|---|---|
| **PRESENT** | **PRESENT** |
| sacar | sacando |
| **PAST** | **PAST** |
| haber sacado | sacado |

## SALIR
to go out, to leave

| PRESENT | IMPERFECT | FUTURE |
|---------|-----------|--------|
| 1. salgo | salía | saldré |
| 2. sales | salías | saldrás |
| 3. sale | salía | saldrá |
| 1. salimos | salíamos | saldremos |
| 2. salís | salíais | saldréis |
| 3. salen | salían | saldrán |

| PAST HISTORIC | PERFECT | PLUPERFECT |
|---------------|---------|------------|
| 1. salí | he salido | había salido |
| 2. saliste | has salido | habías salido |
| 3. salió | ha salido | había salido |
| 1. salimos | hemos salido | habíamos salido |
| 2. salisteis | habéis salido | habíais salido |
| 3. salieron | han salido | habían salido |

| PAST ANTERIOR | FUTURE PERFECT |
|---------------|----------------|
| hube salido etc | habré salido etc |

| *CONDITIONAL* | | *IMPERATIVE* |
|---------------|---|--------------|
| **PRESENT** | **PAST** | |
| 1. saldría | habría salido | |
| 2. saldrías | habrías salido | (tú) sal |
| 3. saldría | habría salido | (Vd) salga |
| 1. saldríamos | habríamos salido | (nosotros) salgamos |
| 2. saldríais | habríais salido | (vosotros) salid |
| 3. saldrían | habrían salido | (Vds) salgan |

### *SUBJUNCTIVE*

| PRESENT | IMPERFECT | PLUPERFECT |
|---------|-----------|------------|
| 1. salga | sal-iera/iese | hubiera salido |
| 2. salgas | sal-ieras/ieses | hubieras salido |
| 3. salga | sal-iera/iese | hubiera salido |
| 1. salgamos | sal-iéramos/iésemos | hubiéramos salido |
| 2. salgáis | sal-ierais/ieseis | hubierais salido |
| 3. salgan | sal-ieran/iesen | hubieran salido |

**PERFECT**   haya salido etc

| *INFINITIVE* | *PARTICIPLE* |
|--------------|--------------|
| **PRESENT** | **PRESENT** |
| salir | saliendo |
| **PAST** | **PAST** |
| haber salido | salido |

| PRESENT | IMPERFECT | FUTURE |
|---|---|---|
| 1. satisfago | satisfacía | satisfaré |
| 2. satisfaces | satisfacías | satisfarás |
| 3. satisface | satisfacía | satisfará |
| 1. satisfacemos | satisfacíamos | satisfaremos |
| 2. satisfacéis | satisfacíais | satisfaréis |
| 3. satisfacen | satisfacían | satisfarán |

| PAST HISTORIC | PERFECT | PLUPERFECT |
|---|---|---|
| 1. satisfice | he satisfecho | había satisfecho |
| 2. satisficiste | has satisfecho | habías satisfecho |
| 3. satisfizo | ha satisfecho | había satisfecho |
| 1. satisficimos | hemos satisfecho | habíamos satisfecho |
| 2. satisficisteis | habéis satisfecho | habíais satisfecho |
| 3. satisficieron | han satisfecho | habían satisfecho |

| PAST ANTERIOR | FUTURE PERFECT |
|---|---|
| hube satisfecho etc | habré satisfecho etc |

| *CONDITIONAL* | | *IMPERATIVE* |
|---|---|---|
| **PRESENT** | **PAST** | |
| 1. satisfaría | habría satisfecho | |
| 2. satisfarías | habrías satisfecho | (tú) satisface/satisfaz |
| 3. satisfaría | habría satisfecho | (Vd) satisfaga |
| 1. satisfaríamos | habríamos satisfecho | (nosotros) satisfagamos |
| 2. satisfaríais | habríais satisfecho | (vosotros) satisfaced |
| 3. satisfarían | habrían satisfecho | (Vds) satisfagan |

| *SUBJUNCTIVE* | | |
|---|---|---|
| **PRESENT** | **IMPERFECT** | **PLUPERFECT** |
| 1. satisfaga | satisfic-iera/iese | hubiera satisfecho |
| 2. satisfagas | satisfic-ieras/ieses | hubieras satisfecho |
| 3. satisfaga | satisfic-iera/iese | hubiera satisfecho |
| 1. satisfagamos | satisfic-iéramos/iésemos | hubiéramos satisfecho |
| 2. satisfagáis | satisfic-ierais/ieseis | hubierais satisfecho |
| 3. satisfagan | satisfic-ieran/iesen | hubieran satisfecho |

**PERFECT**   haya satisfecho etc

| *INFINITIVE* | *PARTICIPLE* |
|---|---|
| **PRESENT** | **PRESENT** |
| satisfacer | satisfaciendo |
| **PAST** | **PAST** |
| haber satisfecho | satisfecho |

| PRESENT | IMPERFECT | FUTURE |
|---|---|---|
| 1. seco | secaba | secaré |
| 2. secas | secabas | secarás |
| 3. seca | secaba | secará |
| 1. secamos | secábamos | secaremos |
| 2. secáis | secabais | secaréis |
| 3. secan | secaban | secarán |

| PAST HISTORIC | PERFECT | PLUPERFECT |
|---|---|---|
| 1. sequé | he secado | había secado |
| 2. secaste | has secado | habías secado |
| 3. secó | ha secado | había secado |
| 1. secamos | hemos secado | habíamos secado |
| 2. secasteis | habéis secado | habíais secado |
| 3. secaron | han secado | habían secado |

| PAST ANTERIOR | FUTURE PERFECT |
|---|---|
| hube secado etc | habré secado etc |

| *CONDITIONAL* | | *IMPERATIVE* |
|---|---|---|
| **PRESENT** | **PAST** | |
| 1. secaría | habría secado | |
| 2. secarías | habrías secado | (tú) seca |
| 3. secaría | habría secado | (Vd) seque |
| 1. secaríamos | habríamos secado | (nosotros) sequemos |
| 2. secaríais | habríais secado | (vosotros) secad |
| 3. secarían | habrían secado | (Vds) sequen |

| *SUBJUNCTIVE* | | |
|---|---|---|
| **PRESENT** | **IMPERFECT** | **PLUPERFECT** |
| 1. seque | sec-ara/ase | hubiera secado |
| 2. seques | sec-aras/ases | hubieras secado |
| 3. seque | sec-ara/ase | hubiera secado |
| 1. sequemos | sec-áramos/ásemos | hubiéramos secado |
| 2. sequéis | sec-arais/aseis | hubierais secado |
| 3. sequen | sec-aran/asen | hubieran secado |

**PERFECT**   haya secado etc

| *INFINITIVE* | *PARTICIPLE* |
|---|---|
| **PRESENT** | **PRESENT** |
| secar | secando |
| **PAST** | **PAST** |
| haber secado | secado |

**SEGUIR**
to follow

| PRESENT | IMPERFECT | FUTURE |
|---|---|---|
| 1. sigo | seguía | seguiré |
| 2. sigues | seguías | seguirás |
| 3. sigue | seguía | seguirá |
| 1. seguimos | seguíamos | seguiremos |
| 2. seguís | seguíais | seguiréis |
| 3. siguen | seguían | seguirán |

| PAST HISTORIC | PERFECT | PLUPERFECT |
|---|---|---|
| 1. seguí | he seguido | había seguido |
| 2. seguiste | has seguido | habías seguido |
| 3. siguió | ha seguido | había seguido |
| 1. seguimos | hemos seguido | habíamos seguido |
| 2. seguisteis | habéis seguido | habíais seguido |
| 3. siguieron | han seguido | habían seguido |

| PAST ANTERIOR | FUTURE PERFECT |
|---|---|
| hube seguido etc | habré seguido etc |

| CONDITIONAL | | IMPERATIVE |
|---|---|---|
| PRESENT | PAST | |
| 1. seguiría | habría seguido | |
| 2. seguirías | habrías seguido | (tú) sigue |
| 3. seguiría | habría seguido | (Vd) siga |
| 1. seguiríamos | habríamos seguido | (nosotros) sigamos |
| 2. seguiríais | habríais seguido | (vosotros) seguid |
| 3. seguirían | habrían seguido | (Vds) sigan |

| SUBJUNCTIVE | | |
|---|---|---|
| PRESENT | IMPERFECT | PLUPERFECT |
| 1. siga | sigu-iera/iese | hubiera seguido |
| 2. sigas | sigu-ieras/ieses | hubieras seguido |
| 3. siga | sigu-iera/iese | hubiera seguido |
| 1. sigamos | sigu-iéramos/iésemos | hubiéramos seguido |
| 2. sigáis | sigu-ierais/ieseis | hubierais seguido |
| 3. sigan | sigu-ieran/iesen | hubieran seguido |

| PERFECT | haya seguido etc |
|---|---|

| INFINITIVE | PARTICIPLE |
|---|---|
| PRESENT | PRESENT |
| seguir | siguiendo |
| PAST | PAST |
| haber seguido | seguido |

# SENTARSE
to sit down

| PRESENT | IMPERFECT | FUTURE |
|---|---|---|
| 1. me siento | me sentaba | me sentaré |
| 2. te sientas | te sentabas | te sentarás |
| 3. se sienta | se sentaba | se sentará |
| 1. nos sentamos | nos sentábamos | nos sentaremos |
| 2. os sentáis | os sentabais | os sentaréis |
| 3. se sientan | se sentaban | se sentarán |

| PAST HISTORIC | PERFECT | PLUPERFECT |
|---|---|---|
| 1. me senté | me he sentado | me había sentado |
| 2. te sentaste | te has sentado | te habías sentado |
| 3. se sentó | se ha sentado | se había sentado |
| 1. nos sentamos | nos hemos sentado | nos habíamos sentado |
| 2. os sentasteis | os habéis sentado | os habíais sentado |
| 3. se sentaron | se han sentado | se habían sentado |

| PAST ANTERIOR | FUTURE PERFECT |
|---|---|
| me hube sentado etc | me habré sentado etc |

| *CONDITIONAL* | | *IMPERATIVE* |
|---|---|---|
| **PRESENT** | **PAST** | |
| 1. me sentaría | me habría sentado | |
| 2. te sentarías | te habrías sentado | (tú) siéntate |
| 3. se sentaría | se habría sentado | (Vd) siéntese |
| 1. nos sentaríamos | nos habríamos sentado | (nosotros) sentémonos |
| 2. os sentaríais | os habríais sentado | (vosotros) sentaos |
| 3. se sentarían | se habrían sentado | (Vds) siéntense |

| *SUBJUNCTIVE* | | |
|---|---|---|
| **PRESENT** | **IMPERFECT** | **PLUPERFECT** |
| 1. me siente | me sent-ara/ase | me hubiera sentado |
| 2. te sientes | te sent-aras/ases | te hubieras sentado |
| 3. se siente | se sent-ara/ase | se hubiera sentado |
| 1. nos sentemos | nos sent-áramos/ásemos | nos hubiéramos sentado |
| 2. os sentéis | os sent-arais/aseis | os hubierais sentado |
| 3. se sienten | se sent-aran/asen | se hubieran sentado |

**PERFECT**   me haya sentado etc

| *INFINITIVE* | *PARTICIPLE* |
|---|---|
| **PRESENT** | **PRESENT** |
| sentarse | sentándose |
| **PAST** | **PAST** |
| haberse sentado | sentado |

**SENTIR**
to feel

| PRESENT | IMPERFECT | FUTURE |
|---|---|---|
| 1. siento | sentiría | sentiré |
| 2. sientes | sentirías | sentirás |
| 3. siente | sentiría | sentirá |
| 1. sentimos | sentiríamos | sentiremos |
| 2. sentís | sentiríais | sentiréis |
| 3. sienten | sentirían | sentirán |

| PAST HISTORIC | PERFECT | PLUPERFECT |
|---|---|---|
| 1. sentí | he sentido | había sentido |
| 2. sentiste | has sentido | habías sentido |
| 3. sintió | ha sentido | había sentido |
| 1. sentimos | hemos sentido | habíamos sentido |
| 2. sentisteis | habéis sentido | habíais sentido |
| 3. sintieron | han sentido | habían sentido |

| PAST ANTERIOR | FUTURE PERFECT |
|---|---|
| hube sentido etc | habré sentido etc |

| *CONDITIONAL* | | *IMPERATIVE* |
|---|---|---|
| **PRESENT** | **PAST** | |
| 1. sentiría | habría sentido | |
| 2. sentirías | habrías sentido | (tú) siente |
| 3. sentiría | habría sentido | (Vd) sienta |
| 1. sentiríamos | habríamos sentido | (nosotros) sintamos |
| 2. sentiríais | habríais sentido | (vosotros) sentid |
| 3. sentirían | habrían sentido | (Vds) sientan |

| *SUBJUNCTIVE* | | |
|---|---|---|
| **PRESENT** | **IMPERFECT** | **PLUPERFECT** |
| 1. sienta | sint-iera/iese | hubiera sentido |
| 2. sientas | sint-ieras/ieses | hubieras sentido |
| 3. sienta | sint-iera/iese | hubiera sentido |
| 1. sintamos | sint-iéramos/iésemos | hubiéramos sentido |
| 2. sintáis | sint-ierais/ieseis | hubierais sentido |
| 3. sientan | sint-ieran/iesen | hubieran sentido |

**PERFECT**   haya sentido etc

| *INFINITIVE* | *PARTICIPLE* |
|---|---|
| **PRESENT** | **PRESENT** |
| sentir | sintiendo |
| **PAST** | **PAST** |
| haber sentido | sentido |

# SER
to be

| PRESENT | IMPERFECT | FUTURE |
|---------|-----------|--------|
| 1. soy | era | seré |
| 2. eres | eras | serás |
| 3. es | era | será |
| 1. somos | éramos | seremos |
| 2. sois | erais | seréis |
| 3. son | eran | serán |

| PAST HISTORIC | PERFECT | PLUPERFECT |
|---------------|---------|------------|
| 1. fui | he sido | había sido |
| 2. fuiste | has sido | habías sido |
| 3. fue | ha sido | había sido |
| 1. fuimos | hemos sido | habíamos sido |
| 2. fuisteis | habéis sido | habíais sido |
| 3. fueron | han sido | habían sido |

| PAST ANTERIOR | FUTURE PERFECT |
|---------------|----------------|
| hube sido etc | habré sido etc |

## CONDITIONAL

| PRESENT | PAST | IMPERATIVE |
|---------|------|------------|
| 1. sería | habría sido | |
| 2. serías | habrías sido | (tú) sé |
| 3. sería | habría sido | (Vd) sea |
| 1. seríamos | habríamos sido | (nosotros) seamos |
| 2. seríais | habríais sido | (vosotros) sed |
| 3. serían | habrían sido | (Vds) sean |

## SUBJUNCTIVE

| PRESENT | IMPERFECT | PLUPERFECT |
|---------|-----------|------------|
| 1. sea | fu-era/ese | hubiera sido |
| 2. seas | fu-eras/eses | hubieras sido |
| 3. sea | fu-era/ese | hubiera sido |
| 1. seamos | fu-éramos/ésemos | hubiéramos sido |
| 2. seáis | fu-erais/eseis | hubierais sido |
| 3. sean | fu-eran/esen | hubieran sido |

PERFECT    haya sido etc

| INFINITIVE | PARTICIPLE |
|------------|------------|
| PRESENT | PRESENT |
| ser | siendo |
| PAST | PAST |
| haber sido | sido |

## SERVIR
to serve

| PRESENT | IMPERFECT | FUTURE |
|---|---|---|
| 1. sirvo | servía | serviré |
| 2. sirves | servías | servirás |
| 3. sirve | servía | servirá |
| 1. servimos | servíamos | serviremos |
| 2. servís | servíais | serviréis |
| 3. sirven | servían | servirán |

| PAST HISTORIC | PERFECT | PLUPERFECT |
|---|---|---|
| 1. serví | he servido | había servido |
| 2. serviste | has servido | habías servido |
| 3. sirvió | ha servido | había servido |
| 1. servimos | hemos servido | habíamos servido |
| 2. servisteis | habéis servido | habíais servido |
| 3. sirvieron | han servido | habían servido |

| PAST ANTERIOR | FUTURE PERFECT |
|---|---|
| hube servido etc | habré servido etc |

| *CONDITIONAL* | | *IMPERATIVE* |
|---|---|---|
| PRESENT | PAST | |
| 1. serviría | habría servido | |
| 2. servirías | habrías servido | (tú) sirve |
| 3. serviría | habría servido | (Vd) sirva |
| 1. serviríamos | habríamos servido | (nosotros) sirvamos |
| 2. serviríais | habríais servido | (vosotros) servid |
| 3. servirían | habrían servido | (Vds) sirvan |

| *SUBJUNCTIVE* | | |
|---|---|---|
| PRESENT | IMPERFECT | PLUPERFECT |
| 1. sirva | sirv-iera/iese | hubiera servido |
| 2. sirvas | sirv-ieras/ieses | hubieras servido |
| 3. sirva | sirv-iera/iese | hubiera servido |
| 1. sirvamos | sirv-iéramos/iésemos | hubiéramos servido |
| 2. sirváis | sirv-ierais/ieseis | hubierais servido |
| 3. sirvan | sirv-ieran/iesen | hubieran servido |

PERFECT   haya servido etc

| *INFINITIVE* | *PARTICIPLE* |
|---|---|
| PRESENT | PRESENT |
| servir | sirviendo |
| PAST | PAST |
| haber servido | servido |

# SITUAR
to situate

| PRESENT | IMPERFECT | FUTURE |
|---|---|---|
| 1. sitúo | situaba | situaré |
| 2. sitúas | situabas | situarás |
| 3. sitúa | situaba | situará |
| 1. situamos | situábamos | situaremos |
| 2. situáis | situabais | situaréis |
| 3. sitúan | situaban | situarán |

| PAST HISTORIC | PERFECT | PLUPERFECT |
|---|---|---|
| 1. situé | he situado | había situado |
| 2. situaste | has situado | habías situado |
| 3. situó | ha situado | había situado |
| 1. situamos | hemos situado | habíamos situado |
| 2. situasteis | habéis situado | habíais situado |
| 3. situaron | han situado | habían situado |

| PAST ANTERIOR | FUTURE PERFECT |
|---|---|
| hube situado etc | habré situado etc |

| *CONDITIONAL* | | *IMPERATIVE* |
|---|---|---|
| **PRESENT** | **PAST** | |
| 1. situaría | habría situado | |
| 2. situarías | habrías situado | (tú) sitúa |
| 3. situaría | habría situado | (Vd) sitúe |
| 1. situaríamos | habríamos situado | (nosotros) situemos |
| 2. situaríais | habríais situado | (vosotros) situad |
| 3. situarían | habrían situado | (Vds) sitúen |

| *SUBJUNCTIVE* | | |
|---|---|---|
| **PRESENT** | **IMPERFECT** | **PLUPERFECT** |
| 1. sitúe | situ-ara/ase | hubiera situado |
| 2. sitúes | situ-aras/ases | hubieras situado |
| 3. sitúe | situ-ara/ase | hubiera situado |
| 1. situemos | situ-áramos/ásemos | hubiéramos situado |
| 2. situéis | situ-arais/aseis | hubierais situado |
| 3. sitúen | situ-aran/asen | hubieran situado |

**PERFECT** haya situado etc

| *INFINITIVE* | *PARTICIPLE* |
|---|---|
| **PRESENT** | **PRESENT** |
| situar | situando |
| **PAST** | **PAST** |
| haber situado | situado |

# 184 SOLER
to be in the habit of

| PRESENT | IMPERFECT | FUTURE |
|---|---|---|
| 1. suelo | solía | |
| 2. sueles | solías | |
| 3. suele | solía | |
| 1. solemos | solíamos | |
| 2. soléis | solíais | |
| 3. suelen | solían | |

| PAST HISTORIC | PERFECT | PLUPERFECT |
|---|---|---|

| PAST ANTERIOR | | FUTURE PERFECT |
|---|---|---|

| CONDITIONAL | | IMPERATIVE |
|---|---|---|
| PRESENT | PAST | |

| SUBJUNCTIVE | | |
|---|---|---|
| PRESENT | IMPERFECT | PLUPERFECT |
| 1. suela | | |
| 2. suelas | | |
| 3. suela | | |
| 1. solamos | | |
| 2. soláis | | |
| 3. suelan | | |
| PERFECT | | |

| INFINITIVE | PARTICIPLE | NOTE |
|---|---|---|
| PRESENT | PRESENT | The other tenses rarely occur. |
| soler | | |
| PAST | PAST | |

# SOÑAR
to dream

| PRESENT | IMPERFECT | FUTURE |
|---|---|---|
| 1. sueño | soñaba | soñaré |
| 2. sueñas | soñabas | soñarás |
| 3. sueña | soñaba | soñará |
| 1. soñamos | soñábamos | soñaremos |
| 2. soñáis | soñabais | soñaréis |
| 3. sueñan | soñaban | soñarán |

| PAST HISTORIC | PERFECT | PLUPERFECT |
|---|---|---|
| 1. soñé | he soñado | había soñado |
| 2. soñaste | has soñado | habías soñado |
| 3. soñó | ha soñado | había soñado |
| 1. soñamos | hemos soñado | habíamos soñado |
| 2. soñasteis | habéis soñado | habíais soñado |
| 3. soñaron | han soñado | habían soñado |

| PAST ANTERIOR | FUTURE PERFECT |
|---|---|
| hube soñado etc | habré soñado etc |

| *CONDITIONAL* | | *IMPERATIVE* |
|---|---|---|
| **PRESENT** | **PAST** | |
| 1. soñaría | habría soñado | |
| 2. soñarías | habrías soñado | (tú) sueña |
| 3. soñaría | habría soñado | (Vd) sueñe |
| 1. soñaríamos | habríamos soñado | (nosotros) soñemos |
| 2. soñaríais | habríais soñado | (vosotros) soñad |
| 3. soñarían | habrían soñado | (Vds) sueñen |

| *SUBJUNCTIVE* | | |
|---|---|---|
| **PRESENT** | **IMPERFECT** | **PLUPERFECT** |
| 1. sueñe | soñ-ara/ase | hubiera soñado |
| 2. sueñes | soñ-aras/ases | hubieras soñado |
| 3. sueñe | soñ-ara/ase | hubiera soñado |
| 1. soñemos | soñ-áramos/ásemos | hubiéramos soñado |
| 2. soñéis | soñ-arais/aseis | hubierais soñado |
| 3. sueñen | soñ-aran/asen | hubieran soñado |

**PERFECT**   haya soñado etc

| *INFINITIVE* | *PARTICIPLE* |
|---|---|
| **PRESENT** | **PRESENT** |
| soñar | soñando |
| **PAST** | **PAST** |
| haber soñado | soñado |

# 186 SUBIR
to go up, to get on

| PRESENT | IMPERFECT | FUTURE |
|---|---|---|
| 1. subo | subía | subiré |
| 2. subes | subías | subirás |
| 3. sube | subía | subirá |
| 1. subimos | subíamos | subiremos |
| 2. subís | subíais | subiréis |
| 3. suben | subían | subirán |

| PAST HISTORIC | PERFECT | PLUPERFECT |
|---|---|---|
| 1. subí | he subido | había subido |
| 2. subiste | has subido | habías subido |
| 3. subió | ha subido | había subido |
| 1. subimos | hemos subido | habíamos subido |
| 2. subisteis | habéis subido | habíais subido |
| 3. subieron | han subido | habían subido |

| PAST ANTERIOR | FUTURE PERFECT |
|---|---|
| hube subido etc | habré subido etc |

## CONDITIONAL

| PRESENT | PAST | IMPERATIVE |
|---|---|---|
| 1. subiría | habría subido | |
| 2. subirías | habrías subido | (tú) sube |
| 3. subiría | habría subido | (Vd) suba |
| 1. subiríamos | habríamos subido | (nosotros) subamos |
| 2. subiríais | habríais subido | (vosotros) subid |
| 3. subirían | habrían subido | (Vds) suban |

## SUBJUNCTIVE

| PRESENT | IMPERFECT | PLUPERFECT |
|---|---|---|
| 1. suba | sub-iera/iese | hubiera subido |
| 2. subas | sub-ieras/ieses | hubieras subido |
| 3. suba | sub-iera/iese | hubiera subido |
| 1. subamos | sub-iéramos/iésemos | hubiéramos subido |
| 2. subáis | sub-ierais/ieseis | hubierais subido |
| 3. suban | sub-ieran/iesen | hubieran subido |

PERFECT   haya subido etc

| INFINITIVE | PARTICIPLE |
|---|---|
| PRESENT | PRESENT |
| subir | subiendo |
| PAST | PAST |
| haber subido | subido |

# SUGERIR
to suggest

| PRESENT | IMPERFECT | FUTURE |
|---|---|---|
| 1. sugiero | sugeriría | sugeriré |
| 2. sugieres | sugerirías | sugerirás |
| 3. sugiere | sugeriría | sugerirá |
| 1. sugerimos | sugeriríamos | sugeriremos |
| 2. sugerís | sugeriríais | sugeriréis |
| 3. sugieren | sugerirían | sugerirán |

| PAST HISTORIC | PERFECT | PLUPERFECT |
|---|---|---|
| 1. sugerí | he sugerido | había sugerido |
| 2. sugeriste | has sugerido | habías sugerido |
| 3. sugirió | ha sugerido | había sugerido |
| 1. sugerimos | hemos sugerido | habíamos sugerido |
| 2. sugeristeis | habéis sugerido | habíais sugerido |
| 3. sugirieron | han sugerido | habían sugerido |

| PAST ANTERIOR | FUTURE PERFECT |
|---|---|
| hube sugerido etc | habré sugerido etc |

## CONDITIONAL

| PRESENT | PAST | IMPERATIVE |
|---|---|---|
| 1. sugeriría | habría sugerido | |
| 2. sugerirías | habrías sugerido | (tú) sugiere |
| 3. sugeriría | habría sugerido | (Vd) sugiera |
| 1. sugeriríamos | habríamos sugerido | (nosotros) sugiramos |
| 2. sugeriríais | habríais sugerido | (vosotros) sugerid |
| 3. sugerirían | habrían sugerido | (Vds) sugieran |

## SUBJUNCTIVE

| PRESENT | IMPERFECT | PLUPERFECT |
|---|---|---|
| 1. sugiera | sugir-iera/iese | hubiera sugerido |
| 2. sugieras | sugir-ieras/ieses | hubieras sugerido |
| 3. sugiera | sugir-iera/iese | hubiera sugerido |
| 1. sugiramos | sugir-iéramos/iésemos | hubiéramos sugerido |
| 2. sugiráis | sugir-ierais/ieseis | hubierais sugerido |
| 3. sugieran | sugir-ieran/iesen | hubieran sugerido |

PERFECT    haya sugerido etc

| INFINITIVE | PARTICIPLE |
|---|---|
| PRESENT | PRESENT |
| sugerir | sugiriendo |
| PAST | PAST |
| haber sugerido | sugerido |

**TENER**
to have

| PRESENT | IMPERFECT | FUTURE |
|---|---|---|
| 1. tengo | tenía | tendré |
| 2. tienes | tenías | tendrás |
| 3. tiene | tenía | tendrá |
| 1. tenemos | teníamos | tendremos |
| 2. tenéis | teníais | tendréis |
| 3. tienen | tenían | tendrán |

| PAST HISTORIC | PERFECT | PLUPERFECT |
|---|---|---|
| 1. tuve | he tenido | había tenido |
| 2. tuviste | has tenido | habías tenido |
| 3. tuvo | ha tenido | había tenido |
| 1. tuvimos | hemos tenido | habíamos tenido |
| 2. tuvisteis | habéis tenido | habíais tenido |
| 3. tuvieron | han tenido | habían tenido |

| PAST ANTERIOR | FUTURE PERFECT |
|---|---|
| hube tenido etc | habré tenido etc |

## CONDITIONAL

| PRESENT | PAST | *IMPERATIVE* |
|---|---|---|
| 1. tendría | habría tenido | |
| 2. tendrías | habrías tenido | (tú) ten |
| 3. tendría | habría tenido | (Vd) tenga |
| 1. tendríamos | habríamos tenido | (nosotros) tengamos |
| 2. tendríais | habríais tenido | (vosotros) tened |
| 3. tendrían | habrían tenido | (Vds) tengan |

## SUBJUNCTIVE

| PRESENT | IMPERFECT | PLUPERFECT |
|---|---|---|
| 1. tenga | tuv-iera/iese | hubiera tenido |
| 2. tengas | tuv-ieras/ieses | hubieras tenido |
| 3. tenga | tuv-iera/iese | hubiera tenido |
| 1. tengamos | tuv-iéramos/iésemos | hubiéramos tenido |
| 2. tengáis | tuv-ierais/ieseis | hubierais tenido |
| 3. tengan | tuv-ieran/iesen | hubieran tenido |

PERFECT    haya tenido etc

## INFINITIVE

| PRESENT | PRESENT |
|---|---|
| tener | teniendo |
| **PAST** | **PAST** |
| haber tenido | tenido |

*PARTICIPLE*

# TERMINAR
to finish

| PRESENT | IMPERFECT | FUTURE |
|---|---|---|
| 1. termino | terminaba | terminaré |
| 2. terminas | terminabas | terminarás |
| 3. termina | terminaba | terminará |
| 1. terminamos | terminábamos | terminaremos |
| 2. termináis | terminabais | terminaréis |
| 3. terminan | terminaban | terminarán |

| PAST HISTORIC | PERFECT | PLUPERFECT |
|---|---|---|
| 1. terminé | he terminado | había terminado |
| 2. terminaste | has terminado | habías terminado |
| 3. terminó | ha terminado | había terminado |
| 1. terminamos | hemos terminado | habíamos terminado |
| 2. terminasteis | habéis terminado | habíais terminado |
| 3. terminaron | han terminado | habían terminado |

| PAST ANTERIOR | FUTURE PERFECT |
|---|---|
| hube terminado etc | habré terminado etc |

| *CONDITIONAL* | | *IMPERATIVE* |
|---|---|---|
| PRESENT | PAST | |
| 1. terminaría | habría terminado | |
| 2. terminarías | habrías terminado | (tú) termina |
| 3. terminaría | habría terminado | (Vd) termine |
| 1. terminaríamos | habríamos terminado | (nosotros) terminemos |
| 2. terminaríais | habríais terminado | (vosotros) terminad |
| 3. terminarían | habrían terminado | (Vds) terminen |

| *SUBJUNCTIVE* | | |
|---|---|---|
| PRESENT | IMPERFECT | PLUPERFECT |
| 1. termine | termin-ara/ase | hubiera terminado |
| 2. termines | termin-aras/ases | hubieras terminado |
| 3. termine | termin-ara/ase | hubiera terminado |
| 1. terminemos | termin-áramos/ásemos | hubiéramos terminado |
| 2. terminéis | termin-arais/aseis | hubierais terminado |
| 3. terminen | termin-aran/asen | hubieran terminado |

| PERFECT | haya terminado etc |
|---|---|

| *INFINITIVE* | *PARTICIPLE* |
|---|---|
| PRESENT | PRESENT |
| terminar | terminando |
| PAST | PAST |
| haber terminado | terminado |

**TOCAR**
to touch

| PRESENT | IMPERFECT | FUTURE |
|---|---|---|
| 1. toco | tocaba | tocaré |
| 2. tocas | tocabas | tocarás |
| 3. toca | tocaba | tocará |
| 1. tocamos | tocábamos | tocaremos |
| 2. tocáis | tocabais | tocaréis |
| 3. tocan | tocaban | tocarán |

| PAST HISTORIC | PERFECT | PLUPERFECT |
|---|---|---|
| 1. toqué | he tocado | había tocado |
| 2. tocaste | has tocado | habías tocado |
| 3. tocó | ha tocado | había tocado |
| 1. tocamos | hemos tocado | habíamos tocado |
| 2. tocasteis | habéis tocado | habíais tocado |
| 3. tocaron | han tocado | habían tocado |

| PAST ANTERIOR | FUTURE PERFECT |
|---|---|
| hube tocado etc | habré tocado etc |

| *CONDITIONAL* | | *IMPERATIVE* |
|---|---|---|
| **PRESENT** | **PAST** | |
| 1. tocaría | habría tocado | |
| 2. tocarías | habrías tocado | (tú) toca |
| 3. tocaría | habría tocado | (Vd) toque |
| 1. tocaríamos | habríamos tocado | (nosotros) toquemos |
| 2. tocaríais | habríais tocado | (vosotros) tocad |
| 3. tocarían | habrían tocado | (Vds) toquen |

*SUBJUNCTIVE*

| PRESENT | IMPERFECT | PLUPERFECT |
|---|---|---|
| 1. toque | toc-ara/ase | hubiera tocado |
| 2. toques | toc-aras/ases | hubieras tocado |
| 3. toque | toc-ara/ase | hubiera tocado |
| 1. toquemos | toc-áramos/ásemos | hubiéramos tocado |
| 2. toquéis | toc-arais/aseis | hubierais tocado |
| 3. toquen | toc-aran/asen | hubieran tocado |

**PERFECT**   haya tocado etc

| *INFINITIVE* | *PARTICIPLE* |
|---|---|
| **PRESENT** | **PRESENT** |
| tocar | tocando |
| **PAST** | **PAST** |
| haber tocado | tocado |

# TOMAR
to take

| PRESENT | IMPERFECT | FUTURE |
|---|---|---|
| 1. tomo | tomaba | tomaré |
| 2. tomas | tomabas | tomarás |
| 3. toma | tomaba | tomará |
| 1. tomamos | tomábamos | tomaremos |
| 2. tomáis | tomabais | tomaréis |
| 3. toman | tomaban | tomarán |

| PAST HISTORIC | PERFECT | PLUPERFECT |
|---|---|---|
| 1. tomé | he tomado | había tomado |
| 2. tomaste | has tomado | habías tomado |
| 3. tomó | ha tomado | había tomado |
| 1. tomamos | hemos tomado | habíamos tomado |
| 2. tomasteis | habéis tomado | habíais tomado |
| 3. tomaron | han tomado | habían tomado |

| PAST ANTERIOR | FUTURE PERFECT |
|---|---|
| hube tomado etc | habré tomado etc |

| CONDITIONAL | | IMPERATIVE |
|---|---|---|
| PRESENT | PAST | |
| 1. tomaría | habría tomado | |
| 2. tomarías | habrías tomado | (tú) toma |
| 3. tomaría | habría tomado | (Vd) tome |
| 1. tomaríamos | habríamos tomado | (nosotros) tomemos |
| 2. tomaríais | habríais tomado | (vosotros) tomad |
| 3. tomarían | habrían tomado | (Vds) tomen |

| SUBJUNCTIVE | | |
|---|---|---|
| PRESENT | IMPERFECT | PLUPERFECT |
| 1. tome | tom-ara/ase | hubiera tomado |
| 2. tomes | tom-aras/ases | hubieras tomado |
| 3. tome | tom-ara/ase | hubiera tomado |
| 1. tomemos | tom-áramos/ásemos | hubiéramos tomado |
| 2. toméis | tom-arais/aseis | hubierais tomado |
| 3. tomen | tom-aran/asen | hubieran tomado |

PERFECT   haya tomado etc

| INFINITIVE | PARTICIPLE |
|---|---|
| PRESENT | PRESENT |
| tomar | tomando |
| PAST | PAST |
| haber tomado | tomado |

# 192 TORCER
to twist

| PRESENT | IMPERFECT | FUTURE |
|---|---|---|
| 1. tuerzo | torcía | torceré |
| 2. tuerces | torcías | torcerás |
| 3. tuerce | torcía | torcerá |
| 1. torcemos | torcíamos | torceremos |
| 2. torcéis | torcíais | torceréis |
| 3. tuercen | torcían | torcerán |

| PAST HISTORIC | PERFECT | PLUPERFECT |
|---|---|---|
| 1. torcí | he torcido | había torcido |
| 2. torciste | has torcido | habías torcido |
| 3. torció | ha torcido | había torcido |
| 1. torcimos | hemos torcido | habíamos torcido |
| 2. torcisteis | habéis torcido | habíais torcido |
| 3. torcieron | han torcido | habían torcido |

| PAST ANTERIOR | FUTURE PERFECT |
|---|---|
| hube torcido etc | habré torcido etc |

| CONDITIONAL | | IMPERATIVE |
|---|---|---|
| **PRESENT** | **PAST** | |
| 1. torcería | habría torcido | |
| 2. torcerías | habrías torcido | (tú) tuerce |
| 3. torcería | habría torcido | (Vd) tuerza |
| 1. torceríamos | habríamos torcido | (nosotros) torzamos |
| 2. torceríais | habríais torcido | (vosotros) torced |
| 3. torcerían | habrían torcido | (Vds) tuerzan |

## SUBJUNCTIVE

| PRESENT | IMPERFECT | PLUPERFECT |
|---|---|---|
| 1. tuerza | torc-iera/iese | hubiera torcido |
| 2. tuerzas | torc-ieras/ieses | hubieras torcido |
| 3. tuerza | torc-iera/iese | hubiera torcido |
| 1. torzamos | torc-iéramos/iésemos | hubiéramos torcido |
| 2. torzáis | torc-ierais/ieseis | hubierais torcido |
| 3. tuerzan | torc-ieran/iesen | hubieran torcido |

**PERFECT** haya torcido etc

| INFINITIVE | PARTICIPLE |
|---|---|
| **PRESENT** | **PRESENT** |
| torcer | torciendo |
| **PAST** | **PAST** |
| haber torcido | torcido |

to cough

| PRESENT | IMPERFECT | FUTURE |
|---|---|---|
| 1. toso | tosía | toseré |
| 2. toses | tosías | toserás |
| 3. tose | tosía | toserá |
| 1. tosemos | tosíamos | toseremos |
| 2. toséis | tosíais | toseréis |
| 3. tosen | tosían | toserán |

| PAST HISTORIC | PERFECT | PLUPERFECT |
|---|---|---|
| 1. tosí | he tosido | había tosido |
| 2. tosiste | has tosido | habías tosido |
| 3. tosió | ha tosido | había tosido |
| 1. tosimos | hemos tosido | habíamos tosido |
| 2. tosisteis | habéis tosido | habíais tosido |
| 3. tosieron | han tosido | habían tosido |

| PAST ANTERIOR | FUTURE PERFECT |
|---|---|
| hube tosido etc | habré tosido etc |

| *CONDITIONAL* | | *IMPERATIVE* |
|---|---|---|
| **PRESENT** | **PAST** | |
| 1. tosería | habría tosido | |
| 2. toserías | habrías tosido | (tú) tose |
| 3. tosería | habría tosido | (Vd) tosa |
| 1. toseríamos | habríamos tosido | (nosotros) tosamos |
| 2. toseríais | habríais tosido | (vosotros) tosed |
| 3. toserían | habrían tosido | (Vds) tosan |

| *SUBJUNCTIVE* | | |
|---|---|---|
| **PRESENT** | **IMPERFECT** | **PLUPERFECT** |
| 1. tosa | tos-iera/iese | hubiera tosido |
| 2. tosas | tos-ieras/ieses | hubieras tosido |
| 3. tosa | tos-iera/iese | hubiera tosido |
| 1. tosamos | tos-iéramos/iésemos | hubiéramos tosido |
| 2. tosáis | tos-ierais/ieseis | hubierais tosido |
| 3. tosan | tos-ieran/iesen | hubieran tosido |

**PERFECT**   haya tosido etc

| *INFINITIVE* | *PARTICIPLE* |
|---|---|
| **PRESENT** | **PRESENT** |
| toser | tosiendo |
| **PAST** | **PAST** |
| haber tosido | tosido |

# TRABAJAR
to work

| PRESENT | IMPERFECT | FUTURE |
|---|---|---|
| 1. trabajo | trabajaba | trabajaré |
| 2. trabajas | trabajabas | trabajarás |
| 3. trabaja | trabajaba | trabajará |
| 1. trabajamos | trabajábamos | trabajaremos |
| 2. trabajáis | trabajabais | trabajaréis |
| 3. trabajan | trabajaban | trabajarán |

| PAST HISTORIC | PERFECT | PLUPERFECT |
|---|---|---|
| 1. trabajé | he trabajado | había trabajado |
| 2. trabajaste | has trabajado | habías trabajado |
| 3. trabajó | ha trabajado | había trabajado |
| 1. trabajamos | hemos trabajado | habíamos trabajado |
| 2. trabajasteis | habéis trabajado | habíais trabajado |
| 3. trabajaron | han trabajado | habían trabajado |

| PAST ANTERIOR | FUTURE PERFECT |
|---|---|
| hube trabajado etc | habré trabajado etc |

## CONDITIONAL

| PRESENT | PAST | IMPERATIVE |
|---|---|---|
| 1. trabajaría | habría trabajado | |
| 2. trabajarías | habrías trabajado | (tú) trabaja |
| 3. trabajaría | habría trabajado | (Vd) trabaje |
| 1. trabajaríamos | habríamos trabajado | (nosotros) trabajemos |
| 2. trabajaríais | habríais trabajado | (vosotros) trabajad |
| 3. trabajarían | habrían trabajado | (Vds) trabajen |

## SUBJUNCTIVE

| PRESENT | IMPERFECT | PLUPERFECT |
|---|---|---|
| 1. trabaje | trabaj-ara/ase | hubiera trabajado |
| 2. trabajes | trabaj-aras/ases | hubieras trabajado |
| 3. trabaje | trabaj-ara/ase | hubiera trabajado |
| 1. trabajemos | trabaj-áramos/ásemos | hubiéramos trabajado |
| 2. trabajéis | trabaj-arais/aseis | hubierais trabajado |
| 3. trabajen | trabaj-aran/asen | hubieran trabajado |

PERFECT   haya trabajado etc

| INFINITIVE | PARTICIPLE |
|---|---|
| PRESENT | PRESENT |
| trabajar | trabajando |
| PAST | PAST |
| haber trabajado | trabajado |

# TRADUCIR
to translate

| PRESENT | IMPERFECT | FUTURE |
|---|---|---|
| 1. traduzco | traducía | traduciré |
| 2. traduces | traducías | traducirás |
| 3. traduce | traducía | traducirá |
| 1. traducimos | traducíamos | traduciremos |
| 2. traducís | traducíais | traduciréis |
| 3. traducen | traducían | traducirán |

| PAST HISTORIC | PERFECT | PLUPERFECT |
|---|---|---|
| 1. traduje | he traducido | había traducido |
| 2. tradujiste | has traducido | habías traducido |
| 3. tradujo | ha traducido | había traducido |
| 1. tradujimos | hemos traducido | habíamos traducido |
| 2. tradujisteis | habéis traducido | habíais traducido |
| 3. tradujeron | han traducido | habían traducido |

| PAST ANTERIOR | FUTURE PERFECT |
|---|---|
| hube traducido etc | habré traducido etc |

## CONDITIONAL

| PRESENT | PAST | IMPERATIVE |
|---|---|---|
| 1. traduciría | habría traducido | |
| 2. traducirías | habrías traducido | (tú) traduce |
| 3. traduciría | habría traducido | (Vd) traduzca |
| 1. traduciríamos | habríamos traducido | (nosotros) traduzcamos |
| 2. traduciríais | habríais traducido | (vosotros) traducid |
| 3. traducirían | habrían traducido | (Vds) traduzcan |

## SUBJUNCTIVE

| PRESENT | IMPERFECT | PLUPERFECT |
|---|---|---|
| 1. traduzca | traduj-era/ese | hubiera traducido |
| 2. traduzcas | traduj-eras/eses | hubieras traducido |
| 3. traduzca | traduj-era/ese | hubiera traducido |
| 1. traduzcamos | traduj-éramos/ésemos | hubiéramos traducido |
| 2. traduzcáis | traduj-erais/eseis | hubierais traducido |
| 3. traduzcan | traduj-eran/iesen | hubieran traducido |

| PERFECT | haya traducido etc |
|---|---|

| INFINITIVE | PARTICIPLE |
|---|---|
| **PRESENT** | **PRESENT** |
| traducir | traduciendo |
| **PAST** | **PAST** |
| haber traducido | traducido |

## **TRAER**
to bring

| PRESENT | IMPERFECT | FUTURE |
|---|---|---|
| 1. traigo | traía | traeré |
| 2. traes | traías | traerás |
| 3. trae | traía | traerá |
| 1. traemos | traíamos | traeremos |
| 2. traéis | traíais | traeréis |
| 3. traen | traían | traerán |

| PAST HISTORIC | PERFECT | PLUPERFECT |
|---|---|---|
| 1. traje | he traído | había traído |
| 2. trajiste | has traído | habías traído |
| 3. trajo | ha traído | había traído |
| 1. trajimos | hemos traído | habíamos traído |
| 2. trajisteis | habéis traído | habíais traído |
| 3. trajeron | han traído | habían traído |

| PAST ANTERIOR | FUTURE PERFECT |
|---|---|
| hube traído etc | habré traído etc |

### *CONDITIONAL*

| PRESENT | PAST | *IMPERATIVE* |
|---|---|---|
| 1. traería | habría traído | |
| 2. traerías | habrías traído | (tú) trae |
| 3. traería | habría traído | (Vd) traiga |
| 1. traeríamos | habríamos traído | (nosotros) traigamos |
| 2. traeríais | habríais traído | (vosotros) traed |
| 3. traerían | habrían traído | (Vds) traigan |

### *SUBJUNCTIVE*

| PRESENT | IMPERFECT | PLUPERFECT |
|---|---|---|
| 1. traiga | traj-era/ese | hubiera traído |
| 2. traigas | traj-eras/eses | hubieras traído |
| 3. traiga | traj-era/ese | hubiera traído |
| 1. traigamos | traj-éramos/ésemos | hubiéramos traído |
| 2. traigáis | traj-erais/eseis | hubierais traído |
| 3. traigan | traj-eran/esen | hubieran traído |

**PERFECT** haya traído etc

### *INFINITIVE*    *PARTICIPLE*

| PRESENT | PRESENT |
|---|---|
| traer | trayendo |

| PAST | PAST |
|---|---|
| haber traído | traído |

| PRESENT | IMPERFECT | FUTURE |
|---|---|---|
| 3. truena | tronaba | tronará |

| PAST HISTORIC | PERFECT | PLUPERFECT |
|---|---|---|
| 3. tronó | ha tronado | había tronado |

| PAST ANTERIOR | | FUTURE PERFECT |
|---|---|---|
| hubo tronado | | habrá tronado |

| *CONDITIONAL*<br>PRESENT | PAST | *IMPERATIVE* |
|---|---|---|
| 3. tronaría | habría tronado | |

| *SUBJUNCTIVE*<br>PRESENT | IMPERFECT | PLUPERFECT |
|---|---|---|
| 3. truene | tron-ara/ase | hubiera tronado |

**PERFECT**   haya tronado

| *INFINITIVE*<br>PRESENT | *PARTICIPLE*<br>PRESENT |
|---|---|
| tronar | tronando |
| **PAST** | **PAST** |
| haber tronado | tronado |

# TROPEZAR
to trip, to stumble

| PRESENT | IMPERFECT | FUTURE |
|---|---|---|
| 1. tropiezo | tropezaba | tropezaré |
| 2. tropiezas | tropezabas | tropezarás |
| 3. tropieza | tropezaba | tropezará |
| 1. tropezamos | tropezábamos | tropezaremos |
| 2. tropezáis | tropezabais | tropezaréis |
| 3. tropiezan | tropezaban | tropezarán |

| PAST HISTORIC | PERFECT | PLUPERFECT |
|---|---|---|
| 1. tropecé | he tropezado | había tropezado |
| 2. tropezaste | has tropezado | habías tropezado |
| 3. tropezó | ha tropezado | había tropezado |
| 1. tropezamos | hemos tropezado | habíamos tropezado |
| 2. tropezasteis | habéis tropezado | habíais tropezado |
| 3. tropezaron | han tropezado | habían tropezado |

| PAST ANTERIOR | FUTURE PERFECT |
|---|---|
| hube tropezado etc | habré tropezado etc |

| *CONDITIONAL* | | *IMPERATIVE* |
|---|---|---|
| **PRESENT** | **PAST** | |
| 1. tropezaría | habría tropezado | |
| 2. tropezarías | habrías tropezado | (tú) tropieza |
| 3. tropezaría | habría tropezado | (Vd) tropiece |
| 1. tropezaríamos | habríamos tropezado | (nosotros) tropecemos |
| 2. tropezaríais | habríais tropezado | (vosotros) tropezad |
| 3. tropezarían | habrían tropezado | (Vds) tropiecen |

## *SUBJUNCTIVE*

| PRESENT | IMPERFECT | PLUPERFECT |
|---|---|---|
| 1. tropiece | tropez-ara/ase | hubiera tropezado |
| 2. tropieces | tropez-aras/ases | hubieras tropezado |
| 3. tropiece | tropez-ara/ase | hubiera tropezado |
| 1. tropecemos | tropez-áramos/ásemos | hubiéramos tropezado |
| 2. tropecéis | tropez-arais/aseis | hubierais tropezado |
| 3. tropiecen | tropez-aran/asen | hubieran tropezado |

| PERFECT | haya tropezado etc |
|---|---|

| *INFINITIVE* | *PARTICIPLE* |
|---|---|
| **PRESENT** | **PRESENT** |
| tropezar | tropezando |
| **PAST** | **PAST** |
| haber tropezado | tropezado |

# VACIAR
to empty

| PRESENT | IMPERFECT | FUTURE |
|---|---|---|
| 1. vacío | vaciaba | vaciaré |
| 2. vacías | vaciabas | vaciarás |
| 3. vacía | vaciaba | vaciará |
| 1. vaciamos | vaciábamos | vaciaremos |
| 2. vaciáis | vaciabais | vaciaréis |
| 3. vacían | vaciaban | vaciarán |

| PAST HISTORIC | PERFECT | PLUPERFECT |
|---|---|---|
| 1. vacié | he vaciado | había vaciado |
| 2. vaciaste | has vaciado | habías vaciado |
| 3. vació | ha vaciado | había vaciado |
| 1. vaciamos | hemos vaciado | habíamos vaciado |
| 2. vaciasteis | habéis vaciado | habíais vaciado |
| 3. vaciaron | han vaciado | habían vaciado |

| PAST ANTERIOR | FUTURE PERFECT |
|---|---|
| hube vaciado etc | habré vaciado etc |

## CONDITIONAL
| PRESENT | PAST | IMPERATIVE |
|---|---|---|
| 1. vaciaría | habría vaciado | |
| 2. vaciarías | habrías vaciado | (tú) vacía |
| 3. vaciaría | habría vaciado | (Vd) vacíe |
| 1. vaciaríamos | habríamos vaciado | (nosotros) vaciemos |
| 2. vaciaríais | habríais vaciado | (vosotros) vaciad |
| 3. vaciarían | habrían vaciado | (Vds) vacíen |

## SUBJUNCTIVE
| PRESENT | IMPERFECT | PLUPERFECT |
|---|---|---|
| 1. vacíe | vaci-ara/ase | hubiera vaciado |
| 2. vacíes | vaci-aras/ases | hubieras vaciado |
| 3. vacíe | vaci-ara/ase | hubiera vaciado |
| 1. vaciemos | vaci-áramos/ásemos | hubiéramos vaciado |
| 2. vaciéis | vaci-arais/aseis | hubierais vaciado |
| 3. vacíen | vaci-aran/asen | hubieran vaciado |

**PERFECT** haya vaciado etc

| INFINITIVE | PARTICIPLE |
|---|---|
| PRESENT | PRESENT |
| vaciar | vaciando |
| PAST | PAST |
| haber vaciado | vaciado |

# 200 VALER
to be worth

| PRESENT | IMPERFECT | FUTURE |
|---|---|---|
| 1. valgo | valía | valdré |
| 2. vales | valías | valdrás |
| 3. vale | valía | valdrá |
| 1. valemos | valíamos | valdremos |
| 2. valéis | valíais | valdréis |
| 3. valen | valían | valdrán |

| PAST HISTORIC | PERFECT | PLUPERFECT |
|---|---|---|
| 1. valí | he valido | había valido |
| 2. valiste | has valido | habías valido |
| 3. valió | ha valido | había valido |
| 1. valimos | hemos valido | habíamos valido |
| 2. valisteis | habéis valido | habíais valido |
| 3. valieron | han valido | habían valido |

| PAST ANTERIOR | FUTURE PERFECT |
|---|---|
| hube valido etc | habré valido etc |

## CONDITIONAL

| PRESENT | PAST | IMPERATIVE |
|---|---|---|
| 1. valdría | habría valido | |
| 2. valdrías | habrías valido | (tú) vale |
| 3. valdría | habría valido | (Vd) valga |
| 1. valdríamos | habríamos valido | (nosotros) valgamos |
| 2. valdríais | habríais valido | (vosotros) valed |
| 3. valdrían | habrían valido | (Vds) valgan |

## SUBJUNCTIVE

| PRESENT | IMPERFECT | PLUPERFECT |
|---|---|---|
| 1. valga | val-iera/iese | hubiera valido |
| 2. valgas | val-ieras/ieses | hubieras valido |
| 3. valga | val-iera/iese | hubiera valido |
| 1. valgamos | val-iéramos/iésemos | hubiéramos valido |
| 2. valgáis | val-ierais/ieseis | hubierais valido |
| 3. valgan | val-ieran/iesen | hubieran valido |

PERFECT   haya valido etc

| INFINITIVE | PARTICIPLE |
|---|---|
| PRESENT | PRESENT |
| valer | valiendo |
| PAST | PAST |
| haber valido | valido |

to win, to defeat

| PRESENT | IMPERFECT | FUTURE |
|---|---|---|
| 1. venzo | vencía | venceré |
| 2. vences | vencías | vencerás |
| 3. vence | vencía | vencerá |
| 1. vencemos | vencíamos | venceremos |
| 2. vencéis | vencíais | venceréis |
| 3. vencen | vencían | vencerán |

| PAST HISTORIC | PERFECT | PLUPERFECT |
|---|---|---|
| 1. vencí | he vencido | había vencido |
| 2. venciste | has vencido | habías vencido |
| 3. venció | ha vencido | había vencido |
| 1. vencimos | hemos vencido | habíamos vencido |
| 2. vencisteis | habéis vencido | habíais vencido |
| 3. vencieron | han vencido | habían vencido |

| PAST ANTERIOR | FUTURE PERFECT |
|---|---|
| hube vencido etc | habré vencido etc |

| CONDITIONAL | | IMPERATIVE |
|---|---|---|
| PRESENT | PAST | |
| 1. vencería | habría vencido | |
| 2. vencerías | habrías vencido | (tú) vence |
| 3. vencería | habría vencido | (Vd) venza |
| 1. venceríamos | habríamos vencido | (nosotros) venzamos |
| 2. venceríais | habríais vencido | (vosotros) venced |
| 3. vencerían | habrían vencido | (Vds) venzan |

| SUBJUNCTIVE | | |
|---|---|---|
| PRESENT | IMPERFECT | PLUPERFECT |
| 1. venza | venc-iera/iese | hubiera vencido |
| 2. venzas | venc-ieras/ieses | hubieras vencido |
| 3. venza | venc-iera/iese | hubiera vencido |
| 1. venzamos | venc-iéramos/iésemos | hubiéramos vencido |
| 2. venzáis | venc-ierais/ieseis | hubierais vencido |
| 3. venzan | venc-ieran/iesen | hubieran vencido |

**PERFECT**   haya vencido etc

| INFINITIVE | PARTICIPLE |
|---|---|
| PRESENT | PRESENT |
| vencer | venciendo |
| PAST | PAST |
| haber vencido | vencido |

# VENDER
to sell

| PRESENT | IMPERFECT | FUTURE |
|---|---|---|
| 1. vendo | vendía | venderé |
| 2. vendes | vendías | venderás |
| 3. vende | vendía | venderá |
| 1. vendemos | vendíamos | venderemos |
| 2. vendéis | vendíais | venderéis |
| 3. venden | vendían | venderán |

| PAST HISTORIC | PERFECT | PLUPERFECT |
|---|---|---|
| 1. vendí | he vendido | había vendido |
| 2. vendiste | has vendido | habías vendido |
| 3. vendió | ha vendido | había vendido |
| 1. vendimos | hemos vendido | habíamos vendido |
| 2. vendisteis | habéis vendido | habíais vendido |
| 3. vendieron | han vendido | habían vendido |

| PAST ANTERIOR | FUTURE PERFECT |
|---|---|
| hube vendido etc | habré vendido etc |

| *CONDITIONAL* | | *IMPERATIVE* |
|---|---|---|
| **PRESENT** | **PAST** | |
| 1. vendería | habría vendido | |
| 2. venderías | habrías vendido | (tú) vende |
| 3. vendería | habría vendido | (Vd) venda |
| 1. venderíamos | habríamos vendido | (nosotros) vendamos |
| 2. venderíais | habríais vendido | (vosotros) vended |
| 3. venderían | habrían vendido | (Vds) vendan |

## *SUBJUNCTIVE*

| PRESENT | IMPERFECT | PLUPERFECT |
|---|---|---|
| 1. venda | vend-iera/iese | hubiera vendido |
| 2. vendas | vend-ieras/ieses | hubieras vendido |
| 3. venda | vend-iera/iese | hubiera vendido |
| 1. vendamos | vend-iéramos/iésemos | hubiéramos vendido |
| 2. vendáis | vend-ierais/ieseis | hubierais vendido |
| 3. vendan | vend-ieran/iesen | hubieran vendido |

**PERFECT**   haya vendido etc

| *INFINITIVE* | *PARTICIPLE* |
|---|---|
| **PRESENT** | **PRESENT** |
| vender | vendiendo |
| **PAST** | **PAST** |
| haber vendido | vendido |

# VENIR
to come

| PRESENT | IMPERFECT | FUTURE |
|---|---|---|
| 1. vengo | venía | vendré |
| 2. vienes | venías | vendrás |
| 3. viene | venía | vendrá |
| 1. venimos | veníamos | vendremos |
| 2. venís | veníais | vendréis |
| 3. vienen | venían | vendrán |

| PAST HISTORIC | PERFECT | PLUPERFECT |
|---|---|---|
| 1. vine | he venido | había venido |
| 2. viniste | has venido | habías venido |
| 3. vino | ha venido | había venido |
| 1. vinimos | hemos venido | habíamos venido |
| 2. vinisteis | habéis venido | habíais venido |
| 3. vinieron | han venido | habían venido |

| PAST ANTERIOR | FUTURE PERFECT |
|---|---|
| hube venido etc | habré venido etc |

## CONDITIONAL

| PRESENT | PAST | IMPERATIVE |
|---|---|---|
| 1. vendría | habría venido | |
| 2. vendrías | habrías venido | (tú) ven |
| 3. vendría | habría venido | (Vd) venga |
| 1. vendríamos | habríamos venido | (nosotros) vengamos |
| 2. vendríais | habríais venido | (vosotros) venid |
| 3. vendrían | habrían venido | (Vds) vengan |

## SUBJUNCTIVE

| PRESENT | IMPERFECT | PLUPERFECT |
|---|---|---|
| 1. venga | vin-iera/iese | hubiera venido |
| 2. vengas | vin-ieras/ieses | hubieras venido |
| 3. venga | vin-iera/iese | hubiera venido |
| 1. vengamos | vin-iéramos/iésemos | hubiéramos venido |
| 2. vengáis | vin-ierais/ieseis | hubierais venido |
| 3. vengan | vin-ieran/iesen | hubieran venido |

PERFECT  haya venido etc

| INFINITIVE | PARTICIPLE |
|---|---|
| PRESENT | PRESENT |
| venir | viniendo |
| PAST | PAST |
| haber venido | venido |

## VER
to see

| PRESENT | IMPERFECT | FUTURE |
|---|---|---|
| 1. veo | veía | veré |
| 2. ves | veías | verás |
| 3. ve | veía | verá |
| 1. vemos | veíamos | veremos |
| 2. veis | veíais | veréis |
| 3. ven | veían | verán |

| PAST HISTORIC | PERFECT | PLUPERFECT |
|---|---|---|
| 1. vi | he visto | había visto |
| 2. viste | has visto | habías visto |
| 3. vio | ha visto | había visto |
| 1. vimos | hemos visto | habíamos visto |
| 2. visteis | habéis visto | habíais visto |
| 3. vieron | han visto | habían visto |

| PAST ANTERIOR | FUTURE PERFECT |
|---|---|
| hube visto etc | habré visto etc |

### CONDITIONAL

| PRESENT | PAST | IMPERATIVE |
|---|---|---|
| 1. vería | habría visto | |
| 2. verías | habrías visto | (tú) ve |
| 3. vería | habría visto | (Vd) vea |
| 1. veríamos | habríamos visto | (nosotros) veamos |
| 2. veríais | habríais visto | (vosotros) ved |
| 3. verían | habrían visto | (Vds) vean |

### SUBJUNCTIVE

| PRESENT | IMPERFECT | PLUPERFECT |
|---|---|---|
| 1. vea | v-iera/iese | hubiera visto |
| 2. veas | v-ieras/ieses | hubieras visto |
| 3. vea | v-iera/iese | hubiera visto |
| 1. veamos | v-iéramos/iésemos | hubiéramos visto |
| 2. veáis | v-ierais/ieseis | hubierais visto |
| 3. vean | v-ieran/iesen | hubieran visto |

PERFECT   haya visto etc

| INFINITIVE | PARTICIPLE |
|---|---|
| PRESENT | PRESENT |
| ver | viendo |
| PAST | PAST |
| haber visto | visto |

# VESTIRSE
to get dressed

| PRESENT | IMPERFECT | FUTURE |
|---|---|---|
| 1. me visto | me vestía | me vestiré |
| 2. te vistes | te vestías | te vestirás |
| 3. se viste | se vestía | se vestirá |
| 1. nos vestimos | nos vestíamos | nos vestiremos |
| 2. os vestís | os vestíais | os vestiréis |
| 3. se visten | se vestían | se vestirán |

| PAST HISTORIC | PERFECT | PLUPERFECT |
|---|---|---|
| 1. me vestí | me he vestido | me había vestido |
| 2. te vestiste | te has vestido | te habías vestido |
| 3. se vistió | se ha vestido | se había vestido |
| 1. nos vestimos | nos hemos vestido | nos habíamos vestido |
| 2. os vestisteis | os habéis vestido | os habíais vestido |
| 3. se vistieron | se han vestido | se habían vestido |

| PAST ANTERIOR | FUTURE PERFECT |
|---|---|
| me hube vestido etc | me habré vestido etc |

| *CONDITIONAL* | | *IMPERATIVE* |
|---|---|---|
| **PRESENT** | **PAST** | |
| 1. me vestiría | me habría vestido | |
| 2. te vestirías | te habrías vestido | (tú) vístete |
| 3. se vestiría | se habría vestido | (Vd) vístase |
| 1. nos vestiríamos | nos habríamos vestido | (nosotros) vistámonos |
| 2. os vestiríais | os habríais vestido | (vosotros) vestíos |
| 3. se vestirían | se habrían vestido | (Vds) vístanse |

## *SUBJUNCTIVE*

| PRESENT | IMPERFECT | PLUPERFECT |
|---|---|---|
| 1. me vista | me vist-iera/iese | me hubiera vestido |
| 2. te vistas | te vist-ieras/ieses | te hubieras vestido |
| 3. se vista | se vist-iera/iese | se hubiera vestido |
| 1. nos vistamos | nos vist-iéramos/iésemos | nos hubiéramos vestido |
| 2. os vistáis | os vist-ierais/ieseis | os hubierais vestido |
| 3. se vistan | se vist-ieran/iesen | se hubieran vestido |

**PERFECT**   me haya vestido etc

| *INFINITIVE* | *PARTICIPLE* |
|---|---|
| **PRESENT** | **PRESENT** |
| vestirse | vistiéndose |
| **PAST** | **PAST** |
| haberse vestido | vestido |

## VIAJAR
to travel

| PRESENT | IMPERFECT | FUTURE |
|---|---|---|
| 1. viajo | viajaba | viajaré |
| 2. viajas | viajabas | viajarás |
| 3. viaja | viajaba | viajará |
| 1. viajamos | viajábamos | viajaremos |
| 2. viajáis | viajabais | viajaréis |
| 3. viajan | viajaban | viajarán |

| PAST HISTORIC | PERFECT | PLUPERFECT |
|---|---|---|
| 1. viajé | he viajado | había viajado |
| 2. viajaste | has viajado | habías viajado |
| 3. viajó | ha viajado | había viajado |
| 1. viajamos | hemos viajado | habíamos viajado |
| 2. viajasteis | habéis viajado | habíais viajado |
| 3. viajaron | han viajado | habían viajado |

| PAST ANTERIOR | FUTURE PERFECT |
|---|---|
| hube viajado etc | habré viajado etc |

### CONDITIONAL

| PRESENT | PAST | IMPERATIVE |
|---|---|---|
| 1. viajaría | habría viajado | |
| 2. viajarías | habrías viajado | (tú) viaja |
| 3. viajaría | habría viajado | (Vd) viaje |
| 1. viajaríamos | habríamos viajado | (nosotros) viajemos |
| 2. viajaríais | habríais viajado | (vosotros) viajad |
| 3. viajarían | habrían viajado | (Vds) viajen |

### SUBJUNCTIVE

| PRESENT | IMPERFECT | PLUPERFECT |
|---|---|---|
| 1. viaje | viaj-ara/ase | hubiera viajado |
| 2. viajes | viaj-aras/ases | hubieras viajado |
| 3. viaje | viaj-ara/ase | hubiera viajado |
| 1. viajemos | viaj-áramos/ásemos | hubiéramos viajado |
| 2. viajéis | viaj-arais/aseis | hubierais viajado |
| 3. viajen | viaj-aran/asen | hubieran viajado |

PERFECT   haya viajado etc

| INFINITIVE | PARTICIPLE |
|---|---|
| **PRESENT** | **PRESENT** |
| viajar | viajando |
| **PAST** | **PAST** |
| haber viajado | viajado |

| **PRESENT** | **IMPERFECT** | **FUTURE** |
|---|---|---|
| 1. vivo | vivía | viviré |
| 2. vives | vivías | vivirás |
| 3. vive | vivía | vivirá |
| 1. vivimos | vivíamos | viviremos |
| 2. vivís | vivíais | viviréis |
| 3. viven | vivían | vivirán |

| **PAST HISTORIC** | **PERFECT** | **PLUPERFECT** |
|---|---|---|
| 1. viví | he vivido | había vivido |
| 2. viviste | has vivido | habías vivido |
| 3. vivió | ha vivido | había vivido |
| 1. vivimos | hemos vivido | habíamos vivido |
| 2. vivisteis | habéis vivido | habíais vivido |
| 3. vivieron | han vivido | habían vivido |

| **PAST ANTERIOR** | **FUTURE PERFECT** |
|---|---|
| hube vivido etc | habré vivido etc |

| *CONDITIONAL* | | *IMPERATIVE* |
|---|---|---|
| **PRESENT** | **PAST** | |
| 1. viviría | habría vivido | |
| 2. vivirías | habrías vivido | (tú) vive |
| 3. viviría | habría vivido | (Vd) viva |
| 1. viviríamos | habríamos vivido | (nosotros) vivamos |
| 2. viviríais | habríais vivido | (vosotros) vivid |
| 3. vivirían | habrían vivido | (Vds) vivan |

| *SUBJUNCTIVE* | | |
|---|---|---|
| **PRESENT** | **IMPERFECT** | **PLUPERFECT** |
| 1. viva | viv-iera/iese | hubiera vivido |
| 2. vivas | viv-ieras/ieses | hubieras vivido |
| 3. viva | viv-iera/iese | hubiera vivido |
| 1. vivamos | viv-iéramos/iésemos | hubiéramos vivido |
| 2. viváis | viv-ierais/ieseis | hubierais vivido |
| 3. vivan | viv-ieran/iesen | hubieran vivido |

**PERFECT**  haya vivido etc

| *INFINITIVE* | *PARTICIPLE* |
|---|---|
| **PRESENT** | **PRESENT** |
| vivir | viviendo |
| **PAST** | **PAST** |
| haber vivido | vivido |

**VOLAR**
to fly

| PRESENT | IMPERFECT | FUTURE |
|---|---|---|
| 1. vuelo | volaba | volaré |
| 2. vuelas | volabas | volarás |
| 3. vuela | volaba | volará |
| 1. volamos | volábamos | volaremos |
| 2. voláis | volabais | volaréis |
| 3. vuelan | volaban | volarán |

| PAST HISTORIC | PERFECT | PLUPERFECT |
|---|---|---|
| 1. volé | he volado | había volado |
| 2. volaste | has volado | habías volado |
| 3. voló | ha volado | había volado |
| 1. volamos | hemos volado | habíamos volado |
| 2. volasteis | habéis volado | habíais volado |
| 3. volaron | han volado | habían volado |

| PAST ANTERIOR | FUTURE PERFECT |
|---|---|
| hube volado etc | habré volado etc |

| *CONDITIONAL* | | *IMPERATIVE* |
|---|---|---|
| PRESENT | PAST | |
| 1. volaría | habría volado | |
| 2. volarías | habrías volado | (tú) vuela |
| 3. volaría | habría volado | (Vd) vuele |
| 1. volaríamos | habríamos volado | (nosotros) volemos |
| 2. volaríais | habríais volado | (vosotros) volad |
| 3. volarían | habrían volado | (Vds) vuelen |

| *SUBJUNCTIVE* | | |
|---|---|---|
| PRESENT | IMPERFECT | PLUPERFECT |
| 1. vuele | vol-ara/ase | hubiera volado |
| 2. vueles | vol-aras/ases | hubieras volado |
| 3. vuele | vol-ara/ase | hubiera volado |
| 1. volemos | vol-áramos/ásemos | hubiéramos volado |
| 2. voléis | vol-arais/aseis | hubierais volado |
| 3. vuelen | vol-aran/asen | hubieran volado |

| PERFECT | haya volado etc |
|---|---|

| *INFINITIVE* | *PARTICIPLE* |
|---|---|
| PRESENT | PRESENT |
| volar | volando |
| PAST | PAST |
| haber volado | volado |

# VOLCAR
to overturn

| PRESENT | IMPERFECT | FUTURE |
|---|---|---|
| 1. vuelco | volcaba | volcaré |
| 2. vuelcas | volcabas | volcarás |
| 3. vuelca | volcaba | volcará |
| 1. volcamos | volcábamos | volcaremos |
| 2. volcáis | volcabais | volcaréis |
| 3. vuelcan | volcaban | volcarán |

| PAST HISTORIC | PERFECT | PLUPERFECT |
|---|---|---|
| 1. volqué | he volcado | había volcado |
| 2. volcaste | has volcado | habías volcado |
| 3. volcó | ha volcado | había volcado |
| 1. volcamos | hemos volcado | habíamos volcado |
| 2. volcasteis | habéis volcado | habíais volcado |
| 3. volcaron | han volcado | habían volcado |

| PAST ANTERIOR | FUTURE PERFECT |
|---|---|
| hube volcado etc | habré volcado etc |

| *CONDITIONAL* | | *IMPERATIVE* |
|---|---|---|
| **PRESENT** | **PAST** | |
| 1. volcaría | habría volcado | |
| 2. volcarías | habrías volcado | (tú) vuelca |
| 3. volcaría | habría volcado | (Vd) vuelque |
| 1. volcaríamos | habríamos volcado | (nosotros) volquemos |
| 2. volcaríais | habríais volcado | (vosotros) volcad |
| 3. volcarían | habrían volcado | (Vds) vuelquen |

## *SUBJUNCTIVE*

| PRESENT | IMPERFECT | PLUPERFECT |
|---|---|---|
| 1. vuelque | volc-ara/ase | hubiera volcado |
| 2. vuelques | volc-aras/ases | hubieras volcado |
| 3. vuelque | volc-ara/ase | hubiera volcado |
| 1. volquemos | volc-áramos/ásemos | hubiéramos volcado |
| 2. volquéis | volc-arais/aseis | hubierais volcado |
| 3. vuelquen | volc-aran/asen | hubieran volcado |

**PERFECT** haya volcado etc

| *INFINITIVE* | *PARTICIPLE* |
|---|---|
| **PRESENT** | **PRESENT** |
| volcar | volcando |
| **PAST** | **PAST** |
| haber volcado | volcado |

**VOLVER**
to return

| PRESENT | IMPERFECT | FUTURE |
|---|---|---|
| 1. vuelvo | volvía | volveré |
| 2. vuelves | volvías | volverás |
| 3. vuelve | volvía | volverá |
| 1. volvemos | volvíamos | volveremos |
| 2. volvéis | volvíais | volveréis |
| 3. vuelven | volvían | volverán |

| PAST HISTORIC | PERFECT | PLUPERFECT |
|---|---|---|
| 1. volví | he vuelto | había vuelto |
| 2. volviste | has vuelto | habías vuelto |
| 3. volvió | ha vuelto | había vuelto |
| 1. volvimos | hemos vuelto | habíamos vuelto |
| 2. volvisteis | habéis vuelto | habíais vuelto |
| 3. volvieron | han vuelto | habían vuelto |

| PAST ANTERIOR | FUTURE PERFECT |
|---|---|
| hube vuelto etc | habré vuelto etc |

| *CONDITIONAL* | | *IMPERATIVE* |
|---|---|---|
| **PRESENT** | **PAST** | |
| 1. volvería | habría vuelto | |
| 2. volverías | habrías vuelto | (tú) vuelve |
| 3. volvería | habría vuelto | (Vd) vuelva |
| 1. volveríamos | habríamos vuelto | (nosotros) volvamos |
| 2. volveríais | habríais vuelto | (vosotros) volved |
| 3. volverían | habrían vuelto | (Vds) vuelvan |

| *SUBJUNCTIVE* | | |
|---|---|---|
| **PRESENT** | **IMPERFECT** | **PLUPERFECT** |
| 1. vuelva | volv-iera/iese | hubiera vuelto |
| 2. vuelvas | volv-ieras/ieses | hubieras vuelto |
| 3. vuelva | volv-iera/iese | hubiera vuelto |
| 1. volvamos | volv-iéramos/iésemos | hubiéramos vuelto |
| 2. volváis | volv-ierais/ieseis | hubierais vuelto |
| 3. vuelvan | volv-ieran/iesen | hubieran vuelto |

| PERFECT | haya vuelto etc |
|---|---|

| *INFINITIVE* | *PARTICIPLE* |
|---|---|
| **PRESENT** | **PRESENT** |
| volver | volviendo |
| **PAST** | **PAST** |
| haber vuelto | vuelto |

# YACER
to lie

| PRESENT | IMPERFECT | FUTURE |
|---|---|---|
| 1. yazgo/yago/yazco | yacía | yaceré |
| 2. yaces | yacías | yacerás |
| 3. yace | yacía | yacerá |
| 1. yacemos | yacíamos | yaceremos |
| 2. yacéis | yacíais | yaceréis |
| 3. yacen | yacían | yacerán |

| PAST HISTORIC | PERFECT | PLUPERFECT |
|---|---|---|
| 1. yací | he yacido | había yacido |
| 2. yaciste | has yacido | habías yacido |
| 3. yació | ha yacido | había yacido |
| 1. yacimos | hemos yacido | habíamos yacido |
| 2. yacisteis | habéis yacido | habíais yacido |
| 3. yacieron | han yacido | habían yacido |

| PAST ANTERIOR | FUTURE PERFECT |
|---|---|
| hube yacido etc | habré yacido etc |

| *CONDITIONAL* | | *IMPERATIVE* |
|---|---|---|
| **PRESENT** | **PAST** | |
| 1. yacería | habría yacido | |
| 2. yacerías | habrías yacido | (tú) yace |
| 3. yacería | habría yacido | (Vd) yazga |
| 1. yaceríamos | habríamos yacido | (nosotros) yazgamos |
| 2. yaceríais | habríais yacido | (vosotros) yaced |
| 3. yacerían | habrían yacido | (Vds) yazgan |

## *SUBJUNCTIVE*

| PRESENT | IMPERFECT | PLUPERFECT |
|---|---|---|
| 1. yazga | yac-iera/iese | hubiera yacido |
| 2. yazgas | yac-ieras/ieses | hubieras yacido |
| 3. yazga | yac-iera/iese | hubiera yacido |
| 1. yazgamos | yac-iéramos/iésemos | hubiéramos yacido |
| 2. yazgáis | yac-ierais/ieseis | hubierais yacido |
| 3. yazgan | yac-ieran/iesen | hubieran yacido |

**PERFECT**   haya yacido etc

| *INFINITIVE* | *PARTICIPLE* | *NOTE* |
|---|---|---|
| **PRESENT** | **PRESENT** | Present subjunctive: |
| yacer | yaciendo | The following forms are |
| | | also found |
| **PAST** | **PAST** | yazca/yaga etc |
| haber yacido | yacido | |

**ZURCIR**
to darn

| PRESENT | IMPERFECT | FUTURE |
|---|---|---|
| 1. zurzo | zurcía | zurciré |
| 2. zurces | zurcías | zurcirás |
| 3. zurce | zurcía | zurcirá |
| 1. zurcimos | zurcíamos | zurciremos |
| 2. zurcís | zurcíais | zurciréis |
| 3. zurcen | zurcían | zurcirán |

| PAST HISTORIC | PERFECT | PLUPERFECT |
|---|---|---|
| 1. zurcí | he zurcido | había zurcido |
| 2. zurciste | has zurcido | habías zurcido |
| 3. zurció | ha zurcido | había zurcido |
| 1. zurcimos | hemos zurcido | habíamos zurcido |
| 2. zurcisteis | habéis zurcido | habíais zurcido |
| 3. zurcieron | han zurcido | habían zurcido |

| PAST ANTERIOR | FUTURE PERFECT |
|---|---|
| hube zurcido etc | habré zurcido etc |

| CONDITIONAL | | IMPERATIVE |
|---|---|---|
| **PRESENT** | **PAST** | |
| 1. zurciría | habría zurcido | |
| 2. zurcirías | habrías zurcido | (tú) zurce |
| 3. zurciría | habría zurcido | (Vd) zurza |
| 1. zurciríamos | habríamos zurcido | (nosotros) zurzamos |
| 2. zurciríais | habríais zurcido | (vosotros) zurcid |
| 3. zurcirían | habrían zurcido | (Vds) zurzan |

| SUBJUNCTIVE | | |
|---|---|---|
| **PRESENT** | **IMPERFECT** | **PLUPERFECT** |
| 1. zurza | zurc-iera/iese | hubiera zurcido |
| 2. zurzas | zurc-ieras/ieses | hubieras zurcido |
| 3. zurza | zurc-iera/iese | hubiera zurcido |
| 1. zurzamos | zurc-iéramos/iésemos | hubiéramos zurcido |
| 2. zurzáis | zurc-ierais/ieseis | hubierais zurcido |
| 3. zurzan | zurc-ieran/iesen | hubieran zurcido |

| PERFECT | haya zurcido etc |
|---|---|

| INFINITIVE | PARTICIPLE |
|---|---|
| **PRESENT** | **PRESENT** |
| zurcir | zurciendo |
| **PAST** | **PAST** |
| haber zurcido | zurcido |

# INDEX

The verbs given in full in the tables on the preceding pages are used as models for all other Spanish verbs given in this index. The number in the index is that of the corresponding *verb table*.

The index also contains irregular verb forms. These are each referred to in the respective infinitive form of the same verb.

All verbs in this index have been referred to model verbs with corresponding features wherever possible. Most reflexive verbs have been referred to reflexive model verbs. However, if this model is not reflexive, the reflexive pronouns have to be added.

**Bold type** denotes a verb that is itself given as a model.

An a in brackets (a) indicates that the verb, contrary to the model verb that it is referred to, omits the non-accented i after ñ.

A b in brackets (b) indicates that the verb, contrary to the model verb that it is referred to, has the accented ú as in 164.

Note that in the Spanish alphabet, 'ch' comes after 'c' in alphabetical order, 'll' comes after 'l' and 'ñ' after 'n'.

# INDEX

abalanzar 12
**abandonar 1**
abanicar 23
abaratar 112
abarcar 23
abarrotar 112
abastecer 60
abatir 207
abdicar 23
abierto *see* abrir
ablandar 112
abochornar 112
abofetear 147
**abolir 2**
abollar 112
abominar 112
abonar 112
abordar 112
**aborrecer 3**
abortar 112
abotonar 112
abrasar 112
abrazar 62
abreviar 17
abrigar 38
**abrir 4**
abrochar 112
abrumar 112
absolver 210
absorver 45
abstenerse 188
abstraer 196
abultar 112
abundar 112
aburrir 207
abusar 112
**acabar 5**
acalorarse 32
acampar 112
acaparar 112
acariciar 17
acarrear 147
acatar 112
acatarrarse 32
acaudalar 112
acaudillar 112

acceder 45
accionar 112
aceitar 112
acelerar 112
**acentuar 6**
aceptar 112
**acercarse 7**
acertar 149
acicalar 112
aclamar 112
aclarar 112
aclimatar 112
acobardar 112
acoger 42
acolchar 112
acometer 45
acomodar 112
acompañar 112
acomplejar 31
acondicionar 112
aconsejar 31
acontecer 60
acoplar 112
**acordarse 8**
acorralar 112
acortar 112
acosar 112
acostarse 8
acostumbrar 112
acrecentar 149
acreditar 112
acribillar 112
activar 112
actualizar 62
actuar 6
acuciar 17
acudir 207
acuerdo *see* acordarse
acumular 112
acunar 112
acurrucar 112
acusar 112
acuñar 112
achacar 174
achicar 174
achicharrar 112

adaptar 112
adecuar 112
adelantar 112
adelgazar 62
adeudar 112
adherir 116
adiestrar 112
adivinar 112
adjudicar 174
adjuntar 112
administrar 112
admirar 112
admitir 207
adoptar 112
adorar 112
adormecer 60
adornar 112
adosar 112
adquiero *see* adquirir
**adquirir 9**
adscribir 99
aducir 195
adueñarse 32
adular 112
adulterar 112
advertir 180
afear 147
afectar 112
afeitar 112
aferrar 112
afianzar 62
aficionar 112
afilar 112
afiliar 17
afinar 112
afirmar 112
afligir 76
aflojar 31
afrentar 112
afrontar 112
agachar 112
agarrar 112
agarrotar 112
agasajar 31
agitar 112
aglomerarse 32

| | | |
|---|---|---|
| agobiar 17 | alinear 147 | amurallar 112 |
| agolparse 32 | aliñar 112 | analizar 62 |
| agonizar 62 | alisar 112 | anclar 112 |
| **agorar 10** | alistar 112 | **andar 15** |
| agotar 112 | aliviar 112 | anduve *see* andar |
| agradar 112 | almacenar 112 | anexionar 112 |
| **agradecer 11** | almidonar 112 | angustiar 112 |
| agrandar 112 | **almorzar 13** | anhelar 112 |
| agravar 112 | alojar 112 | anidar 112 |
| agraviar 17 | alquilar 112 | animar 112 |
| agredir 207 | alterar 112 | aniquilar 112 |
| agregar 38 | alternar 112 | **anochecer 16** |
| agriar 95 | alucinar 112 | anotar 112 |
| agrietarse 32 | aludir 207 | ansiar 95 |
| agrupar 112 | alumbrar 112 | anteponer 153 |
| aguantar 112 | alunizar 62 | anticipar 112 |
| aguardar 112 | alzar 62 | antojarse 32 |
| aguijonear 147 | allanar 112 | anudar 112 |
| agujerear 147 | amaestrar 112 | anular 112 |
| ahogar 38 | amainar 112 | **anunciar 17** |
| ahorcar 174 | amalgamar 112 | añadir 207 |
| ahorrar 112 | amamantar 112 | apaciguar 30 |
| ahuecar 174 | **amanecer 14** | apadrinar 112 |
| ahumar 112 | amansar 112 | apagar 38 |
| ahuyentar 112 | amar 112 | apalear 147 |
| airear 147 | amargar 38 | aparcar 174 |
| aislar 95 | amarrar 112 | **aparecer 18** |
| ajar 112 | amartillar 112 | aparejar 31 |
| ajustar 112 | ambicionar 112 | aparentar 112 |
| ajusticiar 112 | amedrentar 112 | apartar 112 |
| alabar 112 | amenazar 62 | apasionar 112 |
| alardear 147 | amilanar 112 | apearse 147 |
| alargar 38 | aminorar 112 | apedrear 147 |
| albergar 38 | amodorrar 112 | apelar 112 |
| alborotar 112 | amoldar 112 | apellidarse 32 |
| **alcanzar 12** | amonestar 112 | apenar 112 |
| aleccionar 112 | amontonar 112 | apestar 112 |
| alegar 38 | amordazar 62 | **apetecer 19** |
| alegrar 112 | amortajar 112 | apiadarse 32 |
| alejar 112 | amortiguar 30 | apiñar 112 |
| alentar 149 | amortizar 62 | apisonar 112 |
| aletargar 38 | amotinar 112 | aplacar 174 |
| alfombrar 112 | amparar 112 | aplanar 112 |
| aliarse 95 | ampliar 95 | aplastar 112 |
| aligerar 112 | amputar 112 | aplaudir 207 |
| alimentar 112 | amueblar 112 | aplazar 62 |

# INDEX

aplicar 174
apodar 112
apoderarse 32
aportar 112
apostar 59
apoyar 112
apreciar 17
apremiar 17
aprender 45
apresar 112
apresurar 112
**apretar 20**
aprieto see apretar
aprisionar 112
**aprobar 21**
apropiarse 32
aprovechar 112
aproximar 112
apruebo see aprobar
apuntalar 112
apuntar 112
apuñalar 112
aquejar 31
arañar 112
arar 112
arbitrar 112
archivar 112
arder 45
arengar 38
**argüir 22**
argumentar 112
armar 112
armonizar 62
arquear 147
arraigar 38
**arrancar 23**
arranqué see arrancar
arrasar 112
arrastrar 112
arrear 147
arrebatar 112
**arreglar 24**
arremangar 38
arremeter 45
arrendar 149
arrepentirse 180

arrestar 112
arriar 95
arriesgar 38
arrimar 112
arrinconar 112
arrodillarse 32
arrojar 31
arropar 112
arrugar 38
arruinar 112
arrullar 114
articular 112
asaltar 112
asar 112
**ascender 25**
asciendo see ascender
asear 147
asediar 17
asegurar 112
asemejarse 32
asentar 149
asentir 180
asesinar 112
asfixiar 112
asgo see asir
asignar 112
asimilar 112
**asir 26**
asistir 207
asociar 17
asolar 112
asomar 112
asombrar 112
aspirar 112
asquear 147
asumir 207
asustar 112
atacar 174
atañer 45 (a)
atar 112
atardecer 60
atarear 147
atascar 174
ataviar 95
atemorizar 62
atender 93

atenerse 188
atentar 112
atenuar 6
aterrar 112
**aterrizar 27**
aterrorizar 62
atesorar 112
atestar 112
atestiguar 30
atiborrar 112
atizar 62
atontar 112
atormentar 112
atornillar 114
atracar 174
atraer 196
atragantarse 32
atrancar 174
atrapar 112
atrasar 112
**atravesar 28**
atreverse 45
atribuir 74
atrofiar 17
atropellar 114
aturdir 207
augurar 112
aullar 6
aumentar 112
aunar 6
ausentarse 32
automatizar 62
autorizar 62
auxiliar 17
avalar 112
avanzar 62
avasallar 114
avenirse 203
aventajar 31
**avergonzarse 29**
avergüenzo see
  avergonzarse
averiar 95
**averiguar 30**
avinagrarse 32
avisar 112

avituallar 114
avivar 112
ayudar 112
ayunar 112
azotar 112
azuzar 62

babear 147
bailar 112
**bajar 31**
balancear 147
balar 112
balbucear 147
bambolearse 32
**bañarse 32**
barajar 31
barnizar 62
barrer 45
barruntar 112
basar 112
bastar 112
batallar 114
batir 207
bautizar 62
**beber 33**
**bendecir 34**
bendigo *see* bendecir
bendije *see* bendecir
beneficiar 17
berrear 147
besar 112
bifurcar 174
birlar 112
bizquear 147
blandir 207
blanquear 147
blasfemar 112
blindar 112
bloquear 147
boicotear 147
bombardear 147
bordar 112
bordear 147
borrar 112
bosquejar 31

bostezar 62
botar 112
boxear 147
bracear 147
bramar 112
brillar 114
brincar 174
brindar 112
bromear 147
broncearse 32
brotar 112
bucear 147
burlar 112
**buscar 35**
busqué *see* buscar

cabalgar 38
cabecear 147
**caber 36**
cacarear 147
cacé *see* cazar
cachear 147
caducar 174
**caer 37**
caigo *see* caer
calar 112
calcar 174
calcinar 112
calcular 112
caldear 147
calentar 149
calibrar 112
calificar 174
calmar 112
calumniar 17
calzar 62
callarse 32
callejear 147
cambiar 17
camelar 112
caminar 112
camuflar 112
canalizar 62
cancelar 112
cansar 112

cantar 112
capar 112
capitalizar 62
capitanear 147
capitular 112
captar 112
capturar 112
caracterizar 62
carbonizar 62
carcomer 45
carecer 60
**cargar 38**
cargué *see* cargar
casarse 32
cascar 174
castigar 38
castrar 112
catar 112
causar 112
cautivar 112
cavar 112
cavilar 112
cayó *see* caer
**cazar 39**
cebar 112
cecear 147
ceder 45
cegar 138
cejar 31
celebrar 112
cementar 112
cenar 112
censurar 112
centellear 147
centralizar 62
centrar 112
centrifugar 38
ceñir 168
cepillar 114
cercar 174
cerciorarse 32
cerner 93
**cerrar 40**
certificar 174
cesar 112
cicatrizar 62

# INDEX

cierro see cerrar
cifrar 112
cimentar 149
cinchar 112
circular 112
circuncidar 112
circundar 112
circunscribir 99
citar 112
civilizar 62
clamar 112
clarear 147
clarificar 174
clasificar 174
claudicar 174
clavar 112
coartar 112
cobijar 31
cobrar 112
cocear 147
**cocer 41**
cocinar 112
codearse 147
codiciar 17
codificar 174
coexistir 207
**coger 42**
cohabitar 112
cohibir 156
coincidir 207
cojear 147
cojo see coger
colaborar 112
colar 59
colear 147
coleccionar 112
colegir 83
**colgar 43**
colmar 112
colocar 174
colonizar 62
colorear 147
columpiar 17
comadrear 147
combatir 207
combinar 112

comedir 148
comentar 112
**comenzar 44**
**comer 45**
comercializar 62
comerciar 17
cometer 45
comisionar 112
compadecer 60
comparar 112
comparecer 60
compartir 207
compensar 112
**competer 46**
competir 148
complacer 135
completar 112
complicar 174
componer 153
comportarse 32
**comprar 47**
comprender 45
comprimir 207
comprobar 155
comprometer 45
computar 112
comulgar 38
comunicar 174
**concebir 48**
conceder 45
concentrar 112
**concernir 49**
concertar 149
concibo see concebir
concierne see concernir
conciliar 17
concluir 74
concordar 8
concretar 112
concurrir 207
condecorar 112
condenar 112
condensar 112
condescender 71
**conducir 50**
conduje see conducir

conduzco see conducir
conectar 112
confeccionar 112
conferir 180
confesar 149
confiar 95
configurar 112
confinar 112
confirmar 112
confiscar 174
conformarse 32
confortar 112
confrontar 112
confundir 207
congelar 112
congeniar 17
congratular 112
conjugar 38
conmemorar 112
conmover 134
**conocer 51**
conozco see conocer
conquistar 112
consagrar 112
conseguir 178
consentir 180
conservar 112
considerar 112
consistir 207
**consolar 52**
consolidar 112
conspirar 112
constar 112
constiparse 32
constituir 74
**construir 53**
construyo see construir
consuelo see consolar
consultar 112
consumar 112
consumir 207
contagiar 17
contaminar 112
**contar 54**
contemplar 112
contender 93

contener 188
contentar 112
**contestar 55**
**continuar 56**
contradecir 67
contraer 196
contrapesar 112
contrariar 95
contrarrestar 112
contrastar 112
contratar 112
contravenir 203
contribuir 74
controlar 112
convalecer 60
convencer 201
convenir 203
converger 42
conversar 112
convertir 180
convidar 112
convocar 174
cooperar 112
coordinar 112
copiar 17
coquetear 147
coronar 112
**corregir 57**
**correr 58**
corresponder 45
corrijo see corregir
corroborar 112
corroer 170
corromper 45
cortar 112
cortejar 31
cosechar 112
coser 45
**costar 59**
cotejar 31
cotizar 62
crear 147
**crecer 60**
**creer 61**
creyó see creer
crezco see crecer

criar 95
cribar 112
crispar 112
cristalizar 62
criticar 174
crucé see cruzar
crucificar 174
crujir 207
**cruzar 62**
cuadrar 112
cuajar 31
cubierto see cubrir
**cubrir 63**
cuchichear 147
cuelgo see colgar
cuento see contar
cuesta see costar
cuezo see cocer
cuidar 112
culebrear 147
culpar 112
cultivar 112
cumplimentar 112
cumplir 207
cupe see caber
cupieron see caber
cupimos see caber
cupiste see caber
curar 112
curiosear 147
cursar 112
custodiar 17
chamuscar 174
chantajear 147
chapotear 147
chapurrear 147
chapuzar 62
charlar 112
chequear 147
chiflar 112
chillar 114
chirriar 95
chispear 112
chisporrotear 147
chocar 174
chochear 147

chorrear 147
chupar 112

damnificar 174
danzar 62
**dar 64**
datar 112
dañar 112
deambular 112
debatir 207
**deber 65**
debilitar 112
debutar 112
decaer 37
decapitar 112
decepcionar 112
**decidir 66**
**decir 67**
declamar 112
declarar 112
declinar 112
decolorar 112
decorar 112
decretar 112
dedicar 174
deducir 195
defender 93
definir 207
deformar 112
defraudar 112
degenerar 112
**degollar 68**
degradar 112
**dejar 69**
delatar 112
delegar 38
deleitar 112
deletrear 147
deliberar 112
**delinquir 70**
delirar 112
demandar 112
democratizar 62
demoler 134
demorar 112

# INDEX

demostrar 59
denegar 138
denigrar 112
denominar 112
denotar 112
denunciar 17
depender 45
deplorar 112
deponer 153
deportar 112
depositar 112
depravar 112
depreciar 17
deprimir 207
depurar 112
derivar 112
derramar 112
derretir 148
derribar 112
derrocar 174
derrochar 112
derrotar 112
derrumbar 112
desabotonar 112
desabrochar 112
desaconsejar 31
desacreditar 112
desafiar 95
desafinar 112
desagradar 112
desagraviar 17
desahogar 38
desahuciar 17
desairar 112
desajustar 112
desalentar 149
desalojar 31
desamparar 112
desandar 15
desanimar 112
desaparecer 18
desaprobar 21
desaprovechar 112
desarmar 112
desarraigar 38
desarrollar 114

desarticular 112
desasir 26
desatar 112
desatender 93
desatornillar 114
desautorizar 62
desayunar 112
desbandar 112
desbaratar 112
desbordar 112
descabalgar 38
descabezar 62
descalzar 62
descansar 112
descargar 38
descarriar 95
descartar 112
**descender** 71
desciendo see descender
descifrar 112
descolgar 43
descolorirse 207
descomponer 153
desconcertar 149
desconectar 112
desconfiar 95
desconocer 51
desconsolar 52
descontar 54
descorchar 112
descorrer 58
descoser 207
descoyuntar 112
describir 99
descubierto see descubrir
**descubrir** 72
descuidar 112
desdecir 67
desdeñar 112
desdoblar 112
desear 147
desechar 112
desembarazar 62
desembarcar 84
desembocar 174

desempeñar 112
desencadenar 112
desencajar 31
desengañar 112
desenredar 112
desentenderse 93
desenterrar 149
desentrañar 112
desentumecer 60
desenvolver 210
desertar 149
desesperar 101
desfallecer 60
desfigurar 112
desfilar 112
desgajar 31
desgañitarse 32
desgarrar 112
desgastar 112
desgravar 112
desguazar 62
deshacer 113
deshelar 115
desheredar 112
deshilar 112
deshilvanar 112
deshinchar 112
deshonrar 112
designar 112
desilusionar 112
desinfectar 112
desinflar 112
desistir 207
desligar 38
deslizar 62
deslumbrar 112
desmandarse 32
desmantelar 112
desmayarse 32
desmejorar 112
desmentir 130
desmenuzar 62
desmontar 112
desmoralizar 62
desmoronarse 32
desnudar 112

desobedecer 140
desocupar 112
desolar 112
desorientar 112
despabilar 112
despachar 112
desparramar 112
despedazar 62
despedir 148
despegar 38
despeinar 112
despejar 31
despenalizar 62
**despertarse 73**
despierto *see* despertarse
despistar 112
desplegar 138
despoblar 155
despojar 31
desposeer 125
despreciar 17
desprender 45
despreocuparse 32
destacar 174
destapar 112
desteñir 168
desterrar 149
destilar 112
destinar 112
destituir 74
destornillar 114
destrozar 62
**destruir 74**
destruye *see* destruir
desunir 207
desvanecer 60
desvariar 95
desvelar 112
desviar 95
desvivirse 207
detallar 114
detener 188
deteriorar 112
determinar 112
detestar 112

detonar 112
devolver 210
devorar 112
di *see* decir, dar
dibujar 31
dice *see* decir
dicho *see* decir
dictar 112
dieron *see* dar
diferenciar 17
dificultar 112
difundir 186
diga *see* decir
**digerir 75**
dignarse 32
digo *see* decir
dije *see* decir
dilatar 112
diluir 74
dimitir 207
**dirigir 76**
dirijo *see* dirigir
diré *see* decir
**discernir 77**
discierno *see* discernir
disciplinar 112
discrepar 112
disculpar 112
discurrir 207
discutir 207
disecar 174
diseminar 112
disfrazar 62
disfrutar 112
disgustar 110
disimular 112
disipar 112
disminuir 74
disolver 210
disparar 112
dispensar 112
dispersar 112
disponer 153
disputar 112
distanciar 17
diste *see* dar

distingo *see* distinguir
**distinguir 78**
distraer 196
distribuir 74
disuadir 207
divagar 38
diversificar 174
**divertirse 79**
dividir 207
divierto *see* divertirse
divorciarse 32
divulgar 38
doblar 112
doblegar 38
**doler 80**
domar 112
domesticar 174
dominar 112
**dormir 81**
dotar 112
doy *see* dar
drogar 38
ducharse 32
duele *see* doler
duermo *see* dormir
duplicar 174
durar 112

echar 112
editar 112
**educar 82**
efectuar 6
ejecutar 112
ejercer 201
elaborar 112
electrizar 62
electrocutar 112
**elegir 83**
elevar 112
elijo *see* elegir
eliminar 112
elogiar 17
eludir 207
emanar 112
emancipar 112

# INDEX

embadurnar 112
embalar 112
embarazar 62
**embarcar 84**
embargar 38
embarqué *see* embarcar
embellecer 60
embestir 205
embobar 112
embolsar 112
emborrachar 112
embotar 112
embotellar 114
embragar 38
embravecer 60
embriagar 38
embrollar 114
embrutecer 60
embutir 207
emerger 175
emigrar 112
emitir 207
emocionar 112
empalmar 112
empañar 112
empapar 112
empapelar 112
empaquetar 112
empastar 112
empatar 112
empeñar 112
empeorar 112
empequeñecer 60
**empezar 85**
empiezo *see* empezar
empinar 112
emplazar 62
emplear 147
empotrar 112
emprender 45
**empujar 86**
empuñar 112
emular 112
enamorarse 32
enardecer 60
encabezar 62

encadenar 112
encajar 31
encaminar 112
encantar 112
encaramar 112
encarcelar 112
encarecer 60
encargar 38
encauzar 62
**encender 87**
encerrar 40
enciendo *see* encender
encoger 42
encolar 112
encolerizar 62
encomendar 149
**encontrar 88**
encorvar 112
encrespar 112
encubrir 63
encuentro *see* encontrar
enchufar 112
enderezar 62
endeudarse 32
endosar 112
endulzar 62
endurecer 60
enemistar 112
enfadarse 32
enfermar 112
enflaquecer 60
enfocar 174
enfrentar 112
**enfriar 89**
**enfurecerse 90**
enfurezco *see*
  enfurecerse
enganchar 112
engañar 112
engatusar 112
engendrar 112
engordar 112
engrasar 112
engreírse 166
engrosar 112
enhebrar 112

enjabonar 112
enjaular 112
enjuagar 38
enlazar 62
enloquecer 60
enlutar 112
enmarañar 112
enmascarar 112
enmendar 149
enmohecer 60
**enmudecer 91**
enmudezco *see*
  enmudecer
ennegrecer 60
ennoblecer 60
enojar 31
enorgullecerse 90
**enraizar 92**
enredar 112
enriquecer 60
enrojecer 60
enrollar 114
enroscar 174
ensalzar 62
ensanchar 112
ensangrentar 112
ensañarse 32
ensayar 112
enseñar 112
ensillar 114
ensimismar 112
ensordecer 60
ensortijar 31
ensuciar 17
entablar 112
entallar 114
**entender 93**
enterarse 32
enternecer 60
enterrar 149
entibiar 17
entiendo *see* entender
entonar 112
entornar 112
entorpecer 60
**entrar 94**

# INDEX

entreabrir 4
entregar 38
entrelazar 62
entremezclar 112
entrenar 112
entreoír 143
entretener 188
entrever 204
entrevistar 112
entristecer 60
entrometer 45
entumecer 60
enturbiar 17
entusiasmar 112
envanecerse 90
envasar 112
envejecer 60
enviudar 112
envenenar 112
**enviar 95**
envidiar 112
envilecer 60
enviudar 112
envolver 210
equilibrar 112
equipar 112
equivaler 200
**equivocarse 96**
era *see* ser
**erguir 97**
erigir 76
erizar 62
erradicar 174
**errar 98**
eructar 137
es *see* ser
escabullirse 109
escalar 112
escampar 112
escandalizar 62
escapar 112
escarbar 112
escarmentar 149
escasear 147
escatimar 112

esclarecer 60
esclavizar 62
escocer 41
escoger 42
escoltar 112
esconder 45
**escribir 99**
escrito *see* escribir
escrutar 112
escuchar 112
escudar 112
escudriñar 112
esculpir 207
escupir 207
escurrir 207
**esforzarse 100**
esfuerzo *see* esforzarse
esfumarse 32
esmaltar 112
esmerarse 32
espabilar 112
espaciar 17
espantar 112
esparcir 212
especificar 174
especular 112
**esperar 101**
espesar 112
espiar 95
espirar 112
espolear 147
espolvorear 147
esponjar 31
esposar 112
esquematizar 62
esquilar 112
esquivar 112
establecer 60
estacionar 112
estafar 112
estallar 114
estampar 112
estancar 174
estandarizar 62
**estar 102**
esterilizar 62

estilarse 32
estimar 112
estimular 112
estipular 112
estirar 112
estofar 112
estorbar 112
estornudar 112
estoy *see* estar
estrangular 112
estrechar 112
estrellar 114
estremecer 60
estrenar 112
estreñir 168
estribar 112
estropear 147
estructurar 112
estrujar 31
estudiar 17
**evacuar 103**
evadir 207
evaluar 6
evaporar 112
evitar 112
evocar 174
evolucinar 112
exacerbar 112
exagerar 112
exaltar 112
examinar 112
exasperar 112
exceder 45
exceptuar 6
excitar 112
exclamar 112
excluir 74
excomulgar 38
excusar 112
exhalar 112
exhibir 207
exhortar 112
**exigir 104**
exijo *see* exigir
existir 207
exonerar 112

# INDEX

expansionar 112
expatriar 17
expedir 148
experimentar 112
expiar 95
expirar 112
explayarse 32
**explicar 105**
expliqué *see* explicar
explorar 112
explosionar 112
explotar 112
exponer 153
exportar 112
expresar 112
exprimir 207
expropiar 17
expulsar 112
expurgar 38
extender 93
extenuar 6
exterminar 112
extinguir 78
extirpar 112
extraer 196
extrañar 112
extraviar 95
extremar 112
eyacular 112

fabricar 174
facilitar 112
facturar 112
falsificar 174
faltar 112 (a)
fallar 114
fallecer 60
familiarizar 62
fascinar 112
fastidiar 17
fatigar 38
favorecer 60
fecundar 112
felicitar 112
fermentar 112

fertilizar 62
festejar 31
fiarse 95
fichar 112
figurar 112
fijar 31
filmar 112
filtrar 112
finalizar 62
financiar 17
fingir 76
firmar 112
fisgar 38
flirtear 147
florecer 60
flotar 112
fluctuar 6
fluir 74
fomentar 112
forjar 31
formalizar 62
formar 112
forrar 112
fortalecer 60
forzar 13
fotocopiar 17
fotografiar 95
fracasar 112
fraccionar 112
fraguar 30
franquear 147
**fregar 106**
**freír 107**
frenar 112
friego *see* fregar
frío *see* freír
frotar 112
fruncir 212
frustar 112
fue *see* ser, ir
fuera *see* ser, ir
fuéramos *see* ser, ir
fueron *see* ser, ir
fugarse 38
fui *see* ser, ir
fulminar 112

fumar 112
funcionar 112
fundar 95
fundir 186
fusilar 112

galopar 112
ganar 112
garantizar 62
gastar 112
gatear 147
**gemir 108**
generalizar 62
generar 112
germinar 112
gestionar 112
gimo *see* gemir
gimotear 147
girar 112
glorificar 174
glosar 112
gobernar 112
golpear 147
gorjear 147
gotear 147
gozar 62
grabar 112
graduar 6
granizar 62
granjear 147
gravar 112
gravitar 112
graznar 112
gritar 112
**gruñir 109**
guardar 112
guarnecer 60
guasear 147
guerrear 147
guiar 95
guiñar 112
guisar 112
**gustar 110**

# INDEX

ha *see* haber
**haber  111**
habilitar  112
habitar  112
habituarse  6
**hablar  112**
habré *see* haber
habremos *see* haber
habría *see* haber
**hacer  113**
hacinar  112
hago *see* hacer
halagar  38
**hallarse  114**
han *see* haber
haré *see* hacer
hartar  112
has *see* haber
hastiar  95
hay *see* haber
haya *see* haber
haz *see* hacer
he *see* haber
hechizar  62
hecho *see* hacer
heder  93
**helar  115**
hemos *see* haber
heredar  112
**herir  116**
hermanar  112
herrar  149
hervir  116
hice *see* hacer
hiela *see* helar
hiere *see* herir
hilar  112
hilvanar  112
hincar  174
hinchar  112
hipar  112
hipnotizar  62
hizo *see* hacer
hojear  147
hollar  59
homogeneizar  62

honrar  112
horadar  112
horripilar  112
horrorizar  62
hospedar  112
hospitalizar  62
hostigar  38
hube *see* haber
hubieron *see* haber
huelo *see* oler
**huir  117**
humanizar  62
humear  147
humedecer  60
humillar  114
hundir  186
hurgar  38
hurtar  112
husmear  147
huyo *see* huir

idealizar  62
idear  147
identificar  174
ignorar  112
igualar  112
iluminar  112
ilustrar  112
imaginar  112
imitar  112
impartir  207
impedir  148
impeler  45
imperar  112
implicar  174
implorar  112
imponer  153
importar  112
importunar  112
imposibilitar  112
imprecar  174
impregnar  112
impresionar  112
imprimir  207
improvisar  112

impugnar  112
impulsar  112
imputar  112
inaugurar  112
incapacitar  112
incautar  112
incendiar  17
incidir  66
incinerar  112
incitar  112
inclinar  112
incluir  74
incomodar  112
incorporar  112
increpar  112
incrustar  112
incubar  112
inculcar  174
inculpar  112
incurrir  186
indagar  38
indemnizar  62
**indicar  118**
indignar  112
inducir  195
indultar  112
industrializar  62
infectar  112
inferir  180
infestar  112
inflamar  112
inflar  112
infligir  76
influenciar  17
influir  74
informar  112
infringir  76
infundir  186
ingeniar  17
ingerir  180
ingresar  112
inhibir  207
iniciar  17
injertar  112
injuriar  17
inmiscuirse  74

# INDEX

inmolar 112
inmortalizar 62
inmutar 112
innovar 112
inquietar 112
inquirir 9
inscribir 99
insertar 112
insinuar 6
insistir 207
insonorizar 62
inspeccionar 112
inspirar 112
instalar 112
instar 112
instigar 38
instituir 74
instruir 74
insubordinarse 32
insultar 112
integrar 112
**intentar 119**
intercalar 112
interceder 45
interesar 112
interferir 116
internar 112
interpelar 112
interponer 153
interpretar 112
interrogar 38
interrumpir 186
intervenir 203
intimar 112
intrigar 38
**introducir 120**
introduzco see
  introducir
inundar 112
inutilizar 62
invadir 207
inventar 112
invertir 180
investigar 38
invitar 112
invocar 174

inyectar 112
**ir 121**
irrigar 38
irritar 112
irrumpir 186
izar 62

jabonar 112
jactarse 32
jadear 147
jubilarse 32
juego see jugar
juegue see jugar
**jugar 122**
juntar 112
jurar 112
justificar 174
**juzgar 123**

labrar 112
lacrar 112
ladear 147
ladrar 112
lamentar 112
lamer 45
laminar 112
languidecer 60
lanzar 62
lapidar 112
largar 38
lastimar 112
latir 207
**lavar 124**
**leer 125**
legalizar 62
legar 38
legislar 112
legitimar 112
lesionar 112
levantar 112
leyó see leer
liar 95
libar 112
liberar 112

libertar 112
librar 112
licenciar 17
licuar 112
lidiar 17
ligar 38
limar 112
limitar 112
limpiar 17
linchar 112
liquidar 112
lisiar 17
lisonjear 147
litigar 38
localizar 62
lograr 112
lubricar 174
luchar 112
**lucir 126**
lustrar 112
luzco see lucir
**llamar 127**
llamear 147
**llegar 128**
llenar 112
llevar 112
llorar 112
lloriquear 147
**llover 129**
lloviznar 112
llueve see llover

macerar 112
machacar 174
madrugar 38
madurar 112
magnetizar 62
magullar 114
maldecir 67
malgastar 112
malograr 112
maltratar 112
malversar 112
malvivir 207
mamar 112

# INDEX

manar 112
manchar 112
mandar 112
manejar 31
mangonear 147
maniatar 112
manifestar 149
maniobrar 112
manipular 112
manosear 147
mantener 188
maquillar 114
maquinar 112
maravillar 114
marcar 174
marcharse 32
marchitar 112
marear 147
marginar 112
martillear 147
martirizar 62
mascar 174
mascullar 114
masticar 174
masturbarse 32
matar 112
matizar 62
matricular 112
mecanizar 62
mecer 201
mediar 17
medicar 174
medir 148
meditar 112
mejorar 112
mencionar 1
mendigar 38
menear 147
menguar 112
menoscabar 112
menospreciar 17
mentar 112
**mentir 130**
**merecer 131**
merendar 112
mermar 112

meter 45
mezclar 112
miento *see* mentir
militar 112
mimar 112
minar 112
mirar 112
modelar 112
moderar 112
modernizar 62
modificar 174
mofar 112
mojar 31
moler 134
molestar 112
mondar 112
montar 112
moralizar 62
**morder 132**
**morir 133**
mortificar 174
mostrar 59
motivar 112
motorizar 62
**mover 134**
movilizar 62
mudar 112
muerdo *see* morder
muero *see* morir
muevo *see* mover
mugir 76
multar 112
multiplicar 174
mullir 109
murmurar 112
musitar 112
mutilar 112

**nacer 135**
nacionalizar 62
**nadar 136**
narcotizar 62
narrar 112
naturalizar 62
naufragar 38

navegar 38
nazco *see* nacer
**necesitar 137**
**negar 138**
negociar 17
neutralizar 62
**nevar 139**
neviscar 174
niego *see* negar
nieva *see* nevar
niquelar 112
nivelar 112
nombrar 112
normalizar 62
notar 112
notificar 174
nublarse 32
numerar 112
nutrir 186

obcecarse 96
**obedecer 140**
obedezco *see* obedecer
objetar 112
**obligar 141**
obrar 112
obsequiar 17
observar 112
obsesionar 112
obstaculizar 62
obstinarse 32
obstruir 74
obtener 188
ocasionar 112
ocultar 112
ocupar 112
ocurrir 186
odiar 17
ofender 202
**ofrecer 142**
ofrezco *see* ofrecer
ofuscarse 96
oiga *see* oír
**oír 143**
oído *see* oír

# INDEX

ojear 147
**oler 144**
olfatear 147
olvidar 112
omitir 207
ondear 147
ondular 112
operar 112
opinar 112
oponer 153
opositar 112
oprimir 207
optar 112
opugnar 112
orar 112
ordenar 112
ordeñar 112
organizar 62
orientar 112
originar 112
orillar 114
orinar 112
ornar 112
osar 112
oscilar 112
oscurecer 60
ostentar 112
otear 147
otorgar 38
ovacionar 112
ovillar 114
ovular 112
oxidar 112
oxigenar 112
oye see oír

pacer 60
pacificar 174
pactar 112
padecer 60
**pagar 145**
paladear 147
paliar 17
palidecer 60
palpar 112

palpitar 112
paralizar 62
parar 112
**parecer 146**
parir 207
parlamentar 112
parodiar 17
parpadear 147
participar 112
partir 207
pasar 112
**pasear 147**
pasmar 112
pastar 112
patalear 147
patear 147
patentizar 62
patinar 112
patrocinar 112
pecar 174
pedalear 147
**pedir 148**
pegar 38
peinar 112
pelar 112
pelear 147
pellizcar 174
penar 112
pender 202
penetrar 112
**pensar 149**
percatarse 32
percibir 160
**perder 150**
perdonar 112
perdurar 112
perecer 60
perfeccionar 112
perfilar 112
perforar 112
perjudicar 174
perjurar 112
permanecer 14
permitir 207
permutar 112
perpetrar 112

perpetuar 6
perseguir 178
perseverar 112
persignarse 32
persistir 207
personarse 32
personificar 174
persuadir 207
**pertenecer 151**
perturbar 112
pervertir 180
pesar 112
pescar 174
pestañear 177
petrificar 174
piar 95
picar 174
pidió see pedir
pido see pedir
pienso see pensar
pierdo see perder
pillar 114
pinchar 112
pintar 112
pisar 112
pisotear 147
pitar 112
plagar 38
planchar 112
planear 147
planificar 174
plantar 112
plantear 147
plañir 112
plasmar 112
platicar 174
plegar 138
poblar 167
podar 112
**poder 152**
podrido see pudrir
polarizar 62
pon see poner
ponderar 112
pondré see poner
**poner 153**

pongo *see* poner
popularizar 62
porfiar 95
portarse 32
posar 112
poseer 125
posibilitar 112
posponer 153
postrar 112
postular 112
practicar 174
precaver 45
preceder 45
preciarse 32
precintar 112
precipitar 112
precisar 112
preconizar 62
predecir 67
predicar 174
predisponer 153
predominar 112
prefabricar 174
**preferir 154**
prefiero *see* preferir
pregonar 112
preguntar 112
premeditar 112
premiar 17
prendarse 32
prender 45
prensar 112
preocupar 112
preparar 112
presagiar 17
prescindir 207
prescribir 99
presenciar 17
presentar 112
presentir 180
preservar 112
presidir 207
presionar 112
prestar 112
presumir 207
presuponer 153

pretender 45
prevalecer 60
prevenir 203
prever 204
principiar 17
privar 112
**probar 155**
proceder 45
procesar 112
proclamar 112
procrear 147
procurar 112
producir 195
profanar 112
proferir 180
profesar 112
profetizar 62
profundizar 62
programar 112
progresar 112
**prohibir 156**
prohijar 92
proliferar 112
prolongar 38
prometer 45
promover 134
promulgar 38
pronosticar 174
pronunciar 17
propagar 38
proponer 153
proporcionar 112
propulsar 112
prorrogar 38
prorrumpir 207
proscribir 99
proseguir 178
prosperar 112
prostituir 74
**proteger 157**
protestar 112
proveer 125
provenir 203
provocar 174
proyectar 112
prueba *see* probar

publicar 174
**pudrir 158**
puedo *see* poder
pugnar 112
pulimentar 112
pulir 186
pulsar 112
pulular 112
pulverizar 62
puntear 147
puntualizar 62
punzar 62
purgar 38
purificar 174
puse *see* poner

quebrantar 112
quebrar 149
quedar 112
quejarse 31
quemar 112
quepo *see* caber
querellar 114
**querer 159**
quiero *see* querer
quisiera *see* querer
quiso *see* querer
quitar 112

rabiar 17
racionalizar 62
racionar 112
radiar 17
radicar 174
radiografiar 95
raer 37
rajar 31
rallar 114
ramificar 174
rapar 112
raptar 112
rasar 112
rascar 174
rasgar 38

# INDEX

raspar 112
rasurar 112
ratificar 174
rayar 112
razonar 112
reabastecer 60
reaccionar 112
reactivar 112
reafirmar 112
reagrupar 112
realizar 62
reanimar 112
reanudar 112
rebajar 31
rebasar 112
rebatir 207
rebelar 112
reblandecer 60
rebosar 112
rebotar 112
rebozar 62
rebuscar 34
rebuznar 112
recaer 37
recalcar 174
recalentar 112
recapacitar 112
recatar 112
recelar 112
**recibir 160**
reciclar 112
recitar 112
reclamar 112
reclinar 112
recluir 74
reclutar 112
recobrar 112
recoger 42
recomendar 149
recompensar 112
reconciliar 17
reconocer 51
reconstruir 74
recopilar 112
**recordar 161**
recorrer 58

recortar 112
recostar 112
recrear 147
recriminar 112
rectificar 174
recubrir 63
recuerdo *see* recordar
recular 112
recuperar 112
recurrir 207
rechazar 62
rechinar 112
redactar 112
redimir 207
redoblar 112
redondear 147
**reducir 162**
reembolsar 112
reemplazar 62
referir 180
refinar 112
reflejar 31
reflexionar 112
reformar 112
reforzar 62
refractar 112
refrenar 112
refrendar 112
refrescar 174
refrigerar 112
refugiarse 32
refulgir 76
refunfuñar 112
refutar 112
**regalar 163**
regañar 112
regar 138
regatear 147
regenerar 112
regentar 112
regir 83
registrar 112
reglamentar 112
reglar 112
regocijar 31
regresar 112

regular 112
rehabilitar 112
rehacer 113
rehogar 38
**rehuir 164**
**rehusar 165**
rehuyo *see* rehuir
reinar 112
reincidir 66
reincorporar 112
reintegrar 112
**reír 166**
reiterar 112
reivindicar 174
rejonear 147
rejuvenecer 60
relacionar 112
relajar 31
relamer 45
relampaguear 147
relatar 112
relegar 38
relevar 112
relinchar 112
relucir 126
relumbrar 112
rellenar 112
remachar 112
remar 112
rematar 112
remediar 17
remendar 149
remitir 207
remojar 31
remolcar 174
remolinarse 32
remontar 112
remorder 132
remover 134
remunerar 112
renacer 135
rendir 148
renegar 138
**renovar 167**
renuevo *see* renovar
renunciar 17

**reñir** 168
reorganizar 62
reparar 112
repartir 207
repasar 112
repatriar 17
repeler 45
repercutir 186
**repetir** 169
repicar 174
replegar 138
replicar 174
repoblar 167
reponer 153
reposar 112
reprender 45
representar 112
reprimir 207
reprobar 155
reprochar 112
reproducir 195
repudiar 17
repugnar 112
repujar 31
requerir 180
requisar 112
resaltar 112
resarcir 212
resbalar 112
rescatar 112
rescindir 207
resecar 174
resentir 180
reseñar 112
reservar 112
resfriarse 95
resguardar 112
residir 207
resignarse 32
resistir 207
resolver 210
resonar 185
resoplar 112
respaldar 112
respetar 112
respirar 112

resplandecer 60
responder 45
resquebrajar 31
restablecer 60
restallar 114
restar 112
restaurar 112
restituir 74
restregar 138
restringir 76
resucitar 112
resultar 112
resumir 186
retar 112
retardar 112
retener 188
retirar 112
retocar 190
retorcer 192
retornar 112
retozar 62
retractarse 32
retraer 196
retransmitir 207
retrasar 112
retratar 112
retribuir 74
retroceder 45
retumbar 112
reunificar 174
reunir 207 (b)
revalidar 112
revalorizar 62
revelar 112
reventar 149
reverberar 112
reverdecer 60
reverenciar 17
revertir 180
revestir 205
revisar 112
revivir 207
revocar 174
revolcar 209
revolotear 149
revolucionar 112

revolver 210
rezagar 38
rezar 62
rezongar 38
ribetear 147
ridiculizar 62
rifar 112
rimar 112
riño see reñir
río see reír
rivalizar 62
rizar 62
robar 112
robustecer 60
rociar 95
rodar 59
rodear 147
**roer** 170
**rogar** 171
**romper** 172
roncar 174
rondar 112
ronronear 147
roto see romper
rotular 112
roturar 112
rozar 62
roznar 112
ruborizarse 62
rubricar 174
ruego see rogar
rugir 76
rumiar 17
rumorearse 32

**saber** 173
saborear 147
sabotear 147
**sacar** 174
saciar 17
sacrificar 174
sacudir 186
sal see salir
salar 112
saldar 112

# INDEX

salgo *see* salir
salir **175**
salpicar 174
saltar 112
saltear 147
saludar 112
salvaguardar 112
salvar 112
sanar 112
sancionar 112
sanear 147
sangrar 112
santificar 174
santiguar 30
saqué *see* sacar
saquear 147
satisfacer **176**
satisfago *see* satisfacer
saturar 112
sazonar 112
se *see* saber, ser
sé *see* saber, ser
secar **177**
secuestrar 112
secundar 112
sedimentar 112
seducir 195
segar 138
segregar 38
seguir **178**
seleccionar 112
sellar 114
sembrar 149
semejar 31
sentarse **179**
sentenciar 17
sentir **180**
señalar 112
sepa *see* saber
separar 112
sepultar 112
sequé *see* secar
ser **181**
serenar 112
serpentear 147
serrar 149

servir **182**
sido *see* ser
siento *see* sentir, sentarse
significar 174
sigo *see* seguir
sigue *see* seguir
silbar 112
silenciar 17
simpatizar 62
simplificar 174
simular 112
sincronizar 62
sintetizar 62
sirvo *see* servir
sisear 147
sitiar 17
situar **183**
sobornar 112
sobrar 112
sobrecargar 38
sobrellevar 112
sobrepasar 112
sobreponer 153
sobresalir 175
sobresaltar 112
sobrevivir 207
socorrer 58
sofocar 174
soldar 112
soler **184**
solicitar 112
soltar 59
solucionar 112
solventar 112
sollozar 62
someter 45
somos *see* ser
son *see* ser
sonar 185
sondear 147
sonreír 166
soñar 185
sopesar 112
soplar 112

soportar 112
sorber 33
sorprender 45
sortear 147
sosegar 38
sospechar 112
sostener 188
soterrar 112
soy *see* ser
suavizar 62
subastar 112
subdividir 207
subestimar 112
subir **186**
subrayar 112
subsanar 112
subscribir 99
subsistir 207
subvencionar 112
subyugar 38
suceder 45
sucumbir 186
sudar 112
suelo *see* soler
sueño *see* soñar
sufrir 207
sugerir **187**
sugestionar 112
sugiero *see* sugerir
suicidarse 32
sujetar 112
sumar 112
sumergir 76
suministrar 112
sumir 186
supe *see* saber
supeditar 112
superar 112
supervisar 112
suplicar 174
suplir 186
suponer 153
suprimir 207
surcar 174
surgir 76
surtir 186

suscitar 112
suscribir 99
suspender 202
suspirar 112
sustentar 112
sustituir 74
sustraer 196
susurrar 112

tabular 112
tachar 112
taladrar 112
talar 112
tallar 114
tambalearse 32
tamizar 62
tantear 147
tañer 45 (a)
tapar 112
tapiar 17
tapizar 62
tararear 147
tardar 112
tartamudear 147
tasar 112
tatuar 6
teclear 147
tejer 45
telefonear 147
televisar 112
temblar 149
temer 45
templar 112
ten see tener
tender 93
tener **188**
tengo see tener
tensar 112
tentar 149
teñir 168
teorizar 62
terciar 17
tergiversar 112
terminar **189**
tersar 112

testar 112
testificar 174
testimoniar 17
tildar 112
timar 112
tintinear 147
tirar 112
tiritar 112
tirotear 147
titilar 112
titubear 147
titular 112
tiznar 112
tocar **190**
tolerar 112
tomar **191**
tonificar 174
topar 112
toqué see tocar
torcer **192**
torear 147
tornar 112
torpedear 147
torturar 112
toser **193**
tostar 59
trabajar **194**
trabar 112
traducir **195**
traer **196**
traficar 174
tragar 38
traicionar 112
traigo see traer
traje see traer
trajinar 112
tramar 112
tramitar 112
tranquilizar 62
transbordar 112
transcurrir 207
transferir 116
transfigurar 112
transformar 112
transigir 76
transitar 112

transmitir 207
transparentarse 32
transpirar 112
transponer 153
transportar 112
trascender 25
trasegar 138
trasgredir 207
trasladar 112
traslucir 126
trasnochar 112
traspasar 112
trasplantar 112
trastornar 112
tratar 112
trazar 62
trenzar 62
trepar 112
trepidar 112
tributar 112
trillar 114
trincar 174
trinchar 112
tripular 112
triturar 112
triunfar 112
trivializar 62
trocar 209
tronar **197**
tronchar 112
tropezar **198**
tropiezo see tropezar
trotar 112
truena see tronar
truncar 174
tuerzo see torcer
tumbar 112
tundir 186
turbar 112
turnarse 32
tutear 147
tutelar 112

ubicar 174
ufanarse 32

# INDEX

ulcerar 112
ultimar 112
ultrajar 31
ulular 112
uncir 212
undular 112
ungir 76
unificar 174
uniformar 112
unir 207
untar 112
urbanizar 62
urdir 186
urgir 76
usar 112
usurpar 112
utilizar 62

va *see* ir
**vaciar 199**
vacilar 112
vacunar 112
vadear 147
vagar 38
vais *see* ir
**valer 200**
valgo *see* valer
valorar 112
valuar 6
vallar 114
vamos *see* ir
van *see* ir
vanagloriarse 32
vaporizar 62
variar 95
vas *see* ir
vaya *see* ir
ve *see* ir, ver
vedar 112
velar 112
ven *see* venir
**vencer 201**
vendar 112
**vender 202**
venerar 112

vengar 38
vengo *see* venir
**venir 203**
ventilar 112
**ver 204**
veranear 147
verdear 147
verificar 174
versar 112
verter 93
**vestirse 205**
vetar 112
vi *see* ver
**viajar 206**
vibrar 112
viciar 17
vigilar 112
vincular 112
vindicar 174
vine *see* venir
violar 112
violentar 112
virar 112
visitar 112
vislumbrar 112
visto *see* vestirse, ver
vitorear 147
vivificar 174
**vivir 207**
vocalizar 62
vocear 147
vociferar 112
**volar 208**
**volcar 209**
voltear 147
**volver 210**
vomitar 112
votar 112
voy *see* ir
vuelco *see* volcar
vuelo *see* volar
vuelvo *see* volver
vulnerar 112

**yacer 211**

yazco *see* yacer
yazgo *see* yacer
yergo *see* erguir
yerro *see* errar
yuxtaponer 153

zafar 112
zaherir 116
zambullir 109
zampar 112
zanjar 31
zapatear 147
zarandear 147
zarpar 112
zigzaguear 147
zozobrar 112
zumbar 112
**zurcir 212**
zurrar 112